Pierre PASQUIER

Administrateur des Services Civils de l'Indo-Chine

L'Annam d'autrefois

Essai sur la constitution de l'Annam avant l'intervention française

PARIS

SOCIÉTÉ D'ÉDITIONS

GÉOGRAPHIQUES, MARITIMES ET COLONIALES

184, Boulevard Saint-Germain, 184

1930

Nouveau tirage de l'Édition de 1907

L'Annam d'autrefois

Pierre PASQUIER

ADMINISTRATEUR DES SERVICES CIVILS DE L'INDO-CHINE

L'Annam
d'autrefois

Essai sur la constitution de l'Annam
avant l'intervention francaise

PARIS

SOCIÉTÉ D'ÉDITIONS

GÉOGRAPHIQUES, MARITIMES ET COLONIALES

184 Boulevard Saint-Germain (VIᵉ)

—

1929

Nouveau tirage de l'édition de 1907

A MONSIEUR BEAU

Gouverneur Général de l'Indo-Chine

HOMMAGE RESPECTUEUX

INTRODUCTION

On a dit souvent que la mentalité des Jaunes était si différente de la nôtre que les Occidentaux étaient incapables de la comprendre. Cette assertion ne serait peut-être pas très éloignée de la vérité si on se reporte à vingt années en arrière, mais aujourd'hui la situation a changé et on peut dire que l'étude de cette mentalité a été faite avec un soin si minutieux qu'aucune nuance n'en échappe plus aux administrateurs avisés et studieux dont la France a pris soin de pourvoir son important domaine d'Extrême-Orient. M. Pasquier se place, par sa consciencieuse et lumineuse étude sur la constitution de l'Annam avant la conquête française, au premier rang de ces administrateurs coloniaux qui ont compris qu'il fallait faire de cet examen approfondi de l'âme annamite, dans sa manifestation organisatrice avant le contact européen, l'objet d'une sollicitude constante, qu'il était de toute première importance d'en disséquer toutes les ramifications, tous les filets nerveux dans l'organisme social de ces Jaunes, de manière à en constituer, selon l'heureuse expression de Paul Bourget, une véritable planche d'anatomie. C'est là le propre de l'œuvre de M. Pasquier : aucun détail n'échappe à ses investigations minutieuses, il comprend et fait comprendre que si la *famille* est la base sociale et indépendante de cette antique civilisation, à l'image de la nôtre, et avec le principe de l'unité d'autorité comme assise essentielle et comme faîte le culte des ancêtres, tous les organismes de la vie sociale et notamment la *Commune*, malgré leur organisme complexe et leur profonde empreinte d'indépendance démocratique, ont su, de toute antiquité, s'affranchir et maintenir leurs franchises à côté d'un pouvoir absolu représenté encore par l'Empereur et la Cour d'Annam, bien que la dynastie tende à s'y éteindre et la Cour à disparaître de mort naturelle.

Successivement, M. Pasquier passe au crible de son examen critique l'organisation d'une province annamite comme type d'unité géographique et politique rappelant les anciennes provinces de la France, soumises comme elles à l'autorité royale qui s'exerce en respectant les franchises communales. Puis vient l'organisation des mandarinats, où l'esprit d'indépendance et de sélection intellectuelle de la vie annamite s'étale dans toute sa puissance et pourrait servir de règle à bien des nations policées de l'Occident. On ne sait trop ce qu'il faut admirer le plus de cette méthode à la fois démocratique et savante de choisir les pasteurs de peuple partout où a soufflé le vent des connaissances, ou de cette sage prévoyance libertaire qui donne la prééminence au mandarinat civil, avec les garanties dont on entoure les épreuves qui permettent d'y atteindre, sur le mandarinat militaire. Voilà le fruit d'un culte jaloux de la liberté, mais est-il bien louable quand on envisage la défense du pays contre les invasions étrangères ? Il est douteux que la race jaune tout entière, si on juge par l'évolution actuelle de la Chine, ne revienne pas sur un classement social qui fait si peu de cas de la politique extérieure et du déploiement de forces physiques et militaires dont elle nécessite la mise en jeu et le fonctionnement constant pour assurer aux peuples la liberté du dehors. Ici l'esprit d'indépendance et d'expansion extérieures de la race semble s'être éteint sous le souffle puissant (qui anime toutes les institutions) de la liberté intérieure dans la paix. Et cependant la race jaune, malgré son mépris pour tout ce qui touche à la guerre, grâce à d'autres qualités de premier ordre, a su faire sa place dans tous les continents et tous les archipels voisins qu'elle envahit de ses hordes grandissantes. A quelle puissance n'atteindra-t-elle pas ? et l'exemple du Japon nous permet de le prévoir avec certitude, quand, sortant de ses vieux moules, la constitution des jaunes donnera à l'élément dédaigné, c'est-à-dire au mandarinat militaire, la place qui lui convient dans une organisation prévoyante.

Vient ensuite, dans la magistrale étude de M. Pasquier, l'examen approfondi des principes du droit annamite et de tout ce que j'appellerai la *constitution conventionnelle,* par opposition à celle de la famille, de la commune, de la province, et du mandarinat que j'appellerai *naturelle*. La famille est, en effet, le fractionnement unitaire de la race, elle est faite par la nature, si bien que toute unité rêvée en dehors de cette intervention est essentiellement artificielle et stérile. La commune est le groupement des familles proportionné aux forces nutritives du pays exploité par les groupements, elle est d'ordre naturel. La province résulte d'un rassemblement de communes réunies par des accidents et des limites géographiques, par un lien de langage et une affinité de besoins et d'adaptations, elle répond à la nature géographique des lieux, enfin le mandarinat concorde avec ce besoin naturel des hommes de confier leur conduite, leur administration et leur défense aux meilleurs ou aux plus puissants d'entre eux. La nature préside à ces créations et les dirige en maîtresse. La constitution naturelle dans l'arbre social, c'est le tronc solide et puissant qui ne saurait être atteint sans troubler les sources de la vie du végétal si majestueux et si développé qu'il puisse être ; la constitution conventionnelle, pour continuer la même comparaison, c'est la flèche branlante de l'édifice, ce sont les rameaux divergents et variés, qui peuvent impunément être émondés par la hache du bûcheron et subir toutes les variations de forme que leur impose le caprice humain ou les besoins d'une opulente frondaison estivale. Ainsi se présentent en effet, avec leur contingent de convenu et d'arbitraire variable, le droit et la procédure annamites, le régime des impôts, la littérature annamite poétique, enfin les grands travaux d'autrefois, qui sont aussi, dans plusieurs de leurs points essentiels, la caractéristique d'une race et tiennent de très près à leurs mœurs et à la nature du sol. Que ces points sont bien mis en vive lumière par M. Pasquier ! Est-ce à dire qu'il faille traiter avec moins de respect la constitution conventionnelle que la naturelle ?

Ce n'est certainement pas au moment où de tous côtés se dégage cette grande préoccupation d'imprimer à la colonisation une orientation bien nette et bien définitive vers le respect des mœurs, des coutumes, des lois, du caractère et de la personnalité morale des peuples annexés, qu'une pareille distinction pourrait être accueillie. Mais il est certain que la pénétration de notre civilisation devant avoir en dernière analyse pour résultat de donner à ces peuples ce qu'elle peut avoir de bon et de supérieur à la leur, tout en laissant subsister le fond qui est propre à leur race, il ne faudra pas oublier, et ce sera l'œuvre de nos administrateurs coloniaux, que l'arbre séculaire dont la direction leur est confiée a besoin d'être taillé et émondé à la périphérie et qu'ils doivent respecter, faisant ainsi œuvre d'habiles agriculteurs humains, les racines profondes et le tronc de ces races conquises ou annexées.

A chaque page du livre de M. Pasquier se fait jour cette préoccupation qui doit constamment hanter le cerveau d'un administrateur digne de ce nom ; elle se formule en conclusions précises après chaque chapitre et se résume à la fin de l'ouvrage, en une péroraison magistrale qui devrait figurer au frontispice de cet ouvrage, tant elle est remarquable par le fond autant que par la forme. C'est par ce côté saisissant, c'est par cette préoccupation du respect de la constitution annamite que cet ouvrage arrive à son heure. Il pourra servir de livre de chevet à tous les jeunes administrateurs qui, au début de leur carrière, ont à orienter leurs procédés vers les meilleures méthodes en s'inspirant de la politique libérale de la France, partout où flotte son drapeau. C'est dans le même sentiment que dès 1897 (1), j'écrivais à propos de l'indigène dans nos colonies et du peu de considération qu'accordent encore à leurs croyances et à leur science rudimentaire, trop de colonisateurs français, les lignes suivantes que je demande la permission de reproduire ici et par lesquelles je terminerai cette introduction déjà bien longue :

« L'indigène, il ne faut pas l'oublier, incarnation vivante du terrain qui le supporte, le nourrit et le protège, s'est identifié avec le sol et ses productions. Par les seules vertus d'une intuition native, il s'est, avec le temps, rendu le maître de la nature, objet de son observation quotidienne, arsenal où il puise tous ses éléments de lutte, sans pouvoir leur faire subir aucune transformation savante. Grâce à cet instinct, il a pu sans art assou-

(1) *Annales de l'Institut colonial de Marseille*, fondées en 1893 par le Dr Heckel, 1 vol., pages 389-390.

plir à ses besoins tout ce qui vit autour de lui ; bien plus il a pu soustraire à ce qui l'entoure, patiemment un à un, par une longue, pénible et sans doute très périlleuse expérience, des secrets que la science moderne serait peut-être impuissante à conquérir sans les données préalables de cet empirisme, grossier sans doute, mais plein d'enseignements pour qui sait dégager de sa gangue un filon de vérité. »

Ce qui est vrai dans l'ordre matériel l'est aussi dans l'ordre des idées. La personnalité et la conscience morale de l'indigène sont aussi dignes de ménagements que la personne corporelle.

Pr Dr E. HECKEL,

Directeur fondateur du Musée colonial de Marseille.

AVANT-PROPOS

Ce modeste ouvrage se présente avec la témérité de l'inexpérience. S'il a vu le jour, je ne dois pourtant point en supporter toute la responsabilité. Celle-ci remonte à l'accueil trop flatteur qui fut fait aux douze conférences qui constituent les douze chapitres qui suivent, et surtout à la paternelle insistance de M. le Dr Heckel, directeur de l'Institut colonial de Marseille, auquel je suis heureux aujourd'hui d'exprimer publiquement ma filiale et respectueuse gratitude.

Ces conférences, faites à la Chambre de commerce de Marseille et à la Société de géographie de cette ville à l'occasion de l'Exposition coloniale de 1906, n'ont d'autre prétention que de faire connaître au grand public les institutions de cet Annam lointain, et d'essayer de soulever un coin du voile qui nous cache la subtile conscience de ce peuple annamite si différent de nous.

Si, toutefois, au cours de ces pages, on est tenté de m'accuser « d'annamitophilie », je dirai pour mon excuse avec Montesquieu : « Quand j'ai voyagé dans les pays étrangers, je m'y suis attaché comme au mien propre, j'ai pris part à leur fortune, et j'aurais souhaité qu'ils fussent dans un état florissant. »

Un proverbe annamite dit : « Entrant dans un fleuve, il faut en suivre les méandres, entrant dans une maison, il faut en suivre les habitudes ».

Nous allons, d'après ce conseil, porter notre investigation de la base au faîte de l'édifice social annamite ; nous allons pénétrer chez un peuple qui a une civilisation propre, des conceptions particulières, concordant avec sa mentalité, sur les grands problèmes qui se posent à chaque groupement humain. Nous verrons quelles solutions y ont été données, quelle a été dans la recherche de ces solutions la part du peuple, c'est-à-dire de la coutume, et la part du législateur, c'est-à-dire de la loi. C'est donc une esquisse générale du royaume d'Annam sans les Français que je vais m'efforcer de tracer, du royaume *d'Annam d'autrefois*. Son utilité, si elle n'apparaît pas tout d'abord, n'en est pas moins réelle. Il ne faut point s'y tromper, c'est par la connaissance des coutumes, des traditions, des lois particulières que le négociant allemand a conquis le marché chinois. C'est en se pliant aux exigences de la demande indigène que l'offre européenne pourra parvenir à s'implanter en Asie. D'une façon plus générale, la connaissance d'une civilisation particulière reposant sur des principes différents de la nôtre nous apporte des éléments de réflexion nouveaux. Notre mentalité s'élargit, nos conceptions grandissent.

L'étude d'un peuple qui a lui aussi son passé, qui a su élever des monuments durables, qui possède une littérature, une philosophie, une législation par certains côtés admirable, qui a évolué suivant des idées directrices de sagesse et de justice, qui a donné naissance à une administration basée sur le principe de la plus large démocratie : l'accession aux charges par le seul mérite, constitue un sujet bien digne d'arrêter notre attention.

Il est difficile de parler des institutions sociales du peuple annamite sans indiquer rapidement les causes primordiales qui influèrent sur la formation même de ces institutions : constitution physique de l'individu, origines ethnographiques, passé historique, climat et conditions géographiques de l'habitat.

Ces considérations ne peuvent pas recevoir dans le cadre trop étroit de ce chapitre le développement qu'elles comporteraient.

Je me bornerai donc à dire que venus du sud de la Chine, les « Giao chi », ancêtres des Annamites, refoulèrent les peuples autochtones vers l'intérieur et s'établirent d'abord dans le delta Tonkinois. Avant-garde des races mongoles, ils eurent à lutter avec des peuples originaires de la Malaisie et de l'Inde, sans parler de l'effort constant qu'ils durent soutenir pour se défendre contre de nouvelles invasions venues du Nord. Peu à peu, ce peuple actif, tenace, persévérant, courageux, contourna le massif central indo-chinois, dernière ramification du gigantesque massif central asiatique et par ce long couloir formé de petits deltas, il descendit vers le sud, le long de la mer de Chine. C'est en Annam que se heurtèrent les civilisations indoue et mongole ; ce fut sur les territoires des « chiams » et des « khmers » que les barbares du Nord virent pour la première fois les riches et luxuriantes terres tropicales.

Il y a plus d'un siècle qu'un voyageur anglais a dit des Annamites qu'ils étaient « les Français d'Extrême-Orient ». Ce jugement n'avait été porté que sur les apparences de ce peuple aimable, gai, brave, d'un esprit vif et délié. Il se justifierait tout aussi bien en considérant son passé historique. Comme les Francs luttant ensuite contre les peuples venus du Nord de l'Europe, les Annamites ont lutté contre la Chine d'où ils étaient descendus ; comme les Francs luttant contre les peuples venus d'Afrique, les Annamites eurent à soutenir des guerres longues et terribles contre les « chiampois » venus du sud. Ils eurent leur organisation féodale, les compétitions et les intrigues de maires du palais ; les guerres civiles déchaînées par de grandes familles rivales et jalouses, plus puissantes que la dynastie elle-même. Ils ont connu l'affranchissement des communes. La guerre de l'indépendance contre la Chine a duré 100 ans. Ils ont eu leur Jeanne d'Arc et avec l'Empereur Gialong leur siècle de Louis XIV.

Dans quel cadre cette race vigoureuse a-t-elle évolué ?

Venue probablement du delta du Yang Tsé, elle a cherché dans la péninsule indochinoise une région réunissant en elle tous les éléments qui concourent le mieux aux yeux du mandarin, du lettré ou du paysan à créer le milieu le plus conforme au génie et aux aspirations du peuple annamite. C'est donc dans les deltas des grands fleuves que l'Annamite, pêcheur et cultivateur, a trouvé toutes les conditions nécessaires à son développement normal. Les provinces deltaïques constituent le champ le plus favorable à l'épanouissement de toutes les idées sociales, administratives et morales du pays d'Annam. Il faut à ce peuple l'immense plaine côtière, produit des apports incessants et séculaires des grands cours d'eau indo-chinois, la plaine plate, infinie, monotone qui s'étend jusqu'à l'océan avec lequel elle se confond plus qu'elle ne se termine. Il faut aux yeux de l'Annamite ce gigantesque tapis, cette immense mosaïque dans laquelle le vert foncé qui marque l'emplacement des villages, le vert jeune et frémissant des « ma » qui s'attardent en de minuscules rectangles, le vert cendré des cannes à sucre, le véronèse et l'émeraude des futures moissons, sont autant de tons différents qui s'enchâssent et s'unifient dans les innombrables rubans que font les canaux, les rivières et les fleuves. Filets énormes, entrecroisements qui apparaissent tout d'abord confus et inutiles, en vérité résille liquide dont chaque fil est bien une veine de ce corps et qui lui apporte dans ses moindres parcelles la vie et la fécondité.

Avec les dernières terres alluvionnaires expire le pays d'élection de la race annamite. Au delà com-

mencent les régions peuplées par les tribus montagnardes « tho », « man » et « nung » qui
trouvent dans la forêt un refuge à leur indépendance. La forêt! véritable sirène si séduisante au
premier contact avec ses bruits confus, l'harmonieux
frôlement des bambous fuselés; si attirante par la
symphonie de ses tons et pourtant si perfide, si
malsaine par l'obscure humidité de ses sous-bois,
par ses eaux croupissantes et rougeâtres où fermente
dans le sourd travail d'élaboration de la nature, la
terrible fièvre des bois meurtrière même à l'Annamite du delta.

L'ANNAM D'AUTREFOIS

CHAPITRE PREMIER

LA FAMILLE

Après avoir jeté un rapide coup d'œil sur le pays, entrons dans la maison annamite ; nous y trouverons la famille base des institutions sociales de l'empire d'Annam.

Un administrateur, M. Silvestre, a raconté combien il eut de plaisir en lisant la célèbre *Cité Antique*, de Fustel de Coulange à retrouver un certain nombre de caractéristiques de la vie sociale annamite. Tant il est vrai qu'on rencontre à la base de toutes les sociétés les mêmes principes directeurs. Les premiers chapitres de la *Cité Antique* s'appliquent au peuple annamite, et si le savant historien avait pu connaître ce peuple jaune aussi bien qu'il nous est connu aujourd'hui, il aurait vu vivantes encore les coutumes que son génie synthétique dut reconstituer. Les croyances ancestrales sur l'âme et sur la mort, le culte des morts ont gouverné les hommes primitifs aussi bien à Rome, à

Sparte que dans l'Inde et l'Extrême-Asie. Ces croyances ont régi les sociétés, et la plupart des institutions domestiques et sociales des anciens comme des Annamites sont venues de cette source. Les baguettes d'encens qui brûlent devant l'autel des ancêtres rappellent le « feu sacré » et les « pénates » ; et la religion domestique des Annamites rappelle la religion domestique des Grecs et des Romains. Comme chez ceux-ci chaque famille a en Annam ses dieux, ne pouvant être adorés que par une famille, et le prêtre de cette religion toute domestique est le chef de cette famille.

En Annam comme dans l'Inde, comme en Grèce, une des premières règles du culte domestique est qu'il ne peut être rendu par chaque famille qu'aux morts qui lui appartiennent par le sang. L'offrande aux ancêtres ne peut être faite que par ceux qui descendent d'eux. Pour un fils manquer aux sacrifices rituels est l'impiété la plus grave qu'on puisse commettre, puisque l'interruption du culte fait déchoir une série de morts et anéantit leur bonheur. C'est un véritable parricide. « Il y avait, dit Fustel de Coulange, un échange perpétuel de bons offices entre les vivants et les morts de chaque famille. Le vivant ne pouvait pas plus se passer des morts que ceux-ci du vivant ». On ne peut mieux résumer le sens général du culte des ancêtres tel qu'il est pratiqué par les Annamites. Le père seul est tout puissant puisqu'il possède le pouvoir reproducteur qui permettra de poursuivre le culte par les générations à venir.

On conçoit dès lors comment la religion ayant été le principe constitutif de la famille, le père ait conservé un double caractère de chef religieux et de chef domestique.

Ces considérations générales permettront de suivre plus aisément les divers caractères de la famille annamite.

La famille est la base de l'édifice social. Les Annamites désignent leur pays par l'expression les « Cent familles » ; c'est dire que les groupements primitifs ne furent pas très nombreux. Mais, il faut songer qu'il ne s'agit ici que des chefs rituels de la famille, laquelle, par ses liens, pouvait comprendre un grand nombre de membres. Cela explique aussi le petit nombre des noms propres. Le chiffre de cent paraît même exagéré. On rencontre surtout des « Tran », des « Nguyên », des « Lê », des « Trinh », des « Hoang » qui, originairement, durent avoir une souche commune. Les noms génériques étant peu nombreux il est vite devenu nécessaire, pour différencier les individus, d'accoupler au nom propre une désignation particulière reliée à lui par une appellation indiquant qu'on appartient à l'un ou à l'autre sexe. Nguyên-văn-Nam par exemple indique que cet indigène appartient à la famille des « Nguyên », qu'il est un homme, par suite de l'appellatif « văn » qui ne s'applique qu'au sexe masculin, et qu'il a comme nom commun celui de Nam.

Mais la connaissance des caractères chinois permet encore mieux d'individualiser cet Annamite. La langue écrite désigne nettement par un signe propre le nom final empêchant ainsi toute confusion avec un autre Nguyên-văn-Nam habitant du même village.

***

A l'origine le pouvoir de ces chefs de famille était illimité. Le temps, les ordonnances royales, l'évolution du peuple, — car il ne faut point croire que ce peuple n'ait jamais évolué — a limité les droits absolus du « paterfamilias ».

Le fils doit à son père le respect, l'obéissance, la soumission. Il apprend dès son enfance qu'il doit vénérer son père qui est le lien qui le relie aux ancêtres toujours présents, mêlés à toutes les joies et à toutes les douleurs de la vie. Ce devoir, l'enfant le reçoit dès son jeune âge des livres sacrés, des préceptes de Confucius. Il connaît les rites de cette religion domestique ; les textes lui enseignent en même temps que l'étude des caractères, la morale générale. L'instruction et l'éducation sont concomitantes, et les honnêtes préceptes des devoirs envers les parents, envers les supérieurs, envers le souverain pénètrent dans son cerveau en même temps que s'ouvre sa jeune conscience. Il ne connaîtra aucune métaphysique, il n'aura jamais au cœur le fanatisme qui aveuglera son léger scepticisme. Un fatalisme aimable, une susperstition très développée, le culte des ancêtres, teinté de bouddhisme, la morale de Confucius formeront le fond de son esprit et de ses croyances. Il sait dès l'enfance que tout est hiérarchisé ; il apprend à donner à chacun l'appellation graduée de respect suivant ses mérites ou sa place dans la ligne familiale. Il appelle son père « maître » ainsi que son

professeur et il pense qu'il ne peut y avoir égalité
parmi les hommes quand l'égalité n'existe pas dans la
nature. Il sait que le mérite et la sagesse peuvent lui
ouvrir les plus hautes charges et que, s'il n'y a aucune
caste, il y a des différences sociales qui le forcent à
employer des prénoms différents suivant à qui il s'a-
dresse et à ne tutoyer que les serviteurs ou les soldats.

Le fils doit nourrir son père. Manquer à ce devoir
c'est manquer à la piété filiale « bất hiếu » que punit la
loi.

Nous trouvons dans le Code annamite, dans le chapitre relatif aux rites, « que la piété filiale ne doit
jamais être en défaut et qu'un individu qui abandon-
nerait ses parents, quand il en est l'unique soutien,
serait puni de 80 coups de truởng (1). La loi est encore
plus rigoureuse envers le fils qui vient à oublier complètement le respect qu'il doit à ses parents, lorsqu'il
les insulte. Le législateur, considérant cet acte comme
un crime atroce, punit le coupable de la « strangulation », mais, ajoute le législateur, pour que le coupable soit puni, il faut que la personne insultée porte
plainte elle-même.

La loi n'a pas osé empiéter sur les pouvoirs du père.
La justice n'a pas l'initiative des poursuites dès qu'il
s'agit d'infractions commises envers les rites de la famille. Ni le fils, ni l'épouse ne peuvent réclamer.

Le père seul possède l'autorité. Il peut marier ses

____

(1) Truởng = gros rotin, peine qui ne s'applique plus
depuis de longues années et qui est obligatoirement rache-
table ou convertie en exil à plusieurs ly.

enfants et ceux-ci doivent obéir, le consentement du père étant d'autre part toujours indispensable.

Le père dispose à sa guise de ses biens. (Nous verrons plus tard sur quelle base repose la propriété, nous ne nous occupons actuellement que des droits du père de famille.)

Toutefois il est nécessaire que sa volonté soit manifestée par des actes authentiques, soit donation, soit testament.

Ce qui donne le caractère d'authenticité à un acte, réside dans la solennité avec laquelle a été dressé l'écrit. Il faut la signature ou le « diêm-chỉ » (marque des phalanges de l'index apposées sur l'acte lui-même) de plusieurs notables témoins ; le tout approuvé par le cachet officiel du Lý-truởng de la commune pour que l'acte revête son caractère d'authenticité.

Les enfants étant en âge de s'établir, le fils aîné reste seul auprès du père car il est virtuellement désigné pour remplir les fonctions de chef de famille à la mort de celui-ci. Lui seul réside donc dans la maison paternelle qui contient les tablettes des ancêtres et proche de laquelle se trouvent leurs tombeaux.

En droit strict, les filles n'ont droit à rien ; mais la coutume prévaut généralement et elles reçoivent une part des biens paternels. En l'absence de testament le partage est fait en parties égales entre tous les enfants mâles. Le partage des biens ne peut être fait du vivant des parents à moins que le père ne le fasse lui-même. Enfin, les lois actuelles défendent dans un but moral de partager les terres durant le deuil de trois ans qui suit la mort du père. Si la mère est une femme première, c'est-à-dire la femme légitime, elle a droit à l'usufruit de la succession, à moins qu'elle ne se remarie.

Voici d'ailleurs les textes de la loi annamite relatifs au partage du patrimoine et à l'usage de ce patrimoine par les héritiers : « Si des enfants ou petits enfants se partagent le patrimoine paternel, pour se séparer du vivant de leur père, mère ou grands parents paternels ils seront punis de 100 coups ; mais il faut pour cela que les parents eux-mêmes en formulent la plainte.

« Si les dits enfants ou petits enfants ont perdu leurs parents ou grands parents, et qu'ils se partagent l'héritage paternel pendant qu'ils sont encore en deuil ; ils seront punis de 80 coups. Il faut pour cela que le représentant de la famille porte plainte au mandarin ; cependant le partage pourra avoir lieu s'il existe un testament des parents décédés. Il est interdit aux enfants ou petits enfants de se partager entre eux le patrimoine paternel du vivant de leur père, mère ou grands parents paternels ; il leur est également défendu dans les mêmes circonstances d'aller habiter d'autres maisons que celles de leurs parents. Toute transgression de règlement est punie de 100 coups de truŏng. Cependant cette défense cesse d'exister si les parents donnent une permission où un ordre. »

Lorsque le patrimoine paternel — le père étant mort ab intestat — n'a encore subi aucun partage, les parents plus jeunes et en tutelle ne peuvent en disposer qu'avec l'autorisation du représentant du chef de la famille. Si le partage du patrimoine paternel a été fait et que le chef de famille n'ait pas agi loyalement il sera puni de 100 coups de truŏng.

Le patrimoine paternel doit être également partagé entre tous les enfants mâles sans droit d'aînesse et sans distinction d'âge, ni de fils d'épouse, de concubine ou d'esclave.

La coutume a apporté à cette règle une seule dérogation : lorsqu'une personne meurt sans descendant mâle et direct on constituera sa fille légataire universelle ; à son défaut l'Etat devient héritier.

On entend par descendants directs ceux qui ont même nom et mêmes ancêtres que le défunt; ainsi, le fils de sa fille se trouve exclu et nous rencontrons en Annam comme à Rome la théorie de *l'agnation*, relative à la parenté. La définition de la parenté de Platon : « la parenté est la communauté des mêmes dieux domestiques » s'applique exactement aux Annamites. Dans une famille de même nom composée de plusieurs branches il y a un chef de famille ou mieux un chef de toute la parenté c'est le « truöng tôc », en général l'aïeul, le plus âgé des diverses familles de même nom qui reconnaissent les mêmes ancêtres. Le « truöng tôc » surveille les intérêts des mineurs. Les cérémonies du culte des ancêtres doivent être faites par l'aîné de la branche aînée de la famille qui est le chef rituel du groupe de même nom. Le culte des ancêtres procède : d'une idée religieuse fort ancienne léguée peut-être par le bouddhisme indien, et de principes moraux venus de Chine.

L'Annamite croit à l'immortalité de l'âme, il se préoccupe de lui assurer un séjour confortable. On a souvent entendu parler des marchands de cercueils ; il est vrai que tout Annamite qui a quelque fortune s'inquiète des honneurs qui lui seront rendus à sa mort.

La piété posthume se manifeste : par des rites particuliers régissant des cérémonies périodiques où l'on offre
des repas et des libations, par des prosternations et des
formules particulières où l'on évoque mentalement au
foyer domestique les ancêtres disparus.

Les Annamites croient que l'âme erre dans l'impon-
dérable éther, l'air en est peuplé, et ils pensent, qu'il
est nécessaire que ces âmes vivent. Aussi leur offrent-
ils des repas rituels et brûlent-ils à leur intention de
minuscules chevaux, des barres d'or et d'argent en papier, des bonnets de mandarins. Les âmes se trouveront
ainsi satisfaites ; on leur donnera des domestiques en
consumant de vulgaires poupées qui les aideront dans
le monde suprasensible et on les rendra secourables
et favorables, en brûlant en leur honneur de minces
baguettes d'encens. Mais pour que l'âme puisse vivre
heureuse, il est nécessaire que le culte soit fidèlement
rempli et qu'au moment de sa mort l'individu ait conservé intacte son apparence charnelle. C'est pourquoi
les Annamites avaient deux degrés dans la peine de mort:
la strangulation et la décapitation ; la décapitation
constituant une aggravation de peine, puisque, en sépa-
rant la tête du corps, elle détruisait l'entité immatérielle
de l'être et l'empêchait de poursuivre ses migrations à
travers les mondes.

Les femmes sont inaptes à rendre le culte. C'est, nous
l'avons vu, l'aîné des fils qui est chef du culte. Pour
subvenir aux frais entraînés par les rites, l'aîné possède
une sorte de majorat le « húóng hoa » (encens et feu)
(en général une rizière) qui est inaliénable et dont le
produit sert à l'entretien du culte des ancêtres. Le

« húóng hoa » est protégé d'une façon toute particulière par la loi.

Malgré la liberté de tester qui est laissée au père, celui-ci ne peut enlever la jouissance du « húóng hoa » au fils aîné. Nous trouvons ici une preuve de l'origine religieuse de la propriété qui, si elle était fondée sur le travail par exemple, ne serait pas inaliénable. Néanmoins si le fils aîné a été condamné pour un crime de pieté filiale, il est déchu de son sacerdoce. Dans le cas où la lignée mâle viendrait à s'éteindre le « húóng hoa », passant aux mains des filles, perd son caractère religieux pour devenir bien patrimonial. Ce fait est assez rare en Annam, car, pour permettre la perpétuité du culte, le législateur et la coutume ont autorisé l' « adoption » et sa conséquence l' « émancipation ». L'individu émancipé brise tous les liens religieux et moraux qui l'attachent à sa famille naturelle pour adopter ceux de sa nouvelle famille. « Si un couple sans enfant adopte et élève l'enfant d'une autre personne, dit la loi, ayant même nom et mêmes ancêtres, dont cet enfant n'est pas le fils unique, ce fils adoptif sera puni de 100 coups, si plus tard il vient à abandonner ses parents d'adoption pour retourner auprès de ses parents naturels. » L'adoption est donc autorisée, mais seuls les enfants adoptés de même nom et ayant mêmes ancêtres que l'adoptant, peuvent continuer sa postérité. Il y a là une série de mesures tendant toutes à assurer cette postérité et à garantir aussi les droits du fils aîné au point de vue du culte domestique. Mais nous relevons aussi, dans les ordonnances royales, des règles plus modernes relatives à l'adoption qui sont empreintes d'une réelle sagesse. « Si un homme a adopté un enfant dont il ignore le nom, et auquel il donne son nom, ce fils adoptif ne pourra continuer la postérité mais il pourra recevoir une part des biens de son père adoptif, biens dont il perdrait la jouissance dans le cas où il retournerait auprès de ses parents naturels. Ce même enfant ayant été adopté très jeune et élevé depuis longtemps, se rendrait coupable et serait puni du rotin, si, apprenant que ses parents naturels sont riches il abandonnait ingratement pour cela son père adoptif. »

Toute interruption dans le culte d'une famille est la cessation de cette famille. C'est pourquoi lorsque, dans une famille, un fils meurt sans postérité, la loi veut que la famille lui suscite un « láp tú ». Elle choisit alors un parent d'un degré inférieur qui rendra le culte et jouira des prérogatives qui y sont attachées, c'est le « Dich-Tu » ou « Dich-Tôn ».

Malgré toutes ces précautions il arrive qu'une famille s'éteint ou disparaît. Elle ne restera pas sans recevoir les honneurs posthumes. Pour elle s'élèvent au milieu des champs, dans l'immense rizière, de simples stèles dédiées aux âmes errantes qui reçoivent l'offrande du passant et les prémices du laboureur.

Le culte des ancêtres comprend deux catégories de rites. Les uns, nous l'avons vu, se rapportent à l'âme, les autres à la dépouille mortelle et correspondent à ce que nous appelons le culte des morts. Ces cérémonies forment un rituel funéraire fort touffu. La loi a établi certaines règles d'après la coutume. Il est dit entre autres, que les mandarins et les personnes du peuple doivent être enterrées au bout de trois mois. Mais le plus souvent la loi s'en remet aux prescriptions rituelles, et elle se contente d'ordonner à la famille de se soumettre aux rites prescrits pour l'époque des funérailles. Elle n'admet pourtant pas et punit la famille qui, sous prétexte que l'on n'a pas encore trouvé un lieu suffisamment propice et favorable, conserve pendant un an ou plus dans sa maison le cercueil d'un défunt. Les morts doivent être enterrés et la loi punit ceux qui brûlent ou jettent à l'eau le corps de leur parent, même si celui-ci en a exprimé le désir. L'incinération n'est autorisée que dans le cas d'impossibilité pour les enfants ou les héritiers de rapporter dans son pays d'origine le corps pour être enseveli. Dans ce cas les cendres du moins devront y être transférées. La loi est sévère pour ceux qui n'ont pas une attitude digne durant les cérémonies des funérailles.

Le deuil est aussi rituellement réglementé. La période de deuil va de trois ans à trois mois suivant le degré de parenté. Il se manifeste par le port du « cái khan » (turban) blanc, de vêtements dont les bords restent sans ourlet et effilochés. La perte d'un père, d'une mère, d'une femme légitime, d'une concubine, du grand-père ou de la grand'mère paternels entraîne pour le fils, pour les fils de la concubine, etc., un grand deuil de trois ans. Cette période doit être une période de recueillement, d'effacement. On ne tient plus aux joies de l'existence et même aux soins personnels, c'est ce qu'indique le port de costumes aux ourlets défaits. Durant cette période on ne peut se marier. Si l'on occupe une fonction publique, on doit demander un congé de trois ans pour se consacrer au culte et à la mémoire du disparu. Nous retrouvons ici encore le principe de l'agnation qui détermine la parenté : seuls en effet la grand'mère et le grand-père paternels ont droit au deuil ; la loi est muette sur les parents maternels.

Le rôle de la femme est-il donc nul en Annam? Ce serait une grande erreur de le croire. En fait, la femme ne perd nullement son empire mais la constitution religieuse de la famille, la polygamie, ne lui ont laissé qu'un rôle pratique que les lois toutes rituelles n'ont pas sanctionné.

Les filles sortent par le mariage de leur famille et cessent dès lors d'avoir aucun lien avec elle. Le peuple annamite est polygame mais, en réalité, il n'y a qu'une femme légitime, c'est celle qu'on épouse selon les rites et avec solennité. Elle prend le nom de « dich mǎu », et la loi punit tout individu qui, ayant une femme légitime, en prendrait une autre : cette dernière serait rendue à ses parents. Mais cette même loi, si elle ne reconnaît qu'une « dich mǎu », admet les concubines (vǒ-lẽ) et réglemente leur situation vis-à-vis de la « dich mǎu », du mari et des enfants. Si l'épouse légitime vient à mourir et malgré la présence de concubines, l'époux devenu veuf peut épouser rituellement une nouvelle femme qui prend le titre de « kê mǎu ». Les enfants, qu'ils soient fils des concubines ou des femmes légitimes « dich mǎu » ou « kê mǎu », concourent tous également au partage des biens paternels.

Le premier enfant issu de la femme légitime s'appelle « dich tǔ », c'est lui qui célébrera le culte des ancêtres, même s'il est puîné des enfants des concubines.

Il arrive fréquemment que le mari, après la célébration du mariage, cherche une concubine; il devra le faire avec l'*agrément* de sa femme légitime. La loi l'exige ainsi, car toutes les concubines doivent respect et soumission à la « dich mẫu ». Tous les enfants portent le deuil de la femme légitime pendant trois ans, tous l'appellent mère. Le deuil des concubines ne se porte qu'un an, excepté par ses propres enfants. Il n'y a de mère que les « dich mẫu » et les « kec mẫu », seules elles ont droit à l'usufruit des biens patrimoniaux du chef de famille.

Les biens propres de la femme sont administrés par le mari, mais celui-ci ne peut les aliéner sans le consentement de sa femme. Il est difficile au mari de frustrer sa femme de son avoir, car si celle-ci ne peut saisir la justice ses parents le peuvent. Dans la pratique, les actes de vente d'un homme marié portent le nom des deux époux. En outre les biens propres de la femme sont inscrits au rôle de l'impôt foncier au nom de la femme et non au nom du mari. Cela rend plus difficile encore pour le mari la dissipation des biens, car l'inscription au rôle est une preuve de propriété.

Les enfants ont chacun la part des biens de leur mère, part qui vient en plus de la part provenant des biens du père.

Ainsi le rôle de la femme, qu'elle soit légitime ou concubine, est déterminé par la loi. La loi, en cela conforme à la coutume, reconnaît une existence légale aux concubines, seules les formalités qui entourent le mariage de la femme légitime constituent la différence.

fondamentale entre elles. La loi s'est donc longuement appesantie sur le caractère formaliste et rituel du mariage.

Avant de conclure un mariage, les deux familles qui vont s'unir doivent se déclarer clairement l'une à l'autre la position exacte des futurs époux : l'on doit prévenir des maladies, infirmités, de l'âge trop avancé ou trop tendre et aussi de la naissance, c'est-à-dire si l'un des époux est enfant d'une concubine ou enfant adoptif ayant ou non mêmes ancêtres. Ces conditions étant remplies et chaque partie ayant entière connaissance des faits, si elles désirent conclure le mariage, elles choisiront un intermédiaire qui en écrira les clauses et y procédera selon les rites.

On voit, par le simple exposé de ces conditions générales, quelle influence conserve dans le mariage la famille et combien est nulle la part d'initiative qui est laissée aux parties principalement intéressées. Le mariage est défendu pendant les périodes de deuil des fiancés, ou pendant l'incarcération des membres de la famille. Il est prohibé entre personnes de même nom, de même famille, ayant même souche ou mêmes parents par alliance. A côté de ces règles morales ou rituelles, le législateur a édicté des prohibitions d'une grande sagesse politique, c'est ainsi qu'il a interdit aux fonctionnaires d'épouser une femme originaire du ressort qu'ils administrent. Les promesses de mariage engagent pour cinq ans. Lorsque les cérémonies du mariage ont été commencées, lorsque les fiancés ont échangé la noix d'arec, si le fiancé se dérobe, il faut qu'il attende cinq ans pour chercher une nouvelle femme ou bien qu'il rembourse les frais des cadeaux échangés.

Contrairement aux règles générales que j'ai déjà exposées, un père de famille, qui n'a qu'une fille, peut appeler auprès de lui un gendre. La famille reçoit alors un étranger dans son sein, c'est là une dérogation que le législateur n'a admise qu'à la condition expresse et écrite que le gendre prendra soin de ses beaux-parents devenus vieux. Mais ce gendre ne sera jamais appelé à servir le culte des ancêtres. Il ne peut servir de postérité. Il arrive alors, lorsque le père est près de mourir, qu'il désigne, suivant le principe de l'adoption, un de ses neveux pour célébrer le culte. Ce fils adoptif prend part à la succession en parties égales avec le gendre. Ce fils adoptif ne peut pas être fils aîné d'une famille ou fils unique, car il ne pourrait célébrer deux cultes à la fois.

Le divorce existe en droit annamite, mais seul l'époux a droit de l'invoquer, et la question si délicate de la garde des enfants ne se pose pas en Annam. Les enfants font partie de la famille, ils suivent le père, car rien ne peut désagréger la famille. Le renvoi d'une femme n'est qu'un incident qui n'ébranlera pas la solide constitution semi-religieuse de la famille. Le départ de l'épouse ne pourra rompre cette chaîne ininterrompue qui se perd dans le passé à demi divinisé des ancêtres pour se continuer dans l'infini de l'avenir par les générations futures que la polygamie permet d'assurer. La femme ne peut donc se plaindre et invoquer le divorce, sauf dans le cas où son époux a fui sans donner de ses nouvelles pendant une période de trois ans. Encore faut-il alors l'intervention de l'autorité administrative. Les lois annamites rèlatives au divorce sont empreintes d'une profonde connaissance du cœur humain, elles sont hautement morales et sont dignes d'arrêter notre attention.

Comme il suffit à l'époux, pour répudier sa femme et la renvoyer dans sa famille, de dresser un acte de répudiation sans que l'autorité ait besoin d'intervenir, la loi a prévu que tout mari qui répudierait sa femme légitime uniquement par caprice, alors qu'il n'aurait aucun reproche à lui faire pour sa conduite, ni au sujet des relations qu'elle aurait avec lui, serait passible de 80 coups de trúŏng.

En outre, le législateur a limitativement énuméré les cas de divorce : Il y en a 7. Ce sont : 1º la stérilité de la femme, et cela à cause de la nécessité de perpétuer la famille.

2º L'inconduite qui entraîne en outre pour la femme et son complice des peines graves si le mari en saisit la justice.

3º Le manque de piété filiale envers le père et la mère du mari (bất Kính).

4º Le bavardage et la médisance.

5º Le vol.

6º La jalousie, et l'on comprend aisément ce cas dans un pays qui admet les concubines. D'ailleurs, on peut dire que la jalousie telle que nous la concevons est un sentiment très peu répandu en Annam.

7º Enfin les infirmités rendant la femme impropre à la génération.

Ici encore, le législateur a voulu modérer les grandes

facilités de répudiation qui résultaient de ces sept cas, et il a limité ces cas de divorce par trois cas qui entravent la répudiation, sauf lorsque la femme se rend coupable d'adultère.

Il n'est plus permis à un mari de renvoyer sa femme lorsque les deux époux ont subi ensemble un deuil de trois ans, c'est-à-dire lorsqu'ils ont souffert de la mort d'un père ou d'une mère. Le divorce est également interdit si la femme a perdu ses parents depuis son mariage et qu'elle se trouve par suite sans soutien et sans aide. Enfin, la troisième condition qui entrave le divorce est plus une condition philosophique et morale que rituelle, elle tire son principe d'une noble pensée de dignité personnelle bien faite pour donner à l'homme une notion du respect qu'il se doit à lui-même : le divorce est interdit lorsque, s'étant marié pauvre, le mari est devenu riche. Le cas de divorce le plus fréquent est celui pour *incompatibilité des cœurs*. Il m'est difficile de traduire autrement l'expression du code annamite qui indique que le divorce a toujours lieu lorsque le *devoir est éteint*, c'est-à-dire lorsque l'affection n'existe plus. C'est plus alors une séparation par consentement mutuel, qu'un véritable divorce.

Telles sont brièvement énumérées les conditions légales qui régissent les divers actes de la famille : autorité paternelle, parenté, adoption, deuil, mariage, divorce. L'état civil, tel que nous le comprenons n'existant pas en Annam, la naissance n'a pas le caractère juridique que lui donne notre code civil ; toutefois l'enfant est inscrit au rôle personnel de la commune dont nous parlerons plus tard.

Reposant sur le principe de l'unité d'autorité, n'admettant jamais en règle générale l'intrusion des pouvoirs publics, fortement constituée par le lien que lui donne la nécessité de perpétuer le culte des ancêtres, la famille en Annam forme un tout homogène ayant son chef et son prêtre, son juge et ses coutumes privées. Sa force réside dans son unité, dans son indépendance vis-à-vis des pouvoirs publics et aussi dans la dépendance de tous ses membres vis-à-vis de son chef.

CHAPITRE II

LA COMMUNE

Nous venons de constater que la famille en Annam constitue un tout homogène ayant son chef, ses rites, ses droits. Nous allons retrouver, en étudiant la commune, les mêmes idées générales. Il est certain qu'à l'origine les chefs de famille durent se grouper et le territoire de la commune paraît avoir été fixé d'après le nombre de familles et la qualité des terres. C'est ce qui résulte du moins des rites des Tchéous du IIe siècle avant notre ère. Durant toute la période moderne nous assistons en Annam à la création de communes nouvelles et à la formation du droit de propriété.

L'Etat, c'est-à-dire, l'Empereur, a en Annam un droit éminent sur tout le territoire ; mais il se dépossède de ce droit dès que les terres sont mises en cultures. Il cède alors à un de ses sujets la plénitude du droit de propriété avec cette seule condition résolutoire que les terres redevenues incultes et pour lesquelles l'impôt resterait impayé feraient retour de plein droit à l'Etat. D'autres fois, l'Etat ne cède que la jouissance des biens immeubles et nous verrons que cette clause concernant particulièrement les villages fut des plus heureuses au point de vue de la constitution du patrimoine communal.

La commune de nos jours naît de l'initiative libre et spontanée des individus. Un territoire est vacant, un homme se sent capable, avec sa famille et quelques autres qu'il groupera autour de la sienne, d'attaquer l'exploitation de ce territoire ; il demande, en son nom et au nom de ceux qui veulent le suivre, à jouir des terres en friche pour y fonder une commune, qui payera impôt après la période de défrichement. L'état laisse aux mandarins provinciaux le soin de concéder le droit demandé après enquête.

Dès lors la nouvelle commune est fondée, le territoire partagé aux familles de l'association communale qui en prennent chacune ce qu'elles peuvent cultiver et de ce moment aussi la propriété individuelle de ces cultivateurs est établie.

Comme la famille ayant son culte des ancêtres le village a son culte des génies. Ces génies ne sont autres en général que les fondateurs eux-mêmes du village. La réunion des chefs de famille a dû former à l'origine le Conseil des notables de la commune et le plus âgé de ceux-ci a dû être le grand prêtre de cette nouvelle cité. Plus tard des hommes ont illustré leur village par leurs vertus, leur valeur ou leur savoir. Ils recevront eux aussi les honneurs posthumes. C'est un honneur pour un village d'avoir un de ses enfants triomphant à un concours de lettrés, c'est une gloire de posséder un mandarin des deux premiers degrés. Ainsi, peu à peu, avec le temps certains de ces hommes, qu'ils soient fondateurs de la commune, lettrés délicats ou grands mandarins, possèdent dans leur village d'origine une pagode, une stèle, où l'on vient, en leur rendant les honneurs rituels, apprendre à connaître et à aimer les hautes vertus et l'immuable sagesse. Elle est là tout entière cette religion à la fois si simple et si haute, qui se résume en ce culte dû à ceux dont la vie fut un exemple. Du souvenir de ces hommes qui, poétisés par l'éloignement et la légende, se transformèrent en génies tutélaires, se dégage cette foi que la tradition va pieusement transmettre aux jeunes générations. Leurs vertus deviennent le palladium du village. Leurs temples finissent par se confondre avec ces autels dédiés à d'autres génies, qui furent eux aussi des hommes, mais que les temps ont fait entrer à jamais dans le royaume du surnaturel. Le peuple les mêle à ses souvenirs et à ses travaux, il les associe à ses joies et à ses fêtes, comme des ancêtres très vénérables qu'on tient à honorer et qu'on écoute avec respect.

Le villageois annamite est fier de sa pagode, une part des terres communales inaliénables est réservée à son entretien. Il a dans son génie une croyance superstitieuse et un orgueil de clocher qui rappellent l'ardente dévotion des paysans de la vieille France pour le saint protecteur de leur hameau. Ces génies d'ailleurs sont soumis en quelque sorte au pouvoir rituel supérieur de l'Empereur, qui leur accorde parfois des tablettes d'honneur ou un brevet de mandarinat posthume. La distribution de ces récompenses constitue pour le village un événement retentissant. Selon la règle immuable qui régit tous les actes de la commune, le vieil-

lard le plus âgé sera chargé d'aller processionnellement prendre des mains du mandarin, représentant
l'Empereur, le brevet enfermé dans un coffret laqué,
et établi sur une belle feuille de papier jaune portant le
sceau de l'Empereur. Ce brevet sera rapporté triomphalement au village, dans une sorte de reliquaire
porté à bout de bras, car il faut qu'un écrit de l'Empereur soit toujours placé au-dessus de la foule de ses
sujets.

Ainsi, il suffit d'avoir rendu à la commune quelque
service de grande importance pour que celle-ci vous
élève une pagode ou une stèle commémorative. Je me
souviens, à l'époque où j'étais vice-résident à Thaï-Binh
d'avoir reçu un jour une délégation d'un village qui
venait demander l'autorisation d'élever une pagode à
un résident français mort au Tonkin, M. Minault, qui
avait exécuté dans la province d'immenses travaux d'irrigation et qui avait ainsi doublé la superficie des terres
cultivables du village requérant. Celui-ci fut autorisé,
et, sur les bords du « Tra-ly », une pagode dédiée à
un des nôtres s'est érigée grâce à une pensée de bienfaisante gratitude, qui l'ont fait considérer par le peuple annamite comme un génie tutélaire dont la mémoire vénérée ne pouvait périr.

Il y a, dans ces faits, une consolante constatation et
un réconfortant témoignage adressé par les indigènes
à ceux qui donnèrent leur intelligence et leur vie pour
rendre plus riches et plus heureux les peuples que
protège notre drapeau.

****

La commune « xã », en langue vulgaire « lang », est l'unité administrative du royaume d'Annam. La commune comprend en général un village principal et des hameaux, des « thôn » ou des « âp ». Les groupes de maisons isolées qui ne se rencontrent que dans la haute région prennent le nom de « trai ». Ces noms génériques sont suivis du nom propre du village. Les hameaux prennent la désignation des quatre points cardinaux suivant leur position par rapport au village.

La commune, c'est-à-dire l'ensemble des habitations et des terres, dernière expression de la géographie annamite territoriale, est une personne morale pouvant posséder, être propriétaire, administrer, acquérir. En matière de meubles, elle a le droit d'aliéner, sous réserve de certaines restrictions concernant les objets des pagodes.

En matière d'immeubles, un décret de Minh-Mang lui permet en cas de nécessité d'engager, de vendre l'usufruit des biens communaux, exception faite pour les biens des pagodes. Il ne s'agit que de l'usufruit et non de la nue-propriété de ces biens, encore l'engagement ne peut-il dépasser trois ans, afin de maintenir l'intégrité du territoire communal.

La commune s'administre elle-même, elle est entendue dans la répartition de l'impôt et le perçoit. Elle fait ses travaux d'utilité publique et a la police de son territoire. Elle est personne libre, a son budget à elle, ses cérémonies particulières ; et l'état autocratique de l'empereur d'Annam n'intervient dans les affaires de cette république que dans la mesure de la protection morale ou physique qu'il lui doit.

Nous parlerons plus tard des impôts et du mécanisme de la commune, mais il faut dès maintenant noter que le village est dépositaire du « bô dinh » et du « bô-Diên », rôles des impôts personnels et fonciers. Ce dernier constitue un véritable cadastre où se trouvent indiquées toutes les catégories de parcelles de terres dépendant de la commune.

Le territoire de la commune, au point de vue foncier, se divise en propriétés particulières et en terres communales, ces dernières se subdivisent en plusieurs catégories ; les unes affectées aux pagodes sont inaliénables et de petites superficies, d'autres ont été acquises soit par donation, soit pécuniairement par le village dans un but déterminé, elles font donc partie du domaine privé de la commune, enfin la plus grande superficie provient des terres originairement allouées par l'état à la commune et dont cette dernière n'a que la jouissance. Ce sont ces terres communales qui sont distribuées en parts égales et suivant leur qualité à chacun des membres de l'association collective du village.

Pour mettre en valeur son domaine, la commune effectue elle-même, grâce à ses corvées, les petits travaux d'entretien et de réparation aux chemins, digues et canaux, ainsi qu'à la haie du village, à la maison commune et à la pagode. La commune surveille ses champs comme elle veille sur la sécurité de ses membres. Dès que le soir tombe on entend les veilleurs des villages qui font leur ronde en battant un morceau de bambou creux ou un tout petit tam-tam. Des postes fixes indiquent, par des coups de gong ou de tam-tam plus gros réglés comme nos appels de tambours, les veilles dont est divisée la nuit et les intervalles qui les séparent en temps égaux. Parfois aussi, c'est le son plaintif et grave de la corne de buffle qui rassure l'habitant. Mais c'est aux époques des grandes crues que la vie de la commune est troublée, agitée, fébrile. Le tam-tam bat sans cesse. La population suit anxieuse les progrès du fleuve. Elle veille, elle inspecte avec circonspection la solidité des digues, prête à fournir un effort désespéré et vraiment grandiose pour sauver de l'inondation ses champs et ses villages.

Des lois très sévères punissent les villages dont la police est mal exercée. Si un village laisse pénétrer, ou donne asile à des bandes de pirates, une des punitions qui l'atteignent le plus vivement consiste à raser son enceinte et à tracer perpendiculairement au milieu de ses habitations, deux routes qui se croisent en son centre.

Ainsi, si la commune jouit d'une grande liberté il ne faut pas qu'elle en puisse faire un mauvais usage car alors le poids de l'autoritarisme impérial se fait sentir plus lourdement.

La population de la commune s'appelle « dân », elle comprend les « inscrits » et les « non inscrits ». Les « inscrits » « dan-dinh » représentent la partie de la population jouissant de tous les droits du citoyen et susceptible par suite de remplir toutes les charges communales. Elle comprend les riches propriétaires fonciers, les lettrés, les mandarins et les pauvres qui furent autrefois riches et qui ont acquis pour toujours la qualité d'inscrits.

Les « non inscrits » les « dân-lâu » comprennent soit les individus qui ne possèdent rien que la part des bien communaux, soit des étrangers établis depuis peu dans le village, enfin une certaine partie de la population susceptible d'être « dân-dinh », c'est-à-dire inscrits, mais que la commune tient en réserve pour remplacer les disparitions qui surviennent parmi les inscrits.

Il y a un principe absolu en Annam, c'est que le nombre des inscrits d'un village ne peut jamais diminuer. Lorsqu'un habitant disparaît, où lorsque par suite d'une épidémie, des inscrits meurent, la commune porte immédiatement de nouveaux habitants au rang d'inscrits en puisant dans cette sorte de réserve que je viens d'indiquer.

Le législateur annamite n'a jamais connu les théories de Malthus et a toujours tendu à favoriser l'accroissement de la population.

La commune est administrée par les notables désignés dans les pièces officielles par les expressions collectives de « húóng dích », « cac chuc » ou « Ky muc ». Ces notables se divisent en notables majeurs auxquels appartient la direction des affaires communales, et en notables mineurs auxquels est confiée l'exécution des dites affaires.

Ces notables sont choisis d'après la coutume, par les gens ayant des terres, ou parmi de simples habitants jouissant d'une grande réputation de respectabilité et d'habileté. En fait, le conseil des notables, véritable oligarchie de vieillards, forme une sorte d'aristocratie terrienne. Ces vieillards se recrutent eux-mêmes, ils nomment aussi des lettrés, des diplômés ou des mandarins habitants de la commune.

La coutume qui régit la formation du conseil des notables et le nombre de ceux-ci, bien qu'une dans son ensemble, est infiniment variable dans ses détails. Tout dépend de l'importance des villages, de la condition des personnes qui y résident, des précédents et des usages locaux.

L'âge confère en Annam de grands privilèges. Un vieillard auquel on s'adresse doit être traité de « ông » c'est-à-dire « seigneur », serait-il misérable et d'extraction la plus basse.

Les lois de l'urbanité sont fondées dans le village sur le respect dû à l'âge ; ce respect doit surtout régner dans les cérémonies et les fêtes. Toute contravention à ces règlements était punie par le code de 50 coups de rotin.

Le chef du village est le président du conseil des notables, le « húóng su » ou le « Thu chỉ ». C'est en général un honorable vieillard qui est chargé des cérémonies rituelles, il est l'arbitre et le juge de paix du village, il détient le budget particulier de la commune, et chez lui, sont déposés les rôles d'impôts de Gialong.

Ce budget communal ou mieux cette répartition entre tous les habitants de la commune des charges et des droits est jalousement soustraite à l'autorité. C'est par hasard et par surprise qu'on peut en posséder la teneur.

Rien n'est intéressant comme ce document écrit en caractères chinois. On y voit toutes les dépenses communales, et le caractère collectiviste de cet organisme y apparaît nettement.

L'impôt réclamé par le pouvoir central y est réparti entre tous les habitants ; les biens communaux divisés entre tous. A ces charges générales viennent s'ajouter les frais des travaux à effectuer, la quote-part de chacun pour les fêtes du village, l'allocation du produit d'une rizière qui, sous le nom de « but diên » (ce qui signifie la rizière du pinceau), est accordée à l'agent exécutif de la commune au « ly truŏng », puis viennent les parts de rizières communales ou à leur défaut les sommes en ligatures de sapèques accordées à chaque famille dont un des membres remplit le métier de soldat ; enfin la part réservée aux vieillards qui ne peuvent plus travailler et aux habitants pauvres qui ne possèdent rien. Il n'y a pas de pauvres en Annam et la mendicité peut y être aisément interdite, puisque chaque village doit l'assistance obligatoire à tous ses enfants. Tous les membres de la commune sont sous la haute surveillance du conseil des notables qui veille non seulement à la bonne gestion des affaires, mais encore, qui exerce une sorte de tutelle générale sur les jeunes gens, les veuves et font régner ainsi l'ordre et la morale dans l'enceinte communale.

Mais cette commune a des rapports avec l'administration centrale, avec les représentants de l'Empereur dans les provinces, dont nous parlerons plus tard.

A ce point de vue on peut dire que les rapports avec l'administration sont exercés par le « ly truŏng » plus

petit des notables majeurs assisté de deux notables, le
« húóng thân » et le « húóng hoa ».

Ce lý trúóng, que nous appelons faussement maire, ne
rappelle nullement l'idée que nous nous faisons de ce
magistrat en France. Il n'est pas président du conseil des notables, il n'est que l'agent accrédité officiel
entre l'administration et la commune. Il doit transmettre toutes les demandes de la commune aux autorités
administratives et y apposer le sceau. Il vise ou légalise
toutes les signatures. Il doit, d'autre part, transmettre
à la commune tous les ordres de l'administration supérieure et être responsable de leur inexécution s'il ne
prévient pas l'autorité supérieure. Il est responsable
de la police et il est puni par la loi, s'il n'informe pas
l'autorité des délits commis dans le village, ou s'il ne
fait pas prendre les mesures nécessaires pour arrêter
les délinquants. La loi le frappe à propos de la perception et du versement de l'impôt, ou encore à propos de
sa répartition puisqu'il signe les rôles avec le « húóng
thân » et le « húóng hoa ».

C'est le bouc émissaire qui paye pour la collectivité
communale et endosse toutes les fautes de ses membres.
Ses biens répondent de l'impôt, à leur défaut, ceux des
notables. Il détient le cachet du village. Dans les communes importantes ayant plusieurs hameaux il est
assisté par des adjoints ou phó lý qui sont responsables
vis-à-vis de lui.

Le ly trúóng est élu par les notables. Son élection
est soumise à l'approbation de l'autorité administrative. Comme la charge de ly trúóng permet à son expiration normale d'entrer dans le conseil des notables,

elle est souvent briguée avec ardeur par des familles rivales qui cherchent à exercer de toutes façons une pression, disons électorale, sur les notables électeurs.

La charge du ly trûông est généralement biannuelle, cependant le village peut le maintenir dans ses fonctions aussi longtemps qu'il lui plaît.

Mais ces fonctions sont obligatoires au moins pendant un certain temps.

L'autorité provinciale délivre au maire élu un brevet « băng cấp » qui constitue son titre d'agrément du pouvoir central.

Nous avons dit que le ly trûông était surtout assisté du « húóng than » et du « húóng hoa ».

Ces notables majeurs sont l'un, le premier, chargé d'expliquer à ses concitoyens les ordres royaux ou des mandarins provinciaux et les ordonnances ; l'autre, le second, de surveiller et de diriger les chefs de la police, et de veiller à la perception de l'impôt.

Au-dessus de ces officiers municipaux, il faut placer les notables majeurs qui en nombre variable surveillent les affaires de toutes natures, président aux cérémonies et siègent au conseil des notables. Leur âge, leur distinction ou leur position personnelle, déterminent ces questions de rang, de préséance si délicates chez un peuple aussi formaliste que le peuple annamite.

Ce sont : le « húóng chu », le plus considérable parmi eux. Le « húóng su », le « húóng chanh, » le « húóng lé », le « húóng van », le « thủ chỉ » le « thám trúóng » ; qui s'occupent, les uns, « thủ bổn » des questions financières et privées du village, président aux marchés, pêcheries, location de terre (phuc hang), recueillent les dons des habitants pour les sacrifices; les autres, comme les « thủ bộ », conservent les rôles anciens et les archives du village avec le Thủchỉ, ou encore veillent à l'accomplissement des cérémonies rituelles. Enfin il faut ajouter à ces notables les « húóng quan », anciens mandarins, notables honoraires, qui assistent leur village de leurs conseils et de leur influence.

C'est une chance d'avoir dans sa commune un ancien « tong doc » par exemple, car cet ex-gouverneur obtiendra pour son village d'origine mille prérogatives et un grand nombre de faveurs. Les notables mineurs sont surtout des agents d'exécution qui aident le « ly trůỏng » dans ses fonctions.

Les uns ont des attributions assez bien définies : « le bien lai » délivre les reçus d'impôt; le « caí binh » assiste le maire dans les affaires militaires (recrutement, désertion); le « bien dinh » enregistre les dépenses du culte ; le « tri lê » aide à l'observance des rites ; le « trí ván » est un lettré qui compose les sentences en l'honneur du génie ; le « tri khách » reçoit les notables à la pagode les jours de fêtes.

Les autres sont plus encore des agents d'exécution comme le « Trùm viêc » qui communique les ordres du « ly trůỏng » aux chefs de quartier; il en est de même du « ap trůỏng », du « caí thi », qui maintiennent l'ordre sur le marché; des « trůỏng », qui prêtent main forte au ly trůỏng chaque fois qu'il en est besoin, etc., etc.

La commune règle elle-même tous les petits incidents journaliers qui peuvent survenir : les insultes, les querelles, les contraventions peu importantes sont jugées oralement par les chefs de quartier qui peuvent infliger de 1 à 6 coups de rotin.

S'il s'agit de coups ou de délits minimes, ce sont les grands notables qui prononcent et font infliger de 10 à 20 coups de rotin.

S'il s'agit de contravention de quelque gravité, de blessures, il faut en référer à l'autorité du chef de l'arrondissement « quan phú » ou « quan huyên ».

La commune apparaît donc quant à son administration comme une plus grande famille vis-à-vis de laquelle l'autorité respecte la plus grande autonomie.

Tel est le fonctionnement intérieur du village. Comment apparaît-il à nos yeux ?

Tel nous voyons aujourd'hui le village annamite, tel il a toujours été. Il s'est toujours dérobé aux regards de l'étranger. On ne peut y pénétrer que difficilement et même les mandarins représentant l'autorité de l'empereur, tout en y étant reçus avec le respect et le cérémonial voulu par les rites et la coutume, n'en connaissont souvent que la maison commune, le « dinh » ou la pagode où ils sont conduits.

Jaloux de leur liberté, de leur organisation intérieure, toujours méfiants, craignant que l'aspect aisé de leur village, la richesse de leurs jardins, le nombre de leurs maisons n'éveillent chez l'autorité la pensée d'une augmentation de charges, les villageois dissimulent le mieux qu'ils peuvent leur personne et leurs biens et s'effacent derrière cet être anonyme : la commune.

On ne trouve jamais la pagode d'un bouddha très renommé dans l'enceinte même d'un village, car aux époques de pèlerinage trop d'étrangers y pénétreraient ; et d'ailleurs le cadre que peut prêter la nature à la divinité y ferait défaut. Il en est de même des grands marchés qui se tiennent toujours aux carrefours des routes, près des fleuves, proche des villages, mais jamais dans l'intérieur de ceux-ci.

La liberté de la commune a besoin, pour s'exercer pleinement, d'élever autour d'elle une véritable muraille. C'est une famille qui ferme ses portes pour discuter ses affaires personnelles, sans contrainte et sans admettre une oreille étrangère.

Il y a, dans cette recherche constante du village à se faire oublier, une autre raison qui est une raison de sécurité. Il est certain que jusqu'à notre arrivée le paysan annamite vivait la vie troublée, toujours pleine d'alertes de notre moyen âge. Les grandes bandes dévastaient le pays. Le tam-tam, les sinistres appels de la trompe chinoise faisaient passer sur toute la campagne le grand frisson de terreur, avant-coureur des pillages, des incendies, des rançons, des meurtres, des razzias de femmes et de filles. Il fallait une enceinte bien forte, un courage bien trempé pour résister à ces terribles compagnies de pillards et de soudards venus du Quang Si et qui comptaient dans leurs rangs la lie de la population annamite. Les villages de la haute région pouvaient parfois échapper à leurs cruelles dévastations. La position naturelle d'un roc, les avantages défensifs de la forêt profonde ou d'un cours d'eau leur permettaient de mieux résister. Mais les riches villages de la plaine, qui ne pouvaient élever de fortes murailles, n'avaient recours qu'à l'enceinte naturelle constituée par un enchevêtrement vivace de rotins épineux et de gros bambous.

Le village apparaît toujours comme une île verte avec son rideau de bambous qui cache complètement les toitures en lataniers ou les cornes des pagodes. Il faut être initié pour reconnaître dans ces frondaisons l'enceinte d'un village. A première vue, on ne peut croire que ces rideaux légers mais compacts cachent des agglomérations qui atteignent parfois 15.000 âmes.

Les bruits intérieurs expirent au bord de la haie de bambous. Rien ne vient troubler le calme solennel de la rizière. Un petit sentier qui suit les contours capricieux d'une diguette conduit près de la haie. Il faut deviner l'ouverture qui constitue la porte du village. Celle-ci est en bambous, elle forme en général une sorte de herse qui se dresse le soir. Un petit mirador parfois la surmonte où se logent les veilleurs de nuit.

Je ne puis songer sans un sentiment de fraîcheur et de paix tranquille à ces villages lointains et paisibles.

Je me vois à cheval le matin par une belle journée de printemps, un de ces matins qui nous rappellent si bien là-bas l'air calme et pur de la Provence, suivi d'un seul milicien à cheval et entrant courbé sur l'encolure de ma monture sous le cadre étroit de la porte d'un village du delta. Le sentier rouge se perd en mille contours. Après la grande plaine nue et ensoleillée, une fraîcheur d'ombre vous baigne. Des arbres partout, de frêles aréquiers, des lataniers, des banians, des bananiers reposent la vue. Le sol mou éteint le bruit des pas. Un cheval attend près d'une haie en mangeant des pousses de bambous et en secouant ses clairs grelots. Des enfants furtifs et curieux s'envolent avec des cris apeurés. Ma présence ne provoque de la part des grandes personnes aucune curiosité et pourtant, combien de ces vieillards, de ces femmes cachés dans l'obscurité de leur « cái nhà » et dont je sens partout la présence un peu hostile, n'ont jamais vu un Européen ! Chaque maison est elle-même enclose d'une haie plus basse, d'un petit mur fait en boue ou en petits cercueils de terre pour ossements dont on se sert aussi en guise de briques. Devant chaque maison, j'aperçois l'aire de terre battue où sèche dans de grands vans de bambou le paddy doré. De claires visions de petits jardins admirablement tenus m'apparaissent, des jardins d'arbustes à thé bien protégés contre la mousson. Tout est propre, discret, silencieux. Des mares nombreuses moirent des coins d'ombre ; des bassins dallés attirent le regard par une balustrade sculptée, un détail amusant d'ornementation : poisson bizarre, dragon grimaçant. Des cochons noirs, au ventre traînant, toujours libres, courent affolés, maladroits et grognons. Des chiens qui rappellent notre loubet de Provence, passent leur museau pointu à travers la barrière en bambous qui entoure une maison. Les rues se croisent, se mêlent, c'est un dédale. J'arrive à la maison commune ou à la pagode qui sont en général les deux seules constructions importantes en bois, tuiles et briques. Un gong en bronze résonne lentement dans l'air calme. Des « mô » cliquettent. Aucune effervescence, aucun tumulte, tout est paisible et semble endormi, et pourtant je sens que tout le village sait qu'un étranger a pénétré dans son enceinte. Je me sais surveillé, suivi, épié. Un homme s'approche, je lui parle en annamite, il se rassure. J'avais interrompu la vie du village. On va chercher un notable, on me rend les honneurs, on s'excuse, on est plein de politesse et pour moi s'ouvre le côté gauche de la pagode qui se donne en Annam quand on veut honorer quelqu'un. Les portes basses et sculptées gémissent ; je me repose un instant dans l'ombre fraîche. Je vois dans l'obscurité l'or des bouddhas qui retient un reflet de lumière. J'entends glisser des pas autour de moi. On se rassure, on s'enhardit, je ne suis ni un agent des douanes venu pour perquisitionner, ni même un fonctionnaire en tournée officielle. C'est simplement le « quan phố » (vice-résident) qui se promène et bientôt les plus audacieux, profitant de mon passage, viendront me remettre quelque requête. Les enfants se glissent par petits groupes près de moi et je pars escorté par une petite troupe qui me fera prendre toutefois le chemin le plus court pour me rendre à la grande rizière.

Je ne conseille pas à un nouvel arrivant ces visites imprévues. Il faut bien connaître les coutumes et la langue, car on peut sans le vouloir froisser les sentiments intimes du paysan annamite et même, sans qu'on s'en rende compte, déchaîner l'hostilité de la foule. Mais je pense au contraire qu'il est du devoir des fonctionnaires bien informés de multiplier ces occasions de se mettre en contact avec l'indigène que l'on ignore trop et à côté duquel on vit parfois dans nos villes françaises d'Extrême-Orient pendant des années, sans jamais le connaître et sans que jamais il puisse nous approcher.

La très grande majorité des villages annamites sont des villages d'agriculteurs qui cultivent le jour leurs terres et rentrent le soir précédés de leur buffle. Mais il existe aussi des villages flottants de pêcheurs qui se déploient le long des grands fleuves, emmenant avec eux leurs grands radeaux, leurs pittoresques engins de pêche, leurs légères maisons et l'autel de leurs génies.

D'autres sont constitués par des familles d'artisans qui travaillent la soie, qui font des incrustations, qui fabriquent du papier, et cela depuis des siècles. Les mêmes familles constituent une sorte de caste qui s'adonne traditionnellement aux mêmes métiers avec les mêmes procédés.

Mais qu'ils soient villages d'artisans ou villages de cultivateurs, tous ont une organisation analogue.

*
* *

Les communes se groupent entre elles, en nombre variable pour former le canton (Tông) ; chaque canton est dirigé par un chef de canton « cái tông » assisté souvent d'un sous-chef de canton « phó tong » et parfois d'un « bam biên ».

Le chef de canton est élu par les notables des communes ; l'élection a lieu au « dinh » ou dans une pagode d'un des villages du canton. Elle ne se fait pas par vote à la majorité, c'est un simple choix sur lequel on tombe d'accord après discussion.

Le choix une fois fait, les électeurs dressent un procès-verbal demandant la nomination de la personne élue. Chaque votant signe ce procès-verbal, les « lý trừơng » apposent le cachet des villages et la requête est transmise au « quan huyên » qui l'adresse au « tổng đốc » de la province.

Si les votants ne peuvent tomber d'accord chaque partie dresse un acte, avec signatures des partisans du candidat, relatant ses mérites. Ces requêtes sont soumises à l'autorité provinciale qui décide. En général, l'élection n'offre pas grandes difficultés et sauf quelques cas, où se trouvent en présence deux compétiteurs également influents, le choix des votants est rarement divisé.

Les « cái tổng » ont rempli dans la majorité des cas quelques fonctions communales. Ils reçoivent après leur élection un brevet de chef stagiaire de canton « thi sái cái tổng » et le cachet officiel du canton. Ils sont élus pour un temps indéfini. Il faut une plainte motivée des communes, suivie de condamnation ou une démission volontaire, un manquement grave aux devoirs, un empêchement, pour amener une nouvelle élection.

Les sous-chefs de canton sont également élus et également agréés par le pouvoir central représenté par le « tổng đốc ».

Ces représentants de la population ont pour mission de défendre les intérêts de l'aggrégation cantonale auprès de l'administration et aussi d'assurer l'exécution des ordres administratifs. Le devoir du chef de canton est de surveiller les digues, d'exciter la police communale, de maintenir la tranquillité.

Le chef de canton, homme considérable par sa fortune, son influence, ses mérites, est aussi le conciliateur naturel des affaires civiles que n'ont pu trancher

définitivement les chefs de familles ou les chefs de villages. C'est un arbitre qui juge selon l'équité et la coutume. Il reçoit pour sa peine des épices de peu de valeur : bananes, poules, riz, ligatures, le tout pour cinq
piastres peut-être. Ce que nous appelons parfois, avec
notre ignorance et notre mentalité européenne, une
concussion, n'est qu'une coutume bien moins onéreuse
que nos frais de procédure.

Nous oublions d'ailleurs facilement qu'avant 1789,
les épices étaient payées au juge. Et comme l'a dit spi-
rituellement Luro, « ce n'est pas pour l'Annam que
la fable de l'huître et des plaideurs a été inventée ».

L'avancement des chefs de canton est lent et entouré
de précautions multiples. Nous avons vu que le « tổng
đốc » provincial après l'élection n'accorde qu'un brevet
de stagiaire.

Si après trois ans, le chef de canton a rempli sa tâche
sans reproche, alors l'autorité demande à la Cour en
sa faveur une nomination définitive.

Si, le roi accorde cette titularisation, le chef de
canton reçoit un brevet royal le nommant « cửu phẩm
cái tổng », c'est-à-dire mandarin du 9ᵉ degré.

Par deux nouvelles périodes de trois ans, le chef de
canton peut obtenir des grades du 8ᵉ et du 7ᵉ degrés.
Mais en pratique, l'avancement triennal est fort rare,
car il faut avoir rempli ses fonctions sans reproche : un
retard dans la rentrée de l'impôt, un acte de piraterie,
un vol-à main armée commis dans le canton suffit à
renvoyer cet avancement.

Je me souviens avoir remis un brevet royal du 7ᵉ degré à un vieux chef de canton âgé de 78 ans qui, de-

puis l'âge de 30 ans, exerçait les fonctions de « cái tong ». Il avait mis 48 ans pour obtenir deux grades.

En dehors de certains travaux qui intéressent tout le canton et auxquels prennent part tous les villages, les communes d'un même canton se réunissent assez fréquemment pour procéder à de grandes fêtes.

L'Annamite adore les fêtes. Tout lui est prétexte à processions, à concours. Les fêtes villageoises sont fort intéressantes par leur pittoresque. Suivant les régions, on y voit des courses de pirogues, des luttes, des jeux d'échecs vivants ; le tout est toujours couronné par un grand banquet fait à la maison commune, où l'on mange force cochons, poulets, canards et où l'on boit l'alcool de riz. Le législateur a dû même prescrire des règlements réfrénant ce goût des fêtes, car, pour y donner libre cours, les villages se ruineraient et écraseraient la population de contributions exceptionnelles. La réfection d'une pagode, les fêtes d'un génie, une bonne récolte, sont d'excellentes occasions de réjouissances. Parfois aussi les villages d'un même canton s'unissent pour conjurer un danger commun. Que les pluies viennent à manquer, que la sécheresse menace les champs de riz, alors le chef de canton sollicite l'autorisation de demander processionnellement au ciel la pluie bienfaisante. Comme chez nous, dans des occasions analogues ou à l'époque des rogations, là-bas, se déroule, à travers la verte rizière, le long ruban multicolore de la procession. Les étendards en forme de flamme aux mille tons chantants au soleil, s'avancent vers la pagode au milieu d'une haie de drapeaux fichés en terre qui claquent joyeusement au vent. Des dais laqués d'or et de rouge recouvrent les brancards à tête de dragon qui supportent les offrandes faites aux génies ; de grands parasols s'élèvent, des chanteurs s'accompagnent de flûtes aiguës et de tam tam ; des gardiens de pagode en souquenilles rouges ; des serviteurs du chef de canton ; de petits chevaux qui amblent sur place, des jeunes filles ; toute une foule suit la diguette aux mouvants replis et la procession colorée, toute vibrante de lumière, va se perdre dans l'ombre de quelque banian, semblable aux ondulations du dragon symbolique qui étend sur toute cette terre d'Annam son étrange et grimaçante protection.

Avec le canton et la commune, avec les notables, le « ly trưởng », et le chef de canton, on a fait connaissance avec le peuple annamite et avec ses représentants élus.

Dans cette autocratie représentée par l'Empereur et ses délégués, on a vu vivre d'une vie libre la commune annamite, on l'a vu subsister avec ses franchises, ses prérogatives à côté d'un pouvoir absolu.

La commune présente un mécanisme particulièrement intéressant, et on comprend sans peine qu'une organisation si complexe, si démocratique, où jamais un notable ne peut agir seul, qui existe traditionnellement depuis la plus haute antiquité, ne doit pas être touchée sous peine de désorganiser le pays. « L'instrument est vieux, il est bon, il convient au peuple. »

CHAPITRE III

L'EMPEREUR ET LA COUR D'ANNAM

Aujourd'hui tout l'Extrême-Orient est en fête (1), de
l'Empire du soleil levant (le Japon) à celui du sud
Pacifié (l'Annam), partout au pays du « Calme matin »
(la Corée), et dans le céleste Empire le peuple se réjouit.
Le monde jaune s'est éveillé au bruit assourdissant des
pièces d'artifices. Chaque habitant a planté devant sa
porte des mâts fleuris et collé sur sa maison des maximes
écrites sur papier rouge en beaux caractères. L'autel
des ancêtres est couvert d'offrandes. Chacun s'est pré-
paré hier soir par des ablutions à cette grande journée.
C'est aujourd'hui le 1er jour de l'année sino-annamite;
le jour de l'an asiatique. Pour ces peuples qui ne connaissent point le repos dominical la fête du têt pendant
laquelle tout travail est suspendu, où les mandarins
eux-mêmes enferment dans des boîtes laquées qu'ils
déposent au chef-lieu leur cachet officiel signe du pou-

(1) Ce chapitre a fait l'objet d'une conférence faite le
25 janvier 1906, jour correspondant au 1er de l'an sino-
annamite.

voir, devient un véritable événement politique et religieux.

Pendant 8 jours la vie de ces nations ne sera consacrée qu'aux cérémonies rituelles et aux réjouissances privées et publiques. Les plus pauvres font des prodiges pour pouvoir tirer un chapelet de pétards rouges en l'honneur de l'an nouveau.

Les Annamites vont aujourd'hui fêter le premier jour de l'année « giap ngo » et la 17e du règne de Thanh Thái, leur empereur.

Qu'il me soit permis à cette occasion de leur dire que chaque jour nous connaissons mieux leurs coutumes et leur religion ; que, quoique conquérants nous savons comprendre leurs admirables préceptes, que nous savons aussi respecter leurs institutions ; et qu'ainsi le vœu le plus sincère que nous formulons pour cette nouvelle année, c'est que, peu à peu, avec le temps et une bonne volonté égale, jaunes d'Extrême-Orient et blancs d'Extrême-Occident apprennent, en se connaissant toujours mieux, à s'estimer mutuellement à la hauteur des vertus de leurs races.

Au-dessus des institutions privées comme la famille et des institutions publiques comme la commune se dresse le pouvoir central s'identifiant dans la personne de l'Empereur et de ses représentants. Chef d'une monarchie pure et absolue, l'Empereur n'a aucune classe aristocratique qui le sépare de son peuple. Ses intermédiaires, les mandarins, sortent de ce peuple lui-même et leurs descendants y retournent s'ils n'ont pu s'élever par le mérite et par les concours au mandarinat. Les lettrés eux-mêmes ne forment pas une classe. Malgré leur influence ils ne représentent que l'élite de la population chez laquelle par voie d'examen se recruteront les mandarins futurs.

Ce pouvoir absolu, cette autocratie n'est tempérée par aucune constitution écrite. Elle ne trouve ses limites, ses devoirs et ses droits que dans la doctrine de Confucius qui l'emprisonne dans sa morale utilitaire. C'est par l'étude de cette doctrine que l'on peut expliquer et comprendre cette antinomie apparente entre la centralisation, l'unité d'action des services confiés aux Mandarins avec les libertés communales et les prérogatives sans bornes accordées au père de famille.

Si parfois, dans l'étude des caractères principaux de la monarchie annamite, nous nous trouvons en présence de lois ou d'actes émanant d'une autorité toute puissante, qui pourraient nous faire douter de l'efficacité pratique des admirables préceptes édictés par les philosophes chinois et que nous avons pourtant déjà vu appliqués par la commune et par la famille, ne nous empressons pas de les juger avec notre conscience d'occidentaux, une psychologie plus subtile est nécessaire. Ce qui nous apparaît parfois comme de terribles abus d'autorité, d'épouvantables pouvoirs heurtant la dignité humaine, telle que nous la concevons, n'est considéré par un Annamite que comme un acte juste et normal.

L'Empereur «Dúc-hoang-dé» est le souverain pontife, le juge suprême auguste et saint, « le père et la mère » de ses sujets. Fils du ciel, dont il tient sa mission, il offre seul au nom de toute la nation le sacrifice solennel au grand et suprême Empereur des choses et des âmes au « Chang Ti. »

Il remplit scrupuleusement sa charge de grand prêtre. Quelque temps avant l'époque des sacrifices solen-
nels offerts au ciel, à la terre et aux esprits tutélaires
du royaume, accompli dans une pagode royale ou sur
un autel consacré, l'Empereur ordonne aux membres
du ministère des rites et aux mandarins de la capitale
de s'y préparer par le jeûne et l'abstinence. Il est même
assez plaisant de constater que les mandarins, qui, durant cette période, n'en observeraient pas rigoureuse-
ment l'ordonnance, seraient punis de la peine du rotin.
Fils du ciel, l'Empereur est responsable vis-à-vis de lui
des malheurs qui peuvent accabler son peuple. Il se
confesse publiquement de son indignité et cherche
dans la retraite et dans la purification le moyen de flé-
chir la divinité. Mais parfois, on a vu dans le cours de
l'histoire, des empereurs dont le gouvernement tyran-
nique opprimait par trop fortement la population. Alors
un homme courageux surgit, qui ose proclamer que
le souverain a forfait à sa mission, qu'il a perdu le
mandat du ciel, et ce sacrilège, cet acte d'impiété contre
ce Fils du ciel lui-même, se trouve légitimé par les
circonstances. Les rois qui ont subi cette excommuni-
cation du peuple ont tous vu leur dynastie s'écrouler
dans les révoltes et les guerres civiles. Ainsi, par
des moyens analogues, l'Empereur règne et est dépos-
sédé. La souveraineté populaire, sous le couvert de la
divinité, prend sa revanche et vient corriger, par un jeu
de bascule politique bien oriental, la théorie du droit
divin. En temps ordinaire, la succession au trône se
fait par ordre de primogéniture ; c'est-à-dire que l'aîné
des enfants de la reine, qui est la femme de premier

rang, est le successeur désigné. Les femmes, qui ne peuvent rendre le culte, ne peuvent donc monter sur le trône ; le culte a imposé une véritable loi salique, qui n'empêche pourtant pas de donner la régence à la reine.

Nous verrons plus tard, en étudiant la justice, comment l'Empereur remplit son rôle de juge suprême, et en examinant les lois administratives, comment il mérite le beau titre de « père et de mère » de ses sujets.

Il est certain toutefois que des précautions multiples sont prises pour sauvegarder le prestige et pour défendre la vie de cet Être tout puissant et sacré. Le code édicte des peines terribles contre les audacieux qui trahissent leur pays, ou qui se révoltent contre l'autorité royale. Porter atteinte à la personne royale, détruire la tablette des ancêtres du roi, détruire une pagode royale, une sépulture ou un palais, sont considérés comme des actes de révolte, qui entraînent, pour le coupable principal, la peine de la mort lente. Le législateur impitoyable ne frappe pas seul l'auteur de cet attentat : l'aïeul paternel, le père, les fils, les frères, les oncles et les neveux de celui-ci et ceux qui demeurent avec lui seront décapités. On détruit sa famille, on disperse les ossements de ses ancêtres. Quant aux femmes, elles sont données en servitude aux mandarins méritants. Les biens sont confisqués par l'Etat.

Il faut donc être bien téméraire, ou être bien sûr du mécontentement du peuple tout entier, pour oser s'attaquer à la personne royale et lever contre elle l'étendard de la rébellion.

Sous le titre de « lois militaires » et dans une partie consacrée aux « demeures impériales », on trouve dans le code les instructions minutieuses et les peines qui les sanctionnent concernant la défense immédiate de la personne royale.

Il est interdit de franchir le seuil de la porte du temple des ancêtres du roi ou celui de leurs sépultures sans une raison valable. On ne peut franchir l'enceinte du palais, et si l'on fait partie de la suite de l'Empereur, une plaque de bois ou d'ivoire pendue sur votre robe doit vous servir de signe distinctif. Même pour les mandarins, pour les employés du ministère qui se rendent à 5 heures du matin à leurs fonctions, il est formellement défendu de passer par certaines portes qui ne sont accessibles qu'à l'Empereur lui-même. Des instructions sévères concernant les escortes royales, les gardes du palais, règlent les moindres détails. La route réservée au roi dans le palais, ouverte depuis la porte du centre jusqu'au pont extérieur, doit être uniquement pratiquée par lui et lorsque le roi sort précédé de son cortège de soldats et de gardes du corps marchant sur deux rangs, il est interdit à toute personne de pénétrer dans les intervalles sous peine de strangulation. On doit, quand on rencontre le cortège royal, se mettre à genoux et baisser la tête sans regarder.

Ces dispositions, ces précautions minutieuses se répètent sous les titres suivants du Code :

« De ceux qui franchissent les murs du palais ;

« Des chefs des portes de l'enceinte ;

« Des maisons de plaisance du roi ;

« Du tir à l'arc devant le palais. »

Et nous verrons qu'il n'est pas toujours agréable d'être appelé dans le palais royal. Si des travaux forcent les mandarins à avoir recours à des ouvriers, il n'est pas permis à ceux-ci de s'oublier dans le palais pour y terminer leur ouvrage, car si à l'heure de la sortie ils ne se présentent pas à la porte et qu'ils demeurent dans l'enceinte royale, les trop scrupuleux artisans se verront condamner à la strangulation.

Les employés du palais, eunuques, serviteurs ou petits mandarins, n'échappent pas eux-mêmes à ces règles sévères et le code les punit sous les fallacieuses raisons qu'ils ne sont « pas sortis du palais alors qu'ils le de-
« vaient ou qu'ils y ont pénétré alors qu'ils n'en avaient
« pas le droit ».

Les cuisiniers et les apothicaires sont rendus responsables de la qualité de leurs mets ou de leurs drogues. Il n'est pas permis non plus aux astronomes de se tromper sur les grands phénomènes célestes.

Aucun sujet ne doit prononcer jamais le nom propre de son Empereur, il ne peut posséder, serait-il collectionneur entiché, les portraits des empereurs des dynasties précédentes ou quelque ancien sceau royal en or ou en jade, pas plus qu'il n'a le droit de se vêtir d'un vêtement jaune : le jaune étant le signe du pouvoir suprême.

A côté de ces prescriptions qui pourront nous paraître puériles je suis persuadé que ceux parmi vous qui ont eu à subir les longues heures de l'attente dans les couloirs de quelque ministère apprécieront à leur réelle valeur les lois qui condamnent à la décapitation avec sursis le fonctionnaire du bureau des rites chargé des introductions qui retarde avec intention une audience royale ou qui est cause qu'un mandarin nouvellement arrivé dans la capitale ne peut rendre au roi les honneurs qui lui sont dus.

Lorsque le roi au milieu de sa Cour adresse une question générale, il appartient au plus haut dignitaire de répondre le premier et après lui au dignitaire d'un grade moins élevé : Celui qui interromprait l'ordre des facteurs se verrait infliger une suspension de solde de un mois.

Mais si l'étiquette règne en toutes choses en Annam, si elle enserre l'Empereur lui-même, elle a permis de conserver à tout le peuple une urbanité et une politesse que nous devrions mieux que tout autre, nous Français, apprécier à son juste prix.

Il ne faudrait pas croire que les souverains annamites furent des rois fainéants, vivant dans l'oisiveté d'une Cour somptueuse. Leur rôle fut considérable à travers l'histoire et à quelque dynastie qu'ils appartiennent, ils ont tous eu pour but l'expansion et l'unité de la nation annamite. Ils ont combattu les invasions venues de Chine avec une ténacité vraiment admirable et ont su repousser les retours offensifs de cette puissance « chiam », avant-garde des races du Sud, contre lesquelles les Annamites étaient venus se heurter et qu'ils devaient finir par vaincre dans leur marche invincible vers le Midi. Ils ont détruit une sorte de féodalité qui menaçait l'œuvre d'unité qu'ils avaient entreprise en créant au Tonkin et en Annam de puissantes maisons rivales rêvant d'indépendance. Enfin, et c'est là leur principale marque distinctive : ils furent tous de grands législateurs faisant passer avant tout la nécessité du développement agricole du pays. Ils ont su prendre à la Chine, pendant les longues années où leur pays fut soumis à cette puissante voisine, sa morale, sa philosophie, son écriture et beaucoup de ses coutumes. Le peuple a prouvé son intelligence en allant à Pékin disputer et obtenir les premières places dans les grands concours de lettrés. Sans remonter plus haut qu'à l'année 1250 nous rencontrons un monarque qui réunit en lui les caractéristiques les plus remarquables des empereurs annamites.

L'Annamite étant avant tout agriculteur, le roi « Trân-Thái-Tông » comprit qu'il était d'une nécessité politique de porter tous ses efforts vers la réglementation de certaines coutumes touchant l'agriculture. La vie de son peuple et son extension, la force de sa race comme l'affermissement de toutes les dynasties futures devaient être à ce prix. La loi facilitant le développement de la vie agricole devenait un puissant auxiliaire et un moyen de gouvernement entre les mains des rois d'Annam. « Trân-Thái-Tông », s'il n'inaugura pas cette sorte de politique, la précisa et lui donna nettement sa voie. C'est ainsi qu'il pose le principe que toute terre doit être cultivée, qu'il institue une commission chargée d'évaluer les indemnités à accorder aux propriétaires dont les terres ont été prises pour élever des digues, qu'il prend diverses mesures tendant à empêcher les procès et à faciliter la possession du sol.

D'autres firent exécuter des canaux qui font aujourd'hui encore l'admiration de nos ingénieurs.

Le plus grand parmi les derniers rois fut le fondateur de la dynastie actuelle, cet extraordinaire empereur « Gia Long » qui, après avoir repris parcelle par parcelle, son royaume aux rebelles Tay Son, ouvrit une vaste enquête revisant tous les rôles d'impôts du royaume, faisant un nouveau cadastre des terres, codifiant en un seul recueil toutes les lois éparses et toutes les coutumes du pays, élevant partout de superbes constructions, couvrant son pays de travaux gigantesques pour favoriser l'avenir agricole de son empire.

Je viens de vous exposer à grands traits le rôle historique du souverain. Avant j'ai essayé de tracer, d'après les ordonnances et les lois morales, les caractères principaux de l'empereur. Je ne peux mieux faire revivre cet empereur lointain qu'en citant les pages tirées du livre *Souvenirs d'Annam*, écrites sur l'avènement du roi actuel et sur la mort de son prédécesseur par un témoin oculaire, M. Baille, alors résident de France à Hué, qui a su mettre au service des événements qui se sont passés sous ses yeux, les qualités d'une intelligence supérieure et d'un esprit charmeur.

. . . .

« Le roi Dong-Khanh vient de mourir. On a choisi un fils de Duc-Duc pour monter sur le trône.

« Des envoyés se présentèrent dans la demeure de la mère et, s'adressant à elle, lui demandèrent de désigner son fils aîné : « Le voici, dit-elle, que lui voulez-« vous ? — C'est lui, répondit-on, que nous venons « chercher pour être roi d'Annam. » Alors elle fondit en pleurs ; elle ne voulait pas donner son enfant et suppliait qu'on lui épargnât une chose si effrayante ; mais

le ciel avait parlé, on n'avait qu'à lui obéir, et l'enfant
fut le soir même emmené au palais et placé, en attendant l'heure de son couronnement, dans un apparte-
ment situé non loin de la salle des audiences solennelles, au noï các : « Où suis-je, où me mène-t-on ? disait-
« il à l'interprète royal. — Altesse, vous êtes dans la
« bibliothèque des rois, dans celle qui va être la vô-
« tre... — C'est bien, donnez-moi alors les *Entretiens*
« *de Confucius.* »

« Le propos est historique et, de fait, cet enfant de
dix ans était déjà un lettré. »

« Les astrologues ayant, après mûre réflexion et des
observations nombreuses, reconnu que le 1er, février
était un jour très favorable, le couronnement fut fixé
sans tarder à cette date.

« Le jeune prince avait été, selon les rites, faire la
veille ses laïs aux ancêtres dans le palais de Can Chanh
et recevait là les ornements royaux. Il aurait même dû
recevoir aussi le sceau en jade dit « de la succession de
famille », le ngnoc bi. Mais ce sceau a été emporté jadis par Ham Nghi dans sa fuite et perdu dans les montagnes du Quang Binh. On a délivré au prince la plaque d'ivoire « ordre royal » qui doit servir de laisser-
passer pour aller chercher le Livre d'or dans le palais
de Can Chanh.

« Ce livre d'or, qui n'est ouvert qu'au commence-
ment ou à la fin de chaque règne, est présenté au futur

souverain. Le caractère écrit au rang de succession sera son nom propre.

« Celui du nouveau roi fut chieu (lumière de sagesse). Les mandarins attachés au noi cac choisissent ensuite un certain nombre d'expressions littéraires formées de deux caractères et ayant les significations les plus favorables ou les plus agréables au ciel. On offre cette liste au nouveau souverain qui choisit là son nom de règne. Ce nom est ensuite transcrit sur le Livre d'or et affiché dans tous les temples des anciens rois et dans le Nam Giao (temple du Ciel).

« Le roi d'Annam prit le nom de Thanh Thái, ce qui veut dire bonheur absolu et succès dans toutes choses. »

***

Voici maintenant la cérémonie du couronnement.

« Les princes, en grand costume de cour, rangés sur les côtés de la salle, s'avancent et se placent devant le trône à une distance de 15 mètres environ, viennent faire les laïs.

« La plupart sont vieux, courbés et cassés par l'âge ; cinq fois ils se prosternent sur les genoux la face contre terre et leur barbe blanche vient balayer les dalles ; à leur tour les ministres s'avancent et exécutent les mêmes génuflexions avec la même majesté. Toute la grande cour extérieure est remplie par les rangs pressés des mandarins. A gauche sont massés les mandarins du rang supérieur, à droite ceux d'un rang moins élevé.

« Alors une mélopée bizarre, une sorte de plain

chant guttural qui, en se prolongeant, finit par sembler être comme l'écho de lui-même, s'élève au loin. C'est le signal. Et cette immense foule de mandarins se prosterne lentement face contre terre et vient heurter le pavé du front. Les longues robes aux mille couleurs se courbent et s'affaissent inondant au loin le sol de leurs plis. La mélopée dure toujours. Lorsqu'elle cesse, cette mer humaine, un instant immobile et calmée, s'agite de nouveau et la foule se relève. Cinq fois le chant recommence avec sa troublante et bizarre uniformité, à cinq fois les laïs recommencent avec lui.

« Le soleil est ardent et tous ces fronts mouillés de sueur n'en continuent pas moins à s'abaisser et à se relever, pour s'abaisser encore quelques secondes après au commandement du rythme sacré, dans leur adoration muette. Il n'est pas de spectacle plus large et plus imposant, ni de mise en scène mieux réglée pour faire comprendre ce que c'est que le principe monarchique en Orient, et de quelle hauteur il domine la foule des hommes. »

****

Le roi gouverne avec l'aide de conseils et administre en se servant de ses ministres.

Deux conseils sont placés près de l'Empereur, le Conseil d'Etat ou secret qui prend le nom de « Cô Mat », auquel sont soumises toutes les grandes questions intéressant le bien de l'Empire.

Ce conseil suprême comprend quatre mandarins des

deux premiers degrés et des secrétaires, mandarins de rang inférieur. Ces quatre hauts personnages, qui dirigent en cas d'interrègne le gouvernement, sont les quatre colonnes de l'Empire. C'est parmi eux que sont pris les régents de l'Empire.

J'ai eu l'honneur de connaître un de ces grands mandarins mort aujourd'hui, S. E. Nguyen trong Hiêp. « C'était une figure. Comme régent de la Cour d'Annam, il avait été notre adversaire. Un voyage en France, dont il avait rapporté un fort curieux poème, avait forcé son estime et l'avait convaincu de l'inutilité de lutter avec nous, et du profit que devait tirer son pays de notre protection. » De ce jour ce beau grand vieillard devint sinon un rallié du moins un réservé, et on ne pouvait rencontrer cette noble figure sans être forcé à des égards respectueux pour sa sereine et impénétrable mélancolie.

Après le « Co Mat » se trouve le Conseil aulique ou « Noi Cac » qui est l'intermédiaire obligé entre l'Empereur et les Ministères.

Ce conseil, qui voit toutes les affaires de l'Empire, est divisé en six sections qui correspondent aux six ministères.

Enfin on trouve un corps d'inspecteurs généraux toujours prêts à être envoyés en mission dans les provinces.

Il n'y a pas en Annam de ministre comme nous le comprenons. Il y a des Ministères. Le Ministère comporte un président auquel nous donnons le titre de ministre, deux vice-présidents et deux conseillers qui portent le titre d'assesseurs de droite ou de gauche, suivant qu'ils habitent la maison située à droite ou à gauche de celle du président. Ces hauts fonctionnaires sont assistés de scribes et de délégués.

Les affaires du ministère ne sont pas décidées comme chez nous par le ministre seul, elles sont soumises à cette sorte de conseil d'Etat particulier présidé par chaque ministre dans son département.

Le dissentiment d'un seul des membres de ce conseil suffit pour entraîner la nécessité d'en référer au roi avant de prendre l'exécution d'une mesure.

Ces six ministères sont :

Le Bô lai ou ministère de l'intérieur ;

le Bô hô ou ministère des finances ;

le Bô Lê ou ministère des rites ;

le Bô hinh ou ministère de la justice ;

le Bô binh ou ministère de la guerre ;

et le Bô công ou ministère des travaux publics.

Tel est l'organisation centrale du pouvoir ; nous en étudierons plus tard le mécanisme, disons simplement une fois encore qu'il repose tout entier sur l'institution du mandarinat, c'est-à-dire sur la dévolution des charges au seul mérite.

Ainsi donc, chez le peuple annamite, il n'y a d'autres distinctions sociales que celles que donnent les fonctions et le savoir.

Toutefois, l'Empereur a parfois à récompenser un de ses sujets ayant accompli un acte d'héroïsme, s'étant dévoué pour sa cause, ayant de longs services civils. Il lui confère alors une distinction honorifique, sorte de titre de noblesse, qui forme un ordre. Cet ordre se divise en cinq degrés. Ces degrés de noblesse n'ont aucun rapport avec les degrés du mandarinat, et un très petit mandarin peut être élevé à la première dignité, alors qu'un fonctionnaire des premiers degrés peut n'être qualifié que d'un titre moindre.

Mais il ne faut pas s'y tromper, il ne s'agit pas ici d'une noblesse formant une caste aristocratique. Le rêve fait par Alphonse Karr, dans son livre *les Femmes*, est réalisé en Annam.

« Je ne suis pas tout à fait ennemi de la transmission héréditaire, dit-il, d'une partie de la considération qu'un homme de cœur et de génie a répandue sur son nom. Noblesse oblige... quelquefois. Mais il me semble incontestable qu'à l'égard de la noblesse, car c'est ainsi qu'on appelle ce reflet de considération, on devrait compter et procéder précisément en sens inverse de ce qu'on fait. D'après les idées admises sur ce sujet les derniers descendants des grands hommes, auxquels certaines familles doivent leur illustration, sont beaucoup plus nobles que ces glorieux ancêtres. Alors qu'il serait logique que le fils du grand homme anobli ne soit qu'à moitié noble et le fils de celui-ci que quarteron et il viendrait un moment où, au lieu d'être d'une plus haute noblesse, à proportion qu'il y a plus longtemps qu'on n'a eu de grand homme dans sa famille, on retomberait dans l'espèce commune, à moins qu'on ne se fît à son tour des titres nouveaux et personnels. »

C'est là la théorie annamite. En Annam la noblesse se transmet héréditairement, mais en diminuant d'un degré à chaque génération. L'ordre ayant cinq degrés on ne peut, en admettant que l'on soit possesseur du degré le plus élevé, que transmettre à cinq générations le reflet de sa propre gloire.

Ainsi, la noblesse se réduit à de simples distinctions temporaires accordées aux sujets méritants, s'affaiblissant rapidement à chaque génération, ne comportant l'idée d'aucune prérogative politique, ne conférant aucun rôle dans l'Etat aux titulaires.

Le plus souvent l'Empereur augmentait la part des biens du culte des meilleurs serviteurs de l'Etat, par l'octroi de concessions immobilières, pour leur assurer les hommages posthumes.

Après avoir vu l'existence toute théorique du pouvoir central, il n'est pas sans intérêt de connaître l'organisation de la Cour et la vie intime du roi. J'emprunte de nouveau à l'ouvrage de M. Baille les détails si intéressants sur l'existence quotidienne de ces monarques d'Extrême-Orient.

« Les femmes du Roi sont au nombre d'une centaine environ, divisées en neuf classes dont chacune à un titre différent. Elles sont toutes rétribuées et habillées par l'Etat, mais d'une façon fort inégale : tandis que les femmes du premier rang ont 500 ligatures par an, 250 mesures de riz et dix domestiques, les déshéritées de la neuvième classe doivent se contenter de 180 ligatures, de 48 mesures et de 3 domestiques. Sans doute, le budget leur alloue aussi un certain nombre de pièces de soie pour leur habillement (48 pour les femmes de la première classe).

« Mais il est bien souvent nécessaire que le caprice et la satisfaction du maître viennent parfaire, par les cadeaux en argent ou en nature, ces maigres émoluments.

6

« La reine, elle, reçoit un traitement de 1000 ligatures et de 300 mesures de riz, plus 60 pièces de soierie.

« Je ne parle pas de la reine mère. Sa situation est d'une opulence relative. Elle reçoit par an 10.000 ligatures et 1000 mesures de riz, sans compter les cadeaux de toutes sortes qui affluent dans son palais.

« Chaque jour, le Roi est assisté par un personnel de femmes empruntées à toutes les classes hiérarchiques du sérail.

« Trente d'entre elles montent la garde aütour de ses appartements privés. Cinq sont toujours auprès de sa personne, se relayant alternativement, pourvoyant aux soins de sa toilette. Ce sont elles qui l'habillent, entretiennent et parent ses longs ongles de lettré et de roi, aussi longs à eux seuls que les doigts eux-mêmes, le parfument, enroulent coquettement autour de sa tête le délicat et soyeux foulard de crêpe jaune, enfin veillent aux moindres détails de son ajustement.

« Ce sont elles aussi qui le serviront à table. Sa Majesté prend d'ordinaire trois repas par jour : à six heures du matin, à onze heures et à cinq heures du soir.

« Chacun de ses repas est composé de cinquante mets différents préparés par les thuang-tieng qui, au nombre de cinquante, font le service de la cuisine royale. Chacun d'eux confectionne donc son plat, et, quand la clochette a retenti, le remet aux thi-vê (chambellans), lesquels le remettent eux-mêmes aux eunuques. Ces derniers, à leur tour, le transmettent aux femmes, et ce sont seulement les femmes qui auront l'honneur de l'offrir, en se mettant à genoux, à la table royale. Sa Majesté effleure à peine quelques-uns de ces mets et boit une sorte d'eau-de-vie spéciale, fabriquée avec des graines de nénuphar et parfumée avec des plantes aromatiques. Le riz que mange le roi, et qui fait le fond de son alimentation, quand il est seul, et n'est pas contraint de manger à l'européenne, doit être très blanc et choisi grain à grain. Il est cuit dans une marmite en terre que l'on brise après chaque repas. La qualité même des baguettes dont se sert Sa Majesté pour manger n'est pas indifférente. Elles doivent être faites avec du bambou qui vient d'avoir toutes ses feuilles, « et renouvelées chaque jour ». Les baguettes d'ivoire semblent trop lourdes à la main royale. La quantité de riz mangée par le roi est déterminée et pesée : jamais celui-ci ne la dépassera, et s'il ne mange pas comme d'habitude, s'il se sent l'appétit moins ouvert, de suite il fait appeler ses médecins et leur demande des remèdes, que d'ailleurs il n'absorbe qu'après les avoir fait goûter préalablement par eux.

« Chaque province du royaume doit envoyer à la cour pour la nourriture royale les meilleures productions de son sol, dont une partie provient des impôts payés en nature. La Cochinchine, autrefois, envoyait du riz de Ba-Thac, du poisson pêché dans le grand lac, des crevettes sèches, des mangoustans, des vers palmistes, des jeunes caïmans, des letchis, etc... »

*_**

Telle est la vie intérieure de cette cour lointaine. Essayons maintenant de peindre le cadre dans lequel elle se place.

Hué, capitale de l'Empire Annamite, est relativement de date récente. Ce n'est pas à proprement parler une ville, c'est avant tout le réduit où vinrent s'enfermer l'Empereur et sa cour. Cette capitale ne se trouve pas située, comme nos grandes villes d'Europe, dans l'axe même de la vie de chacune de nos nations occidentales, au point de rencontre des grandes routes humaines, au carrefour des grands fleuves. Comme le village qui cherche à s'isoler, la Cour a choisi un lieu difficile d'accès échappant aux regards, à l'abri des étrangers. La chaîne annamitique préserve de tous côtés le séjour de l'Empereur. Des écrans naturels dissimulent la ville comme ces autres écrans de pierres ornés de hauts reliefs polychromes cachent au regard du profane la salle ouverte et pourtant mystérieuse où le mandarin présent et invisible écoute les doléances du peuple et rend ses sentences. La rivière qui baigne la capitale ne peut servir de voie de communication ; la barre qui se dresse à son embouchure, les lagunes perfides où elle se perd arrêtent les insensés ou les téméraires qui voudraient remonter son cours pour parvenir à la ville mystérieuse et sacrée. Elle n'est là, cette douce et gracieuse « rivière des parfums », que pour concourir à l'ornementation générale des sites, des palais et des tombeaux. Elle sert à reposer les regards, elle joue son rôle dans le grand décor conçu par ces artistes subtils et délicats qui associent la nature à toutes leurs œuvres. Elle a l'honneur de recevoir l'Empereur qui vient s'y délasser et baigner sa personne sacrée ou qui la parcourt lentement sur sa jonque royale éclatante de soie et d'or, accompagné de ses chanteuses et de ses lettrés qui les soirs d'été composent en son honneur des vers puérils et charmants.

Hué n'est point une ville. Hué se résume dans sa citadelle et dans ses tombeaux. On y rencontre encore la pagode de Confucius qui élève sa haute tour octogonale et qui constitue en quelque sorte le temple du savoir de l'Empire. C'est là que s'accomplissent tous les trois ans les concours de lettrés qui confèrent aux rares lauréats le titre de docteur.

La citadelle, où s'enferment le palais de l'Empereur et les ministères, élève ses hautes murailles de briques brunes le long des larges fossés et de la rivière. Il est curieux de retrouver dans ces pays d'Extrême-Asie la profonde empreinte que nous y avons déjà laissée. L'on ne peut contempler ces admirables fortifications construites selon les principes les plus purs de notre grand Vauban, par cette extraordinaire et merveilleuse mission d'ingénieurs et d'officiers français envoyée auprès de l'Empereur Gia Long par notre ancienne monarchie, sans être saisi par un sentiment de grandiose fierté et de sûre confiance dans le génie de notre race.

Cette ceinture formidable protège les palais, les cours dallées, les jardins de l'Empereur. Je ne pourrais vous conduire que dans les salles d'apparat, les seules qui nous soient encore aujourd'hui accessibles. Nous n'avons violé que rarement le mystère des appartements royaux, du harem et des pagodes sacrées.

On entre dans le palais par les voûtes sombres de la porte de Ngo Mon que surmonte un toit lourd et trapu

aux extrémités en forme de cornes. On traverse alors
de grandes cours dallées bordées de bâtiments qui tous
reproduisent les motifs rituels et archaïques de l'art
annamite : figures de monstres accolées aux angles des
pagodes, polychromie des vieux caractères se détachant
en fines ciselures sur le ciel, dragon aux dards menaçants,
nuages légers qui courent le long des frises et qu'inter-
rompent le vol de la chauve-souris, le dessin orne-
mental des livres sacrés et des pinceaux. Les plafonds
répètent ces motifs d'un effet si curieux. Les colonnes
sculptées servent d'appui à l'enroulement et aux replis
des animaux symboliques. La tortue, emblème de lon-
gévité, soutient de sa solide carapace l'ibis léger. Puis
ce sont de larges chaussées que bordent des pièces d'eau,
des jardins exquis et fleuris. Des arcs de triomphe
légers en bois ajouré supportent des cartouches où
sont tracés les caractères tirés du Tam tu Kính : droiture, probité, chemin vers la vertu éternelle. Les de-
vises se multiplient. Des balustrades d'un dessin char-
mant entourent la mare aux crocodiles. De larges
marches descendent vers la mare aux éléphants royaux
qui promènent leur pesante personne et qui revêtent
les jours de grandes fêtes leurs riches caparaçons de
guerre. Les émaux, la porcelaine concourent à l'agrément de l'ensemble, des terrasses et des pavillons. De
grands espaces gazonnés reposent la vue. On arrive
ainsi à une large esplanade au fond de laquelle s'ouvre
la salle du trône. Une impression de grandeur se
dégage de la simplicité harmonieuse des lignes. Les
jours de fêtes, cette terrasse s'anime d'un déploiement
de bannières, d'étendards aux formes déchiquetées et

tourmentées, de robes somptueuses. Les mandarins groupés selon leur rang, immobiles, respectueux d'une étiquette étroite et scrupuleuse, laissent éclater au soleil les légers filigranes d'argent et d'or des antennes de leurs bonnets de lettrés ; les petites ailes de leur costume de cérémonie, se raidissent dans leur dos alors qu'ils fixent obstinément la corne de jade qu'ils tiennent dans leurs mains, prêts à exécuter comme dans un ensemble bien réglé les six grandes prosternations rituelles.

Dans l'ombre de la grande salle soutenue par une infinité de colonnes de bois de teck, se dresse le trône. Telle une idole, l'Empereur, tout de soie jaune habillé, couleur que seul dans l'empire il a le droit de porter, apparaît figé dans une pose hiératique, éblouissant d'or et de pierreries, entouré des hauts fonctionnaires, des eunuques, de ses femmes, des gardes en costumes rouges et soutachés de vert.

« Tout ce spectacle étrange et grandiose, issu de la profondeur des âges et fidèlement perpétué, laisse l'esprit rêveur en un vaste champ d'énigmes. »

C'est là la façade qui a caché le long de l'histoire de ce peuple d'Asie, les intrigues et les crimes auxquels cette cour d'Annam n'a pas plus échappé que nos cours royales d'Occident.

**

On comprend combien la mort d'un souverain, par suite du culte des ancêtres, devait être entourée de précautions pour éviter, en cas de révolution, la violation des sépultures. Les tombeaux prennent dès lors un intérêt tout particulier et leur étude nous aide à mieux pénétrer le caractère de l'empereur.

Les Annamites, nous l'avons déjà dit, pensent qu'il est nécessaire, pour que l'entité immatérielle de leur être puisse poursuivre ses migrations dans le monde suprasensible, que leur corps conserve toutes ses apparences charnelles. Il faut donc éviter que les restes mortels soient détruits. La violation d'une sépulture est un crime atroce. Les empereurs durent donc prendre toutes les précautions nécessaires pour cacher leur dépouille mortelle afin de jouir en paix du culte que doivent leur rendre leurs descendants. Ils ont toujours craint qu'un renversement de dynastie ne soit la cause d'une violation de leur tombeau. « En fait on cherche vainement, pour les vieilles et puissantes familles antérieures à la filiation des six derniers empereurs, des traces nécrologiques, même à l'état de ruines. »

Je crois même avoir été le premier à signaler dans la province de Thai Binh la présence de dix petits tertres qui indiqueraient, d'après les indigènes, l'emplacement des tombeaux de l'ancestrale dynastie des « Trân ». Ces tumuli, sont disposés de telle sorte qu'ils forment le caractère (Vua) roi. A leur droite, dit-on, sous un monticule, est placé le cercueil de pierre du premier des rois Trân.

Quoi qu'il en soit, il est certain que ces vestiges sont bien peu de chose à côté des tombeaux des empereurs de la dynastie régnante des Nguyên.

Les rois d'ailleurs, pour éviter le reproche d'impiété

et peut-être dans un but de prudence personnelle et
pour ménager l'avenir, ont tous édicté des ordonnances
accordant certaines sommes pour l'entretien des tombeaux des rois des anciennes dynasties.

Il faut compter aussi dans ce pays tropical avec la
force d'oubli que la nature toujours vivace jette sur
tous les monuments humains. Il paraît toutefois peu
probable que les anciens tombeaux aient jamais eu
l'importance de ceux des six derniers empereurs. Faut-
il voir dans les dispositions majestueuses de ces derniers, dans l'allure générale des avenues et des allées
qui rappellent notre Versailles, une intervention de
notre goût apporté à la cour de Gia-long par la mission
française dont nous avons parlé ?

Tout cela est possible et entre dans les hypothèses que
l'on peut admettre.

Il ne faut pas donner au mot tombeau le sens que
nous y attachons, le sens étroit d'un bâtiment, même
d'un mausolée de grande dimension contenant simplement le cercueil.

Le tombeau constitue à Hué tout un ensemble qui
couvre une vaste superficie d'hectares. Les grands artistes que furent les derniers rois ont su associer le
monument à la nature, avec un sens merveilleux du
décor et de l'effet.

Assis dans le cadre admirable et grandiose des collines couvertes de pins maritimes, de banians géants,
de flamboyants d'un rouge éclatant, les tombeaux farouches ou infiniment tristes forcent au recueillement
et au respect.

Quatre surtout sont remarquables : ce sont ceux de

Gia Long, de Minh Mang, de Tieu-Tri et de Tu Duc.

De larges avenues, de somptueux degrés de pierre, montant vers les terrasses ornées d'urnes aux proportions gigantesques ; de longs bassins qui rappellent les chemins d'eaux de nos jardins à la française, tout concourt à un ensemble de haute esthétique, d'où se dégage la mélancolie des choses silencieuses et mortes.

Correspondant aux divers états de l'homme les tombeaux des Empereurs comprennent trois parties essentielles.

C'est d'abord la sépulture. Sous un tertre immense en un point inconnu se cache le cercueil. Des arbres, des fleurs en font toute la parure. Une porte nue s'élève seule, barrée d'une lourde chaîne représentant ainsi le symbole de l'inviolabilité.

Puis, c'est la pagode de l'âme où se trouvent réunis les objets rares et précieux qui servirent à l'Empereur durant sa vie et qui sont placés là pour le servir encore ; sur l'autel caché est déposé le voile fin qui a reçu le dernier soupir. Des tablettes symboliques l'entourent ; les livres, les objets familiers, fumerie d'opium, petites tasses à thé, sont placés tout autour. Des femmes, les anciennes femmes de l'Empereur ou, à leur mort, des bonzes, rendent le culte à leur ancien seigneur, lui présentent chaque jour le repas rituel et silencieuses, cloîtrées pour jamais, consacrent leur existence finissante à cette pieuse survie.

Plus loin, au milieu d'une esplanade, se dresse la stèle qui raconte en termes nobles et en caractères choisis les hauts faits du règne de l'Empereur défunt.

La stèle est lourde, trapue, solidement assise. La grandeur du monarque s'affirme d'elle-même, dédaigneuse de toute réclame, sûre du respect de ses sujets. La renommée asiatique n'a ni aile, ni trompette, elle s'impose et s'érige sur le silence.

Complétant cet ensemble on trouve, dans chacun des tombeaux, un pavillon nommé le « pavillon du trône » qui, situé sur une éminence, permet d'embrasser l'ensemble du tombeau. C'est là que venait s'asseoir le monarque, pour diriger de son vivant les travaux de son palais d'éternité et prendre en dilettanti consommé un délassement de haute philosophie.

Mais Hué n'est pas toujours la ville du recueillement et du calme. Son maître ne reste pas toujours dissimulé dans son palais, il se montre parfois à son peuple lors des grandes solennités rituelles de l'année. Tous les trois ans, sur l'esplanade des sacrifices, qui s'encadre dans un bois dont chaque arbre a été planté par un des premiers mandarins de la Cour, l'Empereur, grand prêtre, vient la nuit présider la fête du Nam Yao, où, après une retraite, il sacrifie aux dieux de grands buffles noirs. Dans ces occasions on va puiser dans les réserves des magasins du ministère des finances qui conservent des collections d'étoffes précieuses, des ornements de toutes sortes, et les grands papiers, couleur safran, pailletés d'or sur lesquels se rédigent les brevets royaux. Les oripeaux sont mis à jour, les objets rituels sortent de l'oubli : brancards, dais, autels portatifs. Parmi ces fêtes, ainsi qu'on l'a écrit, une des plus « gracieuses et des plus idylliques, est la fête du printemps, qui met aux mains patriciennes du jeune Empereur les mancherons d'une charrue dorée et sculptée dont il trace, laboureur de légende, un sillon hésitant devant le peuple prosterné, appelant sur les champs la bienveillance de Bouddha. »

On ne sait ce que l'avenir nous réserve en Indo-Chine. Peut-être le siècle où nous entrons verra-t-il le drapeau tricolore flotter sur les vieilles murailles du palais de Hué où se dressent encore par bienveillance les vieux étendards royaux. « Il n'aura pas été inutile de fixer un instant devant vos yeux cette cour qui se meurt et cette dynastie qui s'éteint.

« On ne peut toutefois, en songeant à l'intellectualité subtile qui peuple le silence des avenues des tombeaux, l'ombre douce des pagodes, en faisant revivre les grandes cérémonies de la cour, regretter avec mélancolie que progrès, conquête et conservation ne soient pas totalement conciliables. »

CHAPITRE IV

UNE PROVINCE ANNAMITE

Avant de parler du mandarinat, je crois nécessaire
de donner une vue d'ensemble sur l'organisation administrative de cet Empire d'Annam dont on connaît déjà
le peuple et le souverain.

Comment ce souverain manifeste-t-il son autorité et
par quels intermédiaires ? C'est ce que je vais m'efforcer
de montrer en étudiant l'unité politique de l'empire, je
veux dire : la province.

L'Empire d'Annam « Dai nam qúóc », ce qui signifie
le grand empire du sud, était divisé en 31 provinces
ou tĭnh. Il ne faudrait pas comparer ces provinces à
nos départements actuels, mais mieux à nos anciennes
provinces de la vieille France : Provence, Languedoc,
Anjou ou Picardie. Ces provinces portent toutes des
noms différents qui ont été soigneusement choisis par
de hauts mandarins de la Cour, et qui, s'ils ne disent
rien à nos oreilles européennes, n'en sont pas moins
fort poétiques et bien appliqués à la région qu'ils désignent.

Pour en donner quelques exemples je citerai : Ha-

Noi qui signifie la province entourée par les eaux des fleuves. Thai-Nguyen qui est une des plus anciennes circonscriptions, une de celles où durent s'arrêter un moment les ancêtres des Annamites, les « Giao chi » dans leur descente vers le delta. Thai-Nguyen veut dire Haute Origine. La province côtière de Haiphong est la province du soleil se couchant sur la mer. Celle de Nam-Dinh rappelle les longues luttes : c'est la province du Sud Pacifié. La paisible et tranquille région de Thaï-Binh mérite bien l'étymologie de son nom « Calme Profond » ; et ainsi pour toutes, qui portent chacune, élégamment, le nom qui la caractérise le mieux.

Ces provinces se divisent en deux classes, les grandes et les petites, qui ont les unes et les autres la même administration, avec cette seule différence que les petites provinces ont à leur tête un mandarin d'un grade inférieur à celui du mandarin chargé des grandes et qu'elles sont en quelque sorte sous la dépendance morale de celle-ci.

Chaque province est généralement placée sous l'autorité d'un gouverneur spécial « Tong doc » pour les grandes, « Tuấn phủ », pour les petites.

La province grande ou petite se subdivise en départements ou « phủ », administrés chacun par un « quan phủ » ; en arrondissements « huyên » ayant à leur, tête un « quan huyên. »

Chaque arrondissement se subdivise, ainsi que nous l'avons déjà vu, en cantons, « tong » et en communes, « lang » ou « xã ».

Le « Tổng tŏc » gouverne la province ayant sous ses ordres directs un général commandant les troupes

« Lanh Binh » ou Dé-Dôc », un « bo chanh » ou
« quan bô «, chef de service administratif, un « quan
an » ou « an sat », chef du service judiciaire et un
« Doc Hoc », inspecteur de l'enseignement.

Tous ces hauts mandarins, qui forment l'administration directrice de la province, ont droit au titre de
« quan lon », qui peut se traduire par grand mandarin ou « éminence ».

Le « tong Doc » est directeur général de tous les services militaires et civils de la province, c'est un très
haut mandarin qui a dans la hiérarchie du mandarinat le 2ᵉ degré de la première classe et qui a rang
de ministre. En outre, de sa province il a la surveillance d'une province plus petite dirigée elle par un
gouverneur particulier, un « tuấn phủ », mandarin de
la 2ᵉ classe du 2ᵉ degré. Le tong doc indique cette sorte
de tutelle dans les pièces administratives en formant
un nom composé de deux termes pris aux noms de
chacune des deux provinces. Ainsi par exemple le
« tong doc » de Nam-Dinh exerce sa surveillance sur
la province plus petite de « Ninh Binh », dirigée par
un « Tuan Phủ ». Dans les pièces officielles le tong doc
de Nam Dinh s'intitulera, tong doc de Nam-Ninh, en
accolant les deux premiers termes du nom de chacune
de ces deux provinces.

Très souple et très élastique l'administration de
l'Empire savait se plier aux difficultés provenant des
régions montagneuses et des races diverses qui l'entouraient. Certaines régions pauvres et situées aux
confins de l'Empire ne comportaient pas ce luxe de
fonctionnaires et étaient gouvernées par un simple

« quan dao », réunissant en lui les pouvoirs du « tong doc », du « quan an » et du « quan bo ».

Enfin, à travers l'histoire et suivant les circonstances politiques, le roi créait de grands fonctionnaires qui, sous le titre de « Binh bo-thuong thó » ou de « Kinh Lúóc », avaient le contrôle général de l'administration de plusieurs provinces. Il y a peu de temps encore que le Tonkin possédait un « Kinh Lúóc. »

Cette idée d'ensemble de la division administrative de l'Empire étant donnée, revenons à la province et à son gouverneur le « Tong Doc ».

Par son grade dans le mandarinat le « Tong Doc » est un très grand personnage, c'est toujours un lettré qui possède en général le titre de « docteur ». Dans la force de l'âge le « Tong Doc » doit être assez actif pour se mettre, si besoin est, à la tête d'une colonne de police.

Il est le représentant absolu de l'empereur. Il concentre en lui tous les pouvoirs. Mais s'il gouverne, il n'administre pas : le « Tong Doc » n'a pas de bureaux.

Il correspond directement avec les ministères par des rapports dressés par les soins des chefs d'administration, « quan an », « quan bo » ou « lanh binh » qu'il a auprès de lui. Ces rapports sont établis en son nom, il les date simplement de son pinceau et les fait timbrer de son sceau. Toutefois il rédige lui-même les rapports relatifs aux affaires secrètes. Toutes les autres sont soumises à son visa, à son examen ou à son avis, suivant le cas. En un mot le « Tong Doc » commande tout, dirige et contrôle tout puisque toutes les pièces sont établies en son nom, qu'elles soient destinées à la capitale ou qu'elles doivent rester dans les archives de la province.

Les chefs d'administration, hauts mandarins eux aussi, peuvent pourtant, à leurs risques et périls, correspondre en leur nom et directement, une fois par an, avec la cour au moment où ils présentent leurs vœux au souverain. Il est rare qu'ils se permettent de critiquer leur supérieur, le « Tong Doc ».

Le Tong Doc entretient autour de lui une nombreuse domesticité, sa solde n'était pourtant pas fastueuse autrefois et les cadeaux de ses administrés étaient nécessaires pour lui permettre de tenir avec la dignité voulue la grande fonction dont il était investi par la cour.

Entouré de ses linh lê, serviteurs particuliers préposés chacun à un service personnel du « Tong Doc », ce haut mandarin demeure le plus souvent invisible.

Son prestige s'accroît de tout le mystère qui l'entoure. Le peuple l'approche rarement, ayant plutôt à faire à ses chefs de services, qui constituent en tout ce qui les concerne un second ressort auquel on ne parvient que lorsqu'on a épuisé la juridiction des « phủ » et des « huyên ».

Le Tong Doc est entouré d'une sorte de crainte respectueuse que les lois d'ailleurs entretiennent par leurs prescriptions rigoureuses. Certains « Tong Doc » toutefois savent, par une administration sage et paternelle, gagner l'estime de la population et mériter le titre de « père et de mère du peuple » qu'ils portent comme le souverain, vis-à-vis de la population de leur province.

Si l'empereur est souverain pontife de toute la na-

tion, le « Tong Dôc », son représentant, est pontife de
la province. Certaines grandes cérémonies religieuses,
comme celle du Nam Giao, se répètent le lendemain du
jour où elles ont été célébrées à Hué par l'empereur,
dans toutes les provinces.

J'ai pu assister à une de ces cérémonies qui groupe
autour du chef de la province tous les mandarins :
« quan an », « quan bo », « phủ » et « huyên ». C'était
à Thai-Binh, la cérémonie rituelle devait commencer à
trois heures du matin dans une pagode spéciale éloignée du chef-lieu de 5 à 6 kilomètres.

J'étais arrivé le soir à travers les rizières. La pagode,
proche d'un village, se cachait sous les noires frondaisons des banians sacrés, aux tortueuses racines et qui
laissent pendre jusqu'au sol leur longue chevelure.

Après un repas annamite pris avec le « Tong Doc »,
et après avoir écouté un instant une troupe de comé-
diens ambulants, le « Tong Doc » m'invita à me reposer. Dans la pagode, des lits de camps avec leur « cái
gói », oreiller en fibres de bambous, très durs recouverts en toile laquée en faisaient toute la literie. L'ombre de la nuit n'était percée que par la tremblante
clarté de deux petites lampes. Est-ce la présence des
grands bouddhas immobiles qui pesaient de toute la
fixité de leur regard sur mon sommeil, ou mieux encore le bourdonnement incessant et les piqûres des
moustiques dont ne pouvait me délivrer le mol balan-
cement d'un grand éventail agité par une linh lê, mais
je ne pus dormir ; je me levai. La lune, la nouvelle
lune répandait sur toute chose sa clarté froide.

Le ciel bleu, limpide et profond, s'étendait infini

sans étoile. Partout des groupes silencieux. Respirant immobiles l'air de la nuit, des gardes se dressaient à chaque repli des chemins. La grande cour de la pagode nue attendait l'accomplissement du mystère. Les étendards fichés en terre formaient une allée triomphale jusqu'au second sanctuaire caché au fond d'une troisième enceinte plus petite. Sans la clarté qui fait vivre leurs couleurs, cette longue file de drapeaux inertes, dans l'abandon des êtres, présentait un spectacle saisissant. Le cloître qui entourait cette première cour renfermait une série de personnages en pierre, guerriers ou génies, pétrifiés en des formes farouches ou béates. Le silence n'était troublé que par les battements des baguettes sur les bambous creux annonçant les veilles.

Tout à coup le gong résonne. La nuit s'illumine au feu des torches. Le « tong doc » en grand costume de cérémonie apparaît entouré des hauts mandarins. Tous ont le bonnet des lettrés.

La cérémonie commence. Au centre se place le « tong doc », à sa gauche le « quanbo », à sa droite le « quan an », puis les « phû » et les « huyên ». Le maître des rites psalmodie une lente mélopée. Les mandarins se prosternent. Puis, toujours accompagné par ce chant monotone, on offre à la divinité le riz et l'alcool. Des fleurs sans tiges sont jetées devant le sanctuaire et pendant plus d'une heure les mandarins exécutent des mouvements rythmés et des prosternations d'ensemble.

Semblable à notre prêtre et à ses desservants le « tong doc » accomplit les gestes rituels, s'avance, recule, passe à droite ou à gauche suivant le rituel sacré

Avec le jour la fête prend fin et pour une année encore la pagode va retomber dans le recueillement et le mystère, confiée seulement à la surveillance de ses gardiens ou de quelque vieux bonze.

En dehors de ces grandes solennités, le « tong doc » et les lettrés seulement honorent par des cérémonies religieuses les grands patriotes, les hommes vertueux.

On critique assez souvent notre administration pour qu'il soit permis de dire que la France sait toujours se montrer noble et généreuse. Notre administration n'a, en effet, jamais interdit en Indo-Chine les fêtes consacrées à exalter les nobles sentiments des Annamites ; elle s'associe même à ces manifestations, alors qu'un esprit moins libéral pourrait trouver étrange que l'on permette la déification de mandarins qui furent nos adversaires.

C'est ainsi qu'on fête la mémoire de ce « tong doc » de Hanoi qui, ne pouvant défendre la ville contre nos troupes, se pendit dans sa citadelle plutôt que de se rendre. On honore cet autre grand mandarin Pham thang Giang qui, impuissant à conserver à son pays les trois provinces de Cochinchine, s'empoisonna en laissant un testament admirable, dans lequel il recommandait à ses fils et au peuple de se soumettre à leurs nouveaux maîtres qui plus heureux que lui seraient assez puissants pour les défendre. Admirables exemples d'abnégation et de haut patriotisme ; exemples généreux de noble stoïcisme que le peuple annamite tout entier comprend et qu'il nous sait gré de respecter.

La France se grandit elle-même lorsqu'elle se penche et salue dans ces grands patriotes les belles vertus qu'elle affectionne en elle.

**

Le « Tổng dốc, » avons-nous vu, n'a pas de bureaux. Il n'en est pas de même du « bo chánh », du quam án » et « du De Dốc. »

Le « Bo chánh », appelé aussi « quan bo », provient rarement des rangs inférieurs de l'administration. C'est une exception de voir un employé de bureau s'élever à ces hautes fonctions.

Les « quan bo » sont recrutés parmi les lettrés munis de hauts grades universitaires et ayant déjà passé par les emplois de « triphủ » ou de chef de bureau d'un ministère.

Ce sont des hommes d'âge mûr, ayant une haute culture philosophique et littéraire, et ayant fait preuve d'habileté dans l'administration des affaires publiques.

Le « quan bo » a, pour l'assister, des bureaux dont la nomenclature nous fera connaître les attributions ; il a ensuite la charge des magasins provinciaux qui contiennent des impôts en espèces et en nature confiés à la garde de trésoriers.

Cinq bureaux se répartissent le travail administratif, ce sont :

Celui du personnel, celui des impôts, celui des rites, celui de la guerre et enfin celui des travaux publics.

A la tête de chaque bureau se trouve un fonctionnaire du 8e degré assisté de « thólai » ou secrétaires. On y trouve aussi des stagiaires qui attendent un poste rétribué. La solde de ce personnel subalterne est des plus modiques et on a en Annam un excellent expéditionnaire, bachelier, pour quelques ligatures et quelques poignées de riz.

La surveillance de ces bureaux est confiée à un mandarin du 6e degré un « Tong Pham » qui est lui-même secondé par un sous-secrétaire général qui a nom de « Kinh Lich ».

La hiérarchie est suivie dans toutes les affaires de telle façon que, si les grands mandarins de la province ont des fonctions multiples, par contre aucune affaire n'arrive à eux sans avoir été complètement étudiée par les bureaux du service compétent.

Les dépêches sont faites hiérarchiquement et en plusieurs exemplaires, de façon à en retrouver trace dans les archives. En cas d'inexécution dans les règlements, ce n'est point seulement l'auteur de l'erreur qui sera puni, mais tout le monde, depuis le scribe jusqu'au haut mandarin. Tous ceux qui ont eu en mains l'affaire incriminée sont responsables, et la peine est d'autant plus forte que l'employé a moins d'affaires à surveiller.

Il ne faut point s'illusionner sur ce mot bureau. Il n'y a pas de bureau matériellement parlant en Annam semblables à ceux de nos administrations. Les employés sont groupés dans une salle autour de leur chef, ils écrivent sur les genoux ou appuyés à une boîte laquée. Ils sont souvent envoyés en tournées d'enquêtes auprès des « phú et des huyên ». Ceux-ci (préfets et sous-préfets) secondent le « quan bo » dans toute la partie de l'administration provinciale qui lui incombe.

Le troisième personnage qui vient après le « Tong doc » et le quan bo », c'est le quan án, chef de service judiciaire de la province, toujours sous la haute direction du « quan tong doc ». Le quan án est mandarin du 4ᵉ degré, 1ʳᵉ classe. Il communique directement, lui aussi, avec les phủ et les huyển de la province. Il est assisté lui aussi d'un bureau unique ayant à sa tête un « Kinh lich ». Le « quan an » s'occupe en outre de la justice, de la poste dont nous parlerons plus tard.

Je n'insiste pas plus sur le rôle de ces hauts fonctionnaires que nous retrouverons aux chapitres des impôts et de la justice.

Je veux simplement montrer le tableau général d'une province.

Je citerai donc, pour être complet, la présence au chef-lieu de mandarins militaires « dé doc », général, ou « lanh binh » qui commandent les régiments de linh cô provinciaux ; et d'un « dôc hoc », directeur des études, mandarin de la deuxième classe du 4ᵉ degré, sorte de professeur payé par l'Etat et pourvu du grade de docteur ès lettres.

Telle est l'organisation administrative d'une province. Je vais m'efforcer maintenant de faire vivre ces divers mandarins en pénétrant chez un « tong doc ».

Les hauts mandarins provinciaux résident au « tinh » qui est le chef-lieu de la province. Mais que ce chef-lieu soit un centre important comme Hanoï, Nam Dinh, Son Tay ou un simple chef-lieu administratif comme Quang Yen ou Qui nhon,... le groupe de constructions qui contient les demeures des mandarins et les bureaux de tous les services de la province est partout à peu près identique : C'est toujours une réduction de la citadelle de Hué.

Une enceinte protège toujours ces représentants de

l'Empereur qui en sont comme le reflet. Certaines de ces citadelles sont fort belles et assez spacieuses pour contenir une véritable ville. Toutes forment un quadrilatère percé de quatre portes orientées suivant les quatre points cardinaux.

On trouve aujourd'hui encore, sur leurs vieux remparts, d'anciennes pièces d'artillerie sans affût qui protègent quand même, de leurs gueules désormais sans voix, le prestige affaibli des grands « Tong doc ».

Comme à Hué, dans l'intérieur de ces murs se dessinent de doux et calmes jardins. De petits kiosques sont bâtis sur des étangs où s'épanouissent au printemps les champs roses des lotus. On y rencontre aussi la pagode royale toujours prête à recevoir les envoyés du roi ou le roi lui-même.

Le silence, la mélancolie planent sur tout. Les indigènes n'abordent la porte d'une citadelle qu'avec recueillement. Les domestiques eux-mêmes des « tong doc », « quan bo » ou « quan an » enlèvent leurs sandales dès qu'ils pénètrent dans la maison de leur maître et parlent à voix basse par respect.

Ces cours s'animent les jours de réceptions officielles, lorsque le Résident par exemple annonce sa visite. Dès son arrivée sous la porte d'entrée de la citadelle que surmonte une rangée d'étendards aux couleurs variées et éclatantes, il est reçu par un des fonctionnaires du bureau du Tong doc, chef des cérémonies rituelles. Des linh lê déploient les grands et lourds parasols. Le Résident, que les Annamites assimilent à leur gouverneur indigène, a droit comme celui-ci à quatre parasols. Les mandarins ne revêtent leur costume rituel que pour certaines occasions fort rares et indiquées par le bureau des rites. C'est donc le parasol et leur nombre qui montre aux populations la qualité et la fonction du personnage, car comme costume rien ne le différencie des autres indigènes si ce n'est la plus belle qualité des étoffes.

Conduit par cette petite escorte, précédé de deux linh lê qui portent deux sabres à poignée d'argent ciselée, le Résident franchit les cours intérieures et arrive devant le pronaos de la maison du Tong doc. Là, ce haut mandarin l'attend entouré des gens de sa suite qui portent les uns le faisceau des licteurs antiques, d'autres sa pipe d'écaille fine ornementée d'incrustations délicates, d'autres encore, la boîte laquée qui contient le sceau, les pinceaux et l'encre de Chine à côté des noix d'arec, du bétel et de la chaux qui servent à confectionner les chiques amères et astringentes, qui entretiennent la bouche toujours fraîche. On y trouve encore, dans cette boîte, du papier annamite pour rédiger les ordres, et une petite fiole longue et à col mince qui renferme de la menthe poivrée pour éviter au front mandarinal les tortures de la migraine. Tout cela sent le santal et le musc. Parfois quelques pétales de roses et de jasmins parfument la boîte.

Après les premières salutations et presque à reculons le « Tong doc » conduit le Résident dans la salle des audiences qui n'est séparée de la cour qui la précède que par de minces stores sur le fond vert desquels se déroule l'éternel dragon. De grands panneaux laqués rouges ou noirs portent en caractères d'or quelques belles sentences. Le Tong doc et le résident prennent place autour d'une petite table, sur de longs bancs en bois de teck aux dossiers sculptés ; des coussins durs servent à appuyer les coudes. On reste en silence un moment, puis un serviteur apporte dans un petit plateau rond en porcelaine deux tasses minuscules qui recevront le thé fait avec de la fleur de thé et des boutons de lotus.

Alors tous les employés des divers services provinciaux conduits par leurs chefs « quan bo », « quan an », « Doc hoc », « De doc » viennent saluer le Résident cérémonieusement des 5 grands laïs.

Tous se répartissent ensuite suivant leur rang et leur grade autour du tong doc et du Résident à droite et à gauche ; le « quan bo » et le « quan an » s'asseyent. Des domestiques attentifs au moindre geste sont prêts à obéir et à deviner les désirs secrets du maître. D'autres agitent doucement d'immenses éventails de plumes. Alors dans la cour éclatent en l'honneur du Résident une série de pétards.

Lorsque tout ce cérémonial est terminé on peut s'entretenir des affaires de la province en ayant soin de suivre la forme indigène des discussions. On parle de choses indifférentes pendant très longtemps pour arriver enfin à l'objet principal de la visite. C'est alors qu'il faut deviner sous les phrases polies à l'extrême les critiques cachées ; les résistances sous l'approbation apparente. On prend du temps, on aborde un autre sujet pour revenir ensuite à celui qui vous intéresse.

Tout le personnel est là qui écoute sans mot dire, silencieux et immobile, car toutes les affaires judiciaires ou administratives se règlent en public, en Annam. Si l'on veut entretenir un mandarin de questions tout à fait confidentielles, il faut, à moins de le convoquer à la résidence, baisser la voix et murmurer dans son oreille.

Parfois on rencontre, chez ces hommes supérieurs, des consciences de grands patriotes comme ce « tong Doc » auquel un Résident venait exprimer un désir de notre administration qui était contraire aux intérêts de la cour qui répondit fièrement : « vous ne pouvez pas me forcer à vendre mon pays. »

Mais ce sont là des exceptions et si la visite du résident a pour but l'accomplissement d'un ordre rapide, s'il s'agit de piraterie par exemple, le Tong Doc fait un signe, de suite sur une petite plaquette laquée en blanc et encadrée de rouge, l'ordre est écrit en quelques caractères. Il est visé par le Tong Doc, remis à un coureur qui part sur un des chevaux, qui, toujours sellés, attendent à l'ombre de la porte de la citadelle. Le messager ira, rapide, à travers la province, porter l'ordre du gouverneur. Tout s'écarte devant lui, il lui suffit de présenter la tablette qu'il tient à la main pour que place lui soit faite avec un empressement qui touche à la terreur, tant est puissante l'autorité du mandarin, et grand le respect des choses écrites. Grâce à l'admirable division du pays en « phủ » en « huyện », en cantons, en communes, il suffit au courrier de montrer l'ordre, qui est aussitôt transmis par de nouveaux messagers et en très peu de temps toute la province est avisée, la population prévenue.

C'est ainsi que j'ai vu, malgré nos télégraphes, des résidents prévenus par les autorités indigènes de cer-

tains événements s'étant passés à plus de 100 kilomètres, avant d'en être informés par la poste.

Parfois, pour honorer votre présence, ces fastueux
grands seigneurs que sont les « Tong Doc » vous de-
mandent de vouloir bien voir évoluer un instant les
chanteuses. Beaucoup d'entre eux entretiennent à leur
solde des troupes de chanteuses ou d'acteurs qui délassent leur ennui.

Sur deux rangs, les chanteuses s'avancent avec leur
costume archaïque, des lanternes en forme de lotus
dans le dos. Avec des poses hiératiques, elles chantent ;
seules, leurs mains exécutent des mouvements rapides
ou restent ouvertes immobiles.

La réception prend fin, on se quitte avec le même
cérémonial qu'à l'arrivée. Les pétards éclatent à nouveau, les linh co présentent les armes, et l'on part sans
jamais avoir pénétré au delà de la salle des audiences.
En arrière de celle-ci, s'élève la maison privée du
« Tong Doc », c'est là que se trouvent sa famille, ses
femmes, ses autels particuliers, et c'est là où l'on ne
va jamais.

Le « Tong Doc » et ses bureaux administrent la province à l'aide des « phủ » et des « huyên » mandarins
qui se trouvent à la tête de ces subdivisions territo-
riales.

Un « phủ » ou préfecture, comprend en général
deux « huyên », celui où se trouve le phủ est administré directement par ce fonctionnaire, l'autre huyên a

un « quan huyen » pour le diriger. Comme la province, comme les cantons, comme les villages, les « phủ » et les huyên », portent des noms soigneusement choisis et représentés par des caractères favorables et nobles : tel le phủ de Kim son, ou de la montagne aux riches trésors, ou le huyen de « Bên Thủy » qui déroule ses limites au bord de l'eau.

Les « quan huyen » et les « quan phủ » administrent à l'aide d'un bureau, ils ont à leur disposition de petits détachements généralement commandés par un « Dói » et ont aussi auprès d'eux, soit un « Giao thu », soit un « huan Dao » licenciés ou bacheliers qui, payés par l'État, sont chargés de la direction des études dans ces circonscriptions. Les « phủ » et les « huyên » s'occupent de tout. Ils administrent en donnant à ce mot son sens le plus large. En contact avec les élus de la population, chefs de canton et lý Trửöng, ils représentent le dernier échelon du pouvoir impérial, celui qui touche le sol même. Presser la rentrée de l'impôt, assurer sa répartition, vérifier les dégrèvements, remplir les cérémonies rituelles, encourager l'instruction publique, aider au recrutement, entretenir les voies de communications, faire régner la sécurité et rendre la justice, correspondre pour cela avec tous les bureaux de l'administration provinciale : tel est le rôle considérable des « quan huyen » et des « quan phủ ».

Ce rôle n'est pas toujours aisé à remplir. Recrutés parmi les licenciés ayant fait un stage dans l'administration ou ayant rempli les fonctions de « huan Dao » ou de « giàothu » ces mandarins du 5ᵉ et du 6ᵉ degrés doivent, plus encore que les chefs de la province, mériter l'estime du peuple, étant plus près de lui, par la culture de leur esprit et par leur science du code et des coutumes.

Le peuple est très fier de ses mandarins quand ceux-ci par leur savoir, leur sagesse, sont arrivés à acquérir une certaine renommée locale.

Le gouvernement annamite ne faisait avancer que très lentement ses serviteurs et à moins de cas exceptionnels, de sujets tout à fait remarquables, il laissait presque pendant toute sa carrière le mandarin dans la même circonscription ou en cas d'avancement dans une circonscription toute voisine s'il ne pouvait lui faire gravir un degré sur place même. Les fonctionnaires arrivaient ainsi à connaître à fond l'esprit de la population qu'ils étaient chargés d'administrer ; ils n'ignoraient ni les coutumes particulières, ni les causes de discorde ou de rivalité entre les villages et pouvaient par suite intervenir efficacement dans toutes les questions soumises à leur jugement.

Pour avoir méconnu parfois ces sages dispositions, notre administration a, dans certains cas, encouru le mécontentement des populations. Nous avons eu tort au début — et l'erreur était alors bien excusable — d'élever à des fonctions mandarinales des individus qui nous avaient rendu de grands services il est vrai, mais qui ne possédaient aucun titre universitaire sans lequel pourtant on ne peut parvenir aux fonctions publiques.

Je me souviens qu'étant à Cau-Do en 1898 nous fûmes surpris un matin, le résident et moi, par un tintamarre effroyable.

Les plantons que nous avions envoyé aux renseignements revinrent nous annoncer malicieusement qu'il s'agissait d'une simple procession. Mais le bruit se rapprochait ; les joueurs de flûtes accompagnés de tam tam s'arrêtèrent devant la Résidence et nous aperçûmes, escortée de drapeaux, une foule énorme au-dessus de laquelle ondulait la toiture, semblable à une carapace d'insecte, d'un palanquin porté à bras.

Le bruit cessa enfin et de la foule six hommes se détachèrent pour venir se prosterner rituellement devant nous.

Le plus âgé prit ensuite la parole et nous fit à peu près le discours suivant :

« Je vous salue respectueusement, grands mandarins ; nous sommes les chefs et sous-chefs des cantons du huyên de Phu-Xuyen. Le gouvernement, par suite du déplacement de notre ancien huyên, a daigné ne pas laisser notre circonscription sans nouveau titulaire. Mais, elle a dû faire erreur, car il n'est pas possible que le nouveau huyên soit mandarin. Notre sous-préfecture compte parmi ses habitants un grand nombre de lettrés, de licenciés et même de docteurs. Il n'est donc pas admissible que notre chef soit moins lettré et moins gradé que nous-mêmes. Or le nouveau huyên n'est pas même bachelier. Il ne pourrait donc décemment nous donner des ordres. Les génies de nos villages ne pourraient le tolérer. C'est donc dans l'intérêt même de l'administration que nous vous ramenons le nouveau « quan huyen » en vous priant de vouloir bien le remplacer par un mandarin lauréat du concours triennal, ce dont nous vous serons dix mille fois reconnaissants. »

Et, c'est ainsi, qu'en musique et triomphalement en quelque sorte, toute une circonscription ramenait à la résidence ce malheureux quan huyên qui de fait ne possédait aucun titre universitaire et qui s'empressa, pour sauver les apparences, de se découvrir une maladie subite et grave qui le força à demander un congé.

Il n'eût d'ailleurs pas été possible d'imposer ce fonctionnaire ; la population avait bien voulu prendre la facétie une première fois en riant, il est probable qu'elle se serait fâchée et aurait fait payer chèrement au nouveau huyên son audace et sa témérité s'il avait insisté. Ce sont là des mœurs qui nous surprennent un peu et on voit mal la population française ramenant à la préfecture un sous-préfet qui aurait oublié son parchemin de licencié.

Les « phủ » et les « huyên », avec leurs bureaux groupent, eux aussi autour d'eux, les services de leurs circonscription. Comme les « Tong Doc » ils habitent des citadelles ou de grands espaces clos de murs ou de bambous.

Combien en ai-je vu, dans mes nombreuses tournées, de ces « phủ » ou de ces « huyên » perdus dans l'immense rizière. Avec quelle joie j'apercevais, après les longues randonnées à cheval, le mirador de leur citadelle où les veilleurs annonçaient par un certain nombre de coups de tam-tam l'arrivée d'un Européen. Point de surprise possible, le mandarin est toujours prévenu longtemps à l'avance et le tam-tam, suivant ses vibrations, fait connaître l'approche d'un plaignant, d'un groupe d'indigènes, d'un Européen ou d'une bande en armes.

Parfois aussi, au hasard des tournées dans la région montagneuse, on se trouve tout à coup en face d'une vielle citadelle abandonnée. Ce sont les vieux châteaux forts du pays d'Annam. Ces citadelles jouent dans le paysage le rôle de nos vieilles ruines. Je me souviens d'une, entre autres, à My Duc, qui reflétait ses murs bruns dans l'eau verte des fossés. Les herbes folles, les lianes, les arbustes vivaces l'enlaçaient. La nature entreprenait son œuvre de destruction inéluctable. Par la porte béante une forêt vierge apparaissait, les serpents se coulaient le long des pierres disjointes, un ciel bas et gris, un ciel de « crachin » et de sauvages montagnes servaient de fond à ce décor ; car les citadelles ne sont jamais placées sur des éminences. Il se dégageait de tout ce spectacle une grandeur farouche presque inquiétante. C'est que la nature en Annam n'est point joyeuse. Il ne faut pas se faire surtout du Tonkin une idée d'exotisme coloré. L'absence de sensation colorée est au contraire la caractéristique du pays d'Annam. Le ciel y est souvent gris, qu'il soit surchauffé et porté au blanc pendant l'été, ou qu'il s'endeuille des brumes du printemps. Les maisons en paillottes et en boue sont sépia. Les costumes sont de teinte brune. Le buffle est couleur de la vase. Les fleuves sont lourds et roulent des eaux de terre de Sienne. Enfin l'infinie rizière est triste comme l'unité et la forêt elle-même est silencieuse.

Pourtant cette nature est enveloppante, elle vous prend lentement, vous saisit doucement et on en conserve toujours au cœur des sensations subtiles et délicates ayant la finesse des sensations que nous donne une légère aquarelle.

Les « phủ » et les « huyẻn » vous reçoivent eux aussi avec tout le cérémonial obligatoire, mais parfois ils savent s'écarter des rites pour exercer envers vous les devoirs, plus terre à terre, d'une hospitalité toujours clairvoyante.

Il me souvient d'une arrivée bien piteuse que je fis en compagnie de mon résident dans un huyẻn côtier, « le huyẻn de Tien Hai ».

Un orage épouvantable nous avait surpris en pleine rizière et notre entrée fit plutôt l'effet d'une trombe d'eau que d'un pompeux cortège.

Pour sauver « la face » et nous faire paraître en un accoutrement décent, le « huyen » eut l'idée ingénieuse de nous prêter de superbes costumes annamites en soie rose brochée et en soie bleue. Après avoir été consciencieusement frictionnés par les acolytes du mandarin, nous apparûmes pieds nus, il est vrai, mais revêtus de robes somptueuses. Je n'ai compris que ce jour-là la magie du costume et la majesté qu'il nous prête. Les indigènes me regardèrent avec plus de respect, me semble-t-il, et ils m'avouèrent que j'étais bien mieux ainsi accoutré. De fait, toute vanité personnelle mise à part, je crois que je me fis sensation à moi-même.

La pluie ne cessant pas — et il faut savoir ce qu'est une pluie équatoriale — c'est en palanquin bien clos que nous pûmes regagner le chef-lieu de la province où nous fîmes, le résident et moi, avec notre cortège et de fumeuses torches de résine, une entrée cette fois triomphale.

***

Pour rendre complet ce tableau de la province annamite il faut y ajouter le pittoresque service de la poste. Ce service est placé sous l'autorité du « quan an ». Il est exercé par des coureurs « linh tram » qui forment de petites brigades commandées par un « đói » ou un « cái tram », et qui chacune ont à desservir un réseau routier déterminé.

Ces « linh tram » sont fournis par les villages sur les territoires desquels sont situés les « phủ », les « huyện » ou les citadelles provinciales.

Ces mêmes villages fournissent en outre les « linh le » ou serviteurs des mandarins, moyennant quoi ils sont dispensés du recrutement militaire.

Sur la grande route mandarine qui traverse tout l'empire d'Annam et qui déroule son ruban le long de la côte depuis Gia-dinh jusqu'à Hanoï en passant par Hué, centre de l'Empire, on trouve de distance en distance des postes de « tram » rapides qui ne servent qu'aux ordres revêtant un caractère d'extrême urgence. Ces courriers vont à cheval, ce sont les « ma thuong ». Ils passent les bacs seuls et avant tous les passagers. Dès qu'ils arrivent devant un nouveau poste, ils remettent les dépêches à un nouveau « ma thuon g » qui saute sur un cheval tout sellé et qui poursuit ainsi la route. De mains en mains, sans arrêts, car nuit et jour les courriers fonctionnent (dans les régions dangereuses par la présence du tigre, ils sont accompagnés par des coureurs qui portent des torches), le pli officiel va, vole de relai en relai pour arriver à Hué sans qu'un obstacle ait été mis à sa marche.

Souvent on rencontre dans l'intérieur de la province le « linh tram » portant, à l'abri, pendant la saison des pluies, de son manteau en feuilles de latanier, le pli et les dépêches. Il va d'une allure mesurée et cadencée, sorte de trot qu'il maintient tout le temps de sa course. Un bâton lui sert à la fois de soutien et d'insigne. Dès qu'on reconnaît le porteur de dépêches, on s'écarte. J'insiste sur le caractère sacré du courrier, car il est à remarquer que, pendant toute la période de la rébellion, les coolies « tram » ont pu traverser les régions les plus troublées sans que jamais aucun ne soit inquiété. La loi, il est vrai, punit de la peine de mort toute entrave apportée à l'exercice des courriers ou tout attentat commis envers leur personne.

Mais lorsque le pays est en révolte contre l'autorité même de l'Empereur, il faut reconnaître toute la puissance du prestige que donne « au coolie tram » sa qualité de dépositaire, même éphémère, de la parole écrite du souverain ou de ses mandarins.

Lorsque notre administration a créé les premières lignes télégraphiques en Annam, l'Empereur, pour les protéger, ne crut pas mieux faire, avec raison, d'assimiler la destruction d'une ligne à l'attaque d'un « linh tram ». Et de fait, les éléphants furent les seuls coupables de la détérioration de nos poteaux télégraphiques.

**
*****

Voici donc le tableau complet d'une province annamite avec ses communes, ses cantons qui forment à leur tour des huyên et des phù dont la réunion constitue enfin la province, cette unité géographique et politique de l'Annam qui rappelle, nous l'avons dit, nos anciennes provinces de France. Comme ces dernières, sous le règne centralisateur de Louis XIV, elles sont dirigées par un représentant du roi « Tong Doc », véritable intendant qui, comme celui-ci, s'occupe de tout, finances, justice, agriculture, travaux publics, affaires militaires et affaires religieuses. Par ses chefs de services et par les « quan phù » et les « quan huyên » l'autorité royale s'étend sur toutes les parties de ce vaste territoire et vient s'imposer aux groupements populaires, cantons et communes, auxquels pourtant elle laisse une grande liberté. Comme autrefois le pouvoir de nos rois savait respecter les franchises communales.

Nous trouvons avec le « tong doc » un principe qui est contraire à nos idées modernes, c'est celui de l'unité d'autorité. Les législateurs comme les philosophes annamites ou chinois n'admettent point la théorie de la séparation des pouvoirs. Celui qui a fait la loi l'applique, car seul il sait l'interpréter. Séparer les pouvoirs est pour l'Annamite faire œuvre rétrograde. Nous verrons en étudiant le jeu des institutions comment les Annamites ont su instituer des contre-poids et des conrôles aux prérogatives absolues accordées aux mandarins.

Je ne pourrai mieux vous montrer la solidité, la stabilité de cette admirable administration provinciale qui constitue un instrument merveilleux de gouvernement,

quand on sait bien l'employer, qu'en vous citant les
paroles d'un ancien gouverneur général de l'Indo-Chine
qui a laissé dans ce pays la trace de sa haute intelligence et de sa loyale politique indigène.

Il revenait à Hanoi après une absence de quelques
mois passés au Japon. Il n'avait trouvé à son retour
qu'anarchie et rivalités entre les grands services européens. Et mélancolique devant cet état de chose qu'une
absence de quelques mois avait suffi à produire, le gouverneur général ne put s'empêcher de dire : « il n'y a
« qu'une chose qui ait continué sa marche séculaire et
« tranquille : ce sont les mandarins que je retrouve
« comme je les ai laissés ».

CHAPITRE V

LE MANDARINAT MILITAIRE
L'ARMÉE ANNAMITE

En étudiant l'organisation de la province et de la Cour nous avons fait connaissance avec les principaux mandarins de l'empire d'Annam.

Ceux-ci, comme en Chine, forment deux classes distinctes :

Les mandarins civils (quan văn) ;

Et les mandarins militaires (quan vô).

Aux premiers seuls sont réservées les fonctions administratives. Ils sont pris dans la classe des lettrés ayant satisfait aux examens littéraires. Ce sont des gens dont l'instruction est très complète.

Les mandarins militaires eux sont choisis d'après leurs aptitudes physiques et ce n'est que dans les grades très élevés que l'on trouve des militaires instruits et considérés.

Le peuple les respecte peu. C'est un lieu commun de dire combien le métier des armes est peu prisé en Annam. La doctrine utilitaire de Confucius a contribué à répandre la croyance de l'infériorité du soldat sur toutes les autres classes de la société. Les proverbes abondent dans cet ordre d'idées, et les théories de nos pacifistes modernes pourraient puiser de nombreux arguments dans les livres canoniques des philosophes chinois. « Celui qui forge le soc de la charrue doit être honoré et non celui qui forge l'épée », dit un dicton populaire. Plus utilitaire encore est ce proverbe chinois : « Kwang ti, le dieu de la guerre, est plus fort « que dix mille buffles, mais une sapèque est plus forte que Kwang Ti » ; tant sont estimés les bienfaits de la paix qui procurent la richesse.

De fait, le mandarin militaire cède toujours le pas au mandarin civil.

Les deux mandarinats ont une organisation analogue, ils sont divisés en neuf degrés et chaque degré comporte deux classes, la première et la seconde.

Le premier degré, qui est le plus élevé, ne comprend que les maréchaux de l'Empire et l'amiral en chef. Encore sont-ils de la 2e classe ; le maréchal du centre étant seul de la première. Cette simple énumération indique quelles difficultés il y a pour parvenir au sommet de la hiérarchie mandarinale même lorsqu'il s'agit du mandarinat militaire.

Pour entrer dans ce mandarinat et suivre la carrière des armes, il est indispensable de passer les concours triennaux qui se tiennent à Hué.

Le dernier programme des examens militaires avant notre arrivée en Annam remonte à la 18e année de Minh Mang c'est-à-dire en 1837, il comprenait une série de quatre épreuves.

Le candidat devait tout d'abord faire preuve de force

musculaire en portant 2 boules de plomb d'environ 25 kilos chacune à plus de 55 mètres ou une seule mais alors à une distance d'au moins 128 mètres. Il devait ensuite montrer la souplesse de son corps et son habileté à manier la lance et le bâton, et à connaître l'escrime de l'épée. Il lui fallait avec une sorte de hallebarde à deux mains, et étant placé à 12 mètres d'un bonhomme en paille, faire 3 bonds pour porter ensuite un coup droit au mannequin. Le candidat était ensuite mis devant une cible située à 82 mètres et avec un fusil à pierre il devait au moins placer deux balles dans le cercle central et quatre dans la cible sur un total de six coups.

Ces trois épreuves étant terminées les candidats ayant obtenu les notes « très bien » et « bien » étaient reçus licenciés militaires et ceux notés « assez bien » faits « bacheliers militaires. » C'est parmi eux que seront recrutés les officiers subalternes de l'armée annamite. Une 4e épreuve était subie par les nouveaux licenciés et bacheliers afin d'être classés suivant les réponses faites à quelques questions de tactique militaire. A la suite de ces examens, les bacheliers et les licenciés militaires pouvaient se présenter au concours général « Thi dinh » pour briguer le titre de « docteur militaire ». Ils subissaient alors de nouvelles épreuves éliminatoires et, seuls, les candidats ayant obtenu la note « acceptable » pouvaient se présenter à l'épreuve suprême qui avait lieu dans le Palais Impérial. Il était alors nécessaire que les postulants eussent quelques connaissances littéraires, car ils n'étaient examinés que sur les livres de tactique militaire, sur les victoires remportées par les

généraux des temps antiques et sur l'état social et historique du pays. Les rares candidats qui obtenaient des
notes satisfaisantes étaient déclarés « pho bǎng, » agrégés, et ceux, plus rares encore, qui avaient répondu
brillamment étaient reçus « Tiên sǐ », c'est-à-dire docteurs ès sciences militaires. C'est parmi eux que seront
pris les officiers généraux.

Ces examens étaient passés par une commission pré-
sidée par un mandarin civil du 3ᵉ degré du mandarinat
civil assisté d'un mandarin militaire, vice-président,
du 2ᵉ degré du mandarinat militaire. Ainsi donc,
même dans les questions purement militaires, le mandarin civil avait encore la présidence, quoique n'étant
que du 3ᵉ degré alors que le vice-président était titulaire
du 2ᵉ degré, mais du 2ᵉ degré du mandarinat militaire.

Ce président et ce vice-président étaient aidés par
huit examinateurs, quatre civils et quatre militaires,
du grade de colonel.

Les censeurs chargés de la surveillance du camp des
candidats et de la police de l'examen étaient des mandarins civils.

On arrivait donc dans le mandarinat militaire par
le concours à partir du 7ᵉ degré. Le 9ᵉ et le 8ᵉ degrés
pouvaient être accordés à des soldats ayant conquis
par leur courage les grades inférieurs de l'armée. Il
était rare qu'ils dépassent le 8ᵉ degré 1ʳᵉ classe. Les
degrés supérieurs, 7ᵉ et 6ᵉ étaient donnés aux « doi »,
commandants des compagnies, puis venaient dans le
4ᵉ et 5ᵉ degré les colonels, le 3ᵉ et le 2ᵉ degré étant
donnés aux généraux.

Les règles générales concernant les mandarins civils

s'appliquent également aux mandarins militaires. Nous les étudierons dans le prochain chapitre, en même temps que l'enseignement. Retenons seulement les règlements plus spéciaux, concernant d'une façon toute particulière les mandarins militaires.

Tout d'abord, le législateur a pris soin d'empêcher les mandarins militaires de s'immiscer dans les questions d'ordre civil. Les commandants en chef et les généraux placés sous leurs ordres ont un cachet officiel, qui ne peut être employé que pour les ordres militaires, ou pour l'administration des troupes ; l'emploi de ces cachets pour des affaires d'un autre genre entraînerait pour l'auteur la peine de 100 coups rachetables et la destitution.

La loi protège aussi les populations contre les vexations commises par les hommes de troupes. Le pillage en particulier est sévèrement puni. Si de simples soldats ont été conduits par un chef pour piller, les hommes seront réputés innocents et le chef sera seul passible de la décapitation.

La loi ajoute toutefois que personne ne sera réputé coupable, si le pillage a lieu au préjudice d'ennemis placés auprès de la frontière.

Il est curieux de voir avec quel soin le législateur a défini les pouvoirs des chefs militaires, les subordonnant d'ailleurs toujours aux pouvoirs des mandarins civils. Un général ne doit pas, de sa propre initiative, entreprendre une expédition sans en référer au préalable au « Tong Doc » de la province, sous peine de la destitution et de l'exil. Il ne peut agir qu'en cas de force majeure, c'est-à-dire, d'attaque et encore doit-il en rendre compte aussitôt au « Tong Doc ». Tout ordre reçu par un commandant en chef ne doit être exécuté, que s'il porte en tête les caractères : « au nom du roi ».

La trahison est punie de la peine de mort, si elle revêt un caractère capital, c'est-à-dire, s'il s'agit de la révélation de préparatifs de guerre, ou encore de l'arrestation prochaine d'un rebelle. L'espionnage est puni lui aussi, de la peine de mort. Les prescriptions relatives à l'indiscipline sont fort curieuses ; le chef seul est responsable de l'indiscipline de ses hommes ou de leur ignorance du métier des armes. Est considéré comme un acte d'indiscipline de la part d'un chef, l'emploi chez lui pour son service particulier, d'un ou plusieurs hommes.

La désertion comporte deux degrés, la première fois le « linh » ou soldat déserteur est puni de cent coups, en cas de récidive, il est condamné à la strangulation avec sursis. Si le maire du village où le soldat s'est réfugié ne l'a pas déclaré, il recevra cent coups de truóng.

La vente des armes et des effets reçus de l'Etat entraîne l'exil lointain.

La capitulation d'une place forte sans essayer de résister est punie de la décapitation.

A côté de ces prescriptions générales, on rencontre dans le code, au titre relatif aux lois militaires, des règlements qui auraient mieux leur place dans des ordonnances de police. Un chapitre est consacré à la défense de circuler pendant la nuit, c'est-à-dire de huit heures du soir à cinq heures du matin, dans les rues de la capitale ou en province.

Dans un but de protection facile à comprendre, on a longtemps maintenu cette interdiction, mais en autorisant la circulation des indigènes, à la condition qu'ils soient munis de lanternes.

La loi prévoit aussi le cas où un soldat est tué en combattant, ou meurt de maladie. Elle accorde alors des secours en argent ou en vivres à la famille sur toute la route parcourue pour transporter jusqu'au village le corps du décédé. Nous retrouvons ici l'influence de la religion domestique du culte des ancêtres. En effet, ce qui frappe le plus, lorsqu'on arrive dans l'administration en Annam, c'est le nombre considérable de demandes d'autorisations de transfert de cadavres qui vous sont présentées.

La loi prend aussi sous sa protection la femme légitime et les enfants en bas âge du soldat mort au service, et elle leur alloue une sorte de pension viagère, représentée par la moitié de la solde. Cette pension sera aussi accordée au père et à la mère du défunt, si celui-ci était fils unique, ce qui est d'ailleurs fort rare.

***

L'étude de ce mandarinat militaire nous amène à nous occuper de l'armée annamite telle qu'elle se trouvait constituée avant notre arrivée en Indo-Chine.

Il est très difficile aujourd'hui de connaître tous les détails de l'organisation militaire du royaume d'Annam. Pendant la conquête nos troupes ont le plus souvent rencontré devant elles les bandes chinoises mercenaires à la solde des Annamites.

L'état de trouble et d'anarchie dans lequel se trouvait le Tonkin avant notre intervention n'a pas permis à nos premiers officiers de se rendre un compte exact de la formation de l'armée indigène. Seules les missions envoyées à Hué ont pu, par les renseignements fournis par les mandarins, recueillir quelques indications précises sur elle. Aujourd'hui que le temps a fait son œuvre et avec le recul énorme que notre arrivée a donné à toutes les institutions d'autrefois, il m'a été possible de réunir un certain nombre de documents. Mais s'il m'a été aisé de consulter le recueil des ordonnances et des règlements royaux en la matière, et d'obtenir en outre de vieux mandarins militaires d'intéressants détails de service, je n'ai pu me procurer que furtivement les livres de tactiques indigènes qui, étant interdits au peuple, ne se trouvent pas facilement. D'ailleurs tombés en désuétude, ces ouvrages ont dû se réfugier au fond des vieilles bibliothèques impériales sous la surveillance attentive de quelque vénérable lettré.

S'il y a donc des lacunes dans l'exposé que je vais essayer, je dirai, comme le mandarin qui m'a donné de nombreux renseignements sur ce sujet, « *je vous en demande excuse* ».

L'organisation et le cadre des troupes annamites se sont trouvés modifiés à chaque dynastie.

Gia Long a fait la conquête de son royaume avec des troupes obéissant à des règlements empruntés à la Chine et à ceux de la dynastie annamite des Lê.

Minh Mang, cet Empereur légiste, institua de nouvelles règles et introduisit d'une façon méthodique l'usage des fusils qui remplacèrent les lances et les piques d'autrefois.

Minh Mang fit preuve, dans l'organisation de ses troupes, de la même souplesse qu'il avait montrée dans l'organisation civile de son royaume.

Les Annamites appliquent le principe de la diversité des règlements suivant les parties de l'Empire. Ce principe correspond à une idée d'équité que notre grand amour de l'unité nous fait souvent perdre de vue.

Ainsi, suivant les régions, suivant les charges qui pesaient sur elles, le mode de recrutement des soldats, des « linh », était différent.

Le recrutement régulier n'avait lieu que pour les troupes d'infanterie. Vous vous souvenez que lorsque nous avons étudié la commune, nous avons trouvé la population divisée en deux catégories, les « inscrits », c'est-à-dire l'élite de la population et les « non inscrits » qui constituent en quelque sorte la plèbe. Seuls les « inscrits » supportaient la charge du service militaire. Cette charge était ainsi répartie :

Dans les provinces qui forment l'Annam proprement dit, il était levé un « linh » par trois inscrits.

Dans celles de la Cochinchine actuelle, la proportion était de un soldat par cinq inscrits. Au Tonkin le recrutement était de un soldat sur sept « inscrits », dans le delta, et de un « linh » sur dix « inscrits » dans les provinces peu peuplées et pauvres de la haute région, comme Thai Nguyen, Tuyen Quang, Cao Bang, Lang Son. Ces soldats étaient choisis parmi les hommes robustes pris dans les familles possédant trois fils et au-dessus. Le « linh » était choisi par le ly trúởng du village qui dressait une sorte de déclaration d'identité et qui faisait inscrire au rôle de la commune la part de rizière communale ou la somme de ligatures de sapèques perçue par la famille du recruté pendant le temps de son service.

Il était expressément défendu au lý trúổng de remplacer un « inscrit » par un « non inscrit » ou d'enrôler par force un fils unique. En cas de violation de ces prescriptions, il était sévèrement puni.

Mais le non inscrit, la plèbe, n'échappait pas au service militaire ; c'est chez elle que se recrutaient, par voie d'enrôlements volontaires, les compagnies de « Tuấn thanh » (sorte de gendarmerie, de « Phaó Thủ », artillerie et les « Thủy vệ », matelots et bateliers.

Les soldats originaires de l'Annam servaient pendant quinze ans, ceux des autres provinces pendant dix ans. Ils pouvaient, à l'expiration de leur service, se rengager pour une nouvelle période.

Afin d'avoir de bonnes troupes, l'Empereur favorisa les rengagements en accordant aux soldats ayant accompli deux rengagements, à leur libération, l'exemption de l'impôt personnel et de toutes les corvées. Les hommes qui s'étaient bien conduits pendant leur service étaient exempts, à leur libération d'une moitié de l'impôt personnel.

C'étaient là des récompenses tangibles fort appréciables. Les soldats servaient par ban, une moitié de l'effectif restait en garnison, alors que l'autre était autorisée à rentrer dans ses foyers pendant un délai variable fixé par les chefs, et à l'expiration duquel elle venait remplacer la première moitié qui à son tour prenait un repos égal.

Un règlement prescrivait aussi des tours de service ; un Doi, sorte de compagnie était divisée en deux sections de 25 hommes chacune qui, à tour de rôle, tenait garnison au chef-lieu ou dans les postes.

Avant de pousser plus loin, constatons que ce mode de recrutement, merveilleusement adapté aux institutions sociales du pays d'Annam, très souple, très équitable, n'a pas été modifié par nous au Tonkin pour le recrutement de nos tirailleurs et de nos miliciens. Il serait dangereux d'y toucher et, tout système nouveau que nous voudrions introduire ne donnerait sûrement pas les très bons résultats déjà obtenus. M. Harmand, ministre plénipotentiaire, dans sa belle préface à l'admirable ouvrage de sir John Strachey, sur l'Inde, consacre une longue page à cette institution qui, conservée intacte, doit nous rendre relativement facile l'organisation de la défense de notre possession.

*_**

Examinons maintenant l'organisation même de cette armée : ces hommes recrutés et enrôlés étaient répartis entre quatre-vingts régiments d'infanterie et trente régiments d'infanterie de marine ou matelots.

Le régiment qui portait le nom de « có » au Tonkin et de « vē » en Cochinchine, se subdivisait en compagnies ou đôi de cinquante hommes chacune, formées à leur tour par cinq thâp, sorte d'escouade de dix hommes divisée elle-même en deux patrouilles de cinq hommes portant le nom de « ngũ ».

Chaque régiment avait à sa tête un colonel ou « chánh quản » et un colonel adjoint « phó quản », les « dôi » ou compagnies étaient commandées par des « cái dôi » sortes de capitaines, qui avaient sous leurs ordres des « súât dôi », des « dôi trúóng », des « bêp » sergents et des caporaux. Chaque compagnie avait un thô lai, scribe assez lettré pour préparer un rapport en caractères et copier les ordres. Les régiments se groupaient en corps, placés soûs le commandement de « lanh binh », généraux de brigade et de « dê doc », généraux de division.

Ces groupes militaires dépendaient à leur tour du haut commandement des cinq maréchaux résidant à Hué auprès de l'Empereur.

Quatre de ces maréchaux étaient sous la haute direction du maréchal du centre du « Trung quan », véritable connétable du royaume, généralissime, qui était spécialement chargé de la garde de la citadelle de Hué, où se trouve le palais impérial. Les quatre maréchaux qui lui étaient adjoints commandaient chacun une fraction de l'armée. Le « Tien quản » l'avant-garde ; le « Hâu quản » l'arrière-garde, le « Ta quản » l'aile gauche et le « huún quan » l'aile droite.

La marine, qui n'avait aucune flotte de guerre et qui employait les jonques et les sampans ordinaires qu'elle armait en cas de besoin, était commandée par le « dô thông thủy », amiral en chef, ayant sous ses ordres un vice-amiral, « thông chế » et deux contre-amiraux, « chúóng vê ».

La subdivision territoriale de l'armée annamite était la suivante :

Trois corps résidaient à Hué ; ces corps portaient les noms de « Than Binh », « Cam Binh » et « Tinh Binh ». Ils étaient composés d'un nombre variable de régiments qui, eux-mêmes, n'avaient pas un effectif uniforme, puisque certains comprenaient 20 compagnies alors que d'autres n'en avaient que 10. En général pourtant, le « có » ou régiment comprenait 10 Dŏi, ce qui portait son effectif à 500 hommes.

Dans les provinces de l'empire se trouvaient des groupes militaires qui correspondaient à sa division administrative, mais qui étaient plus ou moins importants, suivant les régions, et qui relevaient tous des cinq maréchaux.

Ces groupes, subdivisionnaires des provinces, portaient généralement le nom de la province où ils tenaient garnison, en ajoutant les dénominations « Tă », « hūu », « trung », « Tieñ », « Hău », qui signifient gauche, droite, centre, avant et arrière. Par exemple, dans la province de Gia Dinh se trouvaient les régiments Gia Dinh Tă, c'est-à-dire de l'aile gauche, Gia Dinh hūu, c'est-à-dire de l'aile droite, etc..., etc...

Je ne m'attarde pas dans l'énumération des noms indigènes de tous les régiments pour arriver aux exercices imposés aux linhs. La théorie annamite se trouve tout entière dans l'ordonnance de la dix-huitième année de Minh-Mang.

Cette ordonnance définit les attributions de chacun. Les matelots, dit-elle, sont chargés du combat sur les rivières et sur la mer, ils effectuent en outre le transport du matériel appartenant à l'Etat et sont stationnés dans les ports.

Les soldats de ligne sont chargés des expéditions, des campagnes sur terre, de la grande police et aussi d'aller tenir garnison dans les « Son phong » (postes frontières des régions montagneuses), où le soldat se transforme en colon et précède la population, tout en surveillant la frontière et en repoussant les incursions des peuples voisins.

L'Annam a connu le soldat laboureur avant la Rome antique.

Après avoir spécialisé les attributions de chaque troupe, le législateur a tenu que les soldats, qu'ils soient destinés au service de terre ou au service de mer, soient en état de remplir l'un et l'autre.

C'est pourquoi un matelot doit être mis au courant du tir, de l'escrime, de la guerre d'embuscade, de la marche au pas gymnastique, comme un simple fantassin doit à son tour ne pas ignorer la manœuvre des bateaux, connaître les cours d'eau, leur lit et leur courant, le mouvement des marées, car ainsi que le dit le texte de l'ordonnance, « la mer d'Annam est longue et tortueuse ».

La cavalerie n'existait que dans la capitale, c'était surtout une force de parade. Le cavalier devait apprendre toutefois à se tenir assis sur sa monture, à faire usage des armes à feu le cheval étant en marche, à manier l'épée contre l'ennemi. Pour cela, il devait s'exercer à couper des troncs de bananiers en lançant son cheval au galop. Il devait savoir aussi lancer le javelot et faire son apprentissage sur des mannequins de paille.

En groupe les cavaliers devaient faire marcher les chevaux de front et savoir aussi les faire reculer.

Je n'ai pu avoir des renseignements précis sur l'artillerie, chaque corps avait un certain nombre d'artilleurs chargés du service des vieilles pièces d'importation européenne qui avaient été introduites en général par les missionnaires jésuites. Ces pièces portent souvent des inscriptions latines, et certaines rappellent l'artillerie élégante et ciselée du siècle de Louis XIV. L'Annamite adore la pyrotechnie, et ce ne sont pas les artificiers qui devaient manquer.

En réalité, le rôle de nos batteries modernes était tenu en Annam par les éléphants chargés d'ouvrir la brèche ou d'entamer les lignes ennemies.

S'il n'y avait pas de cavalerie dans les provinces, on y rencontrait des éléphants.

Ceux-ci jouèrent dans tous les combats le principal rôle. Les éléphants de guerre, qui avaient leur caserne et leur mare, étaient chacun dressés par deux cornacs qui, après les avoir domestiqués, les habituaient à obéir à divers mouvements et à marcher à l'ennemi en dépit des coups de lances et d'épées.

L'éléphant n'obéit qu'à son conducteur.

Chaque année, à l'époque de la grande revue générale des troupes, un exercice d'ensemble avec les éléphants clôturait cette solennité militaire.

Les troupes construisaient trois fortins et confectionnaient de monstrueux et hideux magots en paille simulant des guerriers ou des animaux fantastiques qui étaient placés sur les talus des forts improvisés. A la tombée de la nuit on allumait des torches et de grands feux. Le camp entourant les bastions était garni de lances inclinées. Alors les éléphants et leurs cornacs apparaissaient. Aussitôt commençait un vacarme épouvantable de mousqueterie mêlé de cris, d'appels et de hurlements sauvages. On provoquait ainsi les éléphants à la colère et à la lutte.

« Ces énormes bêtes, au nombre de douze à Hué, rangées en bataille avec un ordre tel que de loin leurs défenses semblaient former une ligne blanche et droite, commençaient à s'ébranler lentement. A chaque pas des coups de canon tirés à blanc et à bout portant les attendaient et les enveloppaient d'âcres tourbillons de fumée. Devant leurs yeux, des soldats agitaient des étendards rouges ; derrière, le second conducteur leur enfonçait des lances dans les jambes ; au dessus leurs cornacs leur plantaient littéralement entre les oreilles la pointe de leur coupe-coupe. Le moyen, s'il vous plaît, de ne se pas mettre un peu en colère avec un régime pareil ? »

Alors on voyait les malheureux magots projetés à coups de trompe. Les éléphants enlevaient les trois lignes d'obstacles qui se dressaient sur leur route, puis ils venaient se placer en carré, ruisselants de sang et immobiles, tandis qu'autour d'eux tourbillonnait une horde hurlante de soldats grisés de leur propre tapage et des salves de mousqueterie.

Du haut des tours placées sur le dos des éléphants, les plus habiles lanceurs de javelots étaient huchés et ils pouvaient de leur mirador porter de nombreux coups à l'ennemi.

Il est de tradition de dire en Annam « qu'un élé-

phant robuste et bien dressé est capable de faire échec
à 1000 guerriers valeureux ».

Certains éléphants ayant rendu des services signalés
recevaient un titre comme ces deux éléphants de Bac
Ninh et de Haiduong qui, sous la dynastie actuelle,
ayant combattu vaillamment les bandes rebelles, re-
çurent le surnom de « Quân ât » et de « Quân Vênh ».

Les troupes annamites avaient des uniformes con-
fectionnés en laine de diverses couleurs. Le col d'habit,
les parements et les bordures étaient de tons différents
pour distinguer les compagnies et les brigades entre
elles.

Les uns avaient de légers nuages brodés sur leur col,
d'autres, un costume en drap rouge, une guirlande de
fleurs de soie jaune foncé.

Les uniformes de drap vert et bleu légers portaient
des chrysanthèmes ou des fleurs de « môc xich », sorte
de pivoine.

Le costume des troupes en garnison dans les provinces était uniformément le même : les parements
et le col étaient seuls jaune brun, rouge, vert, blanc ou
bleu léger suivant que les soldats faisaient partie des
régiments du centre, de l'avant-garde, des ailes gauche
et droite ou de l'arrière-garde.

Les colonels étaient habillés de velours ou de fin
drap bleu de ciel, les capitaines portaient l'uniforme
en drap rouge.

Ces troupes étaient armées de lances, de piques, de
coupe-coupe et portaient dans le combat des cuirasses
faites avec des étoffes épaisses, avec de la bourre de
cocon, ou encore en papier collé recouvert de cuir.

En 1836 Minh Mang dota les troupes cantonnées dans le sud de fusils à pierre, et celles tenant garnison dans le nord de fusils à la chinoise.

Les officiers généraux avaient aussi un costume spécial prescrit par les règlements.

C'est ainsi que les « De Doc » (généraux de division) avaient une robe de soie verte tissée avec des fleurs.

Le « chanh lanh binh » et le « pho lanh binh », généraux de brigade, avaient un uniforme en soie brochée bleu clair. Ils étaient armés d'une épée analogue à la nôtre et d'un pistolet. Ces armes leur étaient fournies par l'Etat.

Le grand connétable, le « chuóng phủ Doi than », revêtait un costume de soie brochée rouge.

Le « Khamsáï », qui était un mandarin civil, sorte de délégué de l'Empereur près les armées, avait une robe somptueuse en soie vieux cuivre avec des fleurs tissées en cinq couleurs et garnies de fils d'or.

Ces deux hauts fonctionnaires avaient une épée donnée par l'Empereur et sur laquelle se trouvaient gravés les caractères : « sera passible de la peine capitale toute personne qui n'aura pas obéi à l'ordre du délégué royal. » Ils demeuraient ensemble et dressaient le plan de campagne. Ils donnaient les instructions aux chefs de corps et assuraient la haute police de l'armée.

Le « Khâm saï » ou délégué impérial avait un pavillon particulier dit « Tuyét mao » (étendard de neige) portant les deux caractères « Khâm saï » (délégué impérial).

Lorsque l'Empereur lui-même se mettait à la tête

des troupes, l'étendard royal jaune au dragon à quatre griffes portait en outre les deux caractères « Khải loan », ce qui signifie « le char du roi s'éloigne. » A son retour on remplaçait les deux caractères Khải loan par Hồi loan, ce qui indiquait le retour de l'Empereur.

Nous avons déjà examiné rapidement la hiérarchie du mandarinat militaire. Je crois utile d'ajouter que le maréchal du centre, généralissime, était mandarin militaire de la 1ʳᵉ classe 1ᵉʳ degré. Les autres grands officiers « Dô thống », « thống chế », amiral, etc., appartenaient à la 2ᵉ classe du 1ᵉʳ degré et à la 1ʳᵉ classe du 2ᵉ degré. Un mandarin civil « Hếp ly » était chargé à Huế du contrôle du service militaire.

Dans les grandes provinces nous avons vu que le commandant en chef des troupes était un « De doc » (2° 1ⁿ) qui s'entendait avec le « tong doc » de la province pour adresser à sa majesté les rapports concernant les troupes. Il avait le privilège d'apposer sa signature à côté de celle du Tong doc. Un « chânh lãnh binh » commandait en chef dans les petites provinces.

Mais ces mandarins militaires n'avaient à s'occuper que de la conduite technique des opérations et de l'exercice de leurs troupes. Toutes les questions relatives au recrutement, au paiement de la solde, regardaient exclusivement les mandarins civils, ministre de la guerre à Hué, « quan bo » dans les provinces.

En temps de guerre lorsque le service des transports n'avait pu assurer les vivres nécessaires à l'armée et le ravitaillement normal devenant impossible, les mandarins militaires devaient s'adresser aux mandarins civils qui, par voie de réquisition, fournissaient à l'armée des vivres en ayant soin de remettre à chaque village ayant subi cette réquisition un reçu du montant des objets fournis, afin d'en décompter la somme au moment du versement de l'impôt.

*
* *

Voici donc rapidement exposée la composition de l'armée annamite. Comment cette force était-elle employée par ces mandarins militaires ?

L'art de la guerre, avons-nous vu, a été exposé dans divers ouvrages prohibés dans le but de ne pas répandre dans le peuple les moyens de conduire des troupes en armes et d'empêcher ainsi les fauteurs de désordres de faire naître des révoltes.

Il y a dans cette interdiction une certaine naïveté qui laisse rêveur, surtout lorsqu'on connaît l'histoire si souvent troublée des dynasties annamites. Mais si les livres de tactique ne doivent pas être lus, il n'en est pas de même de ceux qualifiés d'ouvrages relatifs à l'art militaire, qui ne sont en réalité que des manuels d'escrime à la lance, au bâton et des théories pratiques de boxe et de chausson.

Divisés en exercices ces manuels enseignent l'art de manœuvrer le « trúóng », sorte de gros bâton, de se protéger avec le bouclier rond en rotin tressé ou le bouclier ovale en bois dur. Ils indiquent aussi avec dessins explicatifs les coups de chausson et de boxe, et de quelle façon on doit garantir la tête contre les coups des adversaires.

Mais que pouvaient bien contenir ces livres de tactique qu'on se procure si difficilement ? Deux surtout sont restés célèbres dans les annales de l'art de la guerre. Ce sont les deux ouvrages de deux généraux renommés. L'un est l'œuvre d'un nommé Hung Dao qui vécut sous la dynastie des Trân et qui repoussa le général chinois Ma Nhĩ ; l'autre a été écrit par un maréchal Loc Khe qui vécut sous les rois de la dynastie actuelle des Nyuyên.

Ces ouvrages constituent un ensemble hétéroclite de prescriptions excellentes et de procédés relevant des pratiques susperstitieuses. A côté de l'utilité pour le chef d'étudier avec soin, avant le combat, le terrain et les plans du pays qu'il a à défendre, on trouve les moyens de choisir la date et l'heure propices de la bataille en observant les données apportées par l'astrologie ou la géomancie. On y apprend à écarter le mauvais sort et à attendre l'augure favorable en consultant les entrailles d'un jeune poulet. Ensuite, sans transition, le tacticien indique la fabrication des mines sous-marines et des mines souterraines. Il fait connaître le procédé pour faire cuire le riz sur le dos d'un cheval en marche et pour faire avancer les troupes sans qu'elles aient faim.

Des ruses de guerre qui rappellent celles employées par notre Duguesclin sont indiquées comme infaillibles; ruses dans lesquelles les femmes elles-mêmes jouent un rôle et les exemples d'Antoine et de Cléopâtre, d'Annibal à Capoue, ne seraient pas pour surprendre le guerrier annamite.

Celui-ci recommande d'effrayer son adversaire par

un visage horrible (1), d'où le masque de guerre. Par le bruit il faut faire illusion sur le nombre et exciter son propre courage.

Remarquons que toutes ces prescriptions ne sont point aussi puériles qu'elles le paraissent.

Le chef annamite, d'une façon inconsciente peut-être, a cherché à utiliser les qualités de la race indigène en lui faisant produire son plus grand rendement d'effort et de pouvoir effectif. N'oublions pas que l'Annamite n'a pas nos nerfs ni notre courage fougueux. Il ne craint pas la mort, il est calme et constitue par suite un facteur supérieur dans la défensive. Il a besoin au contraire d'un certain entraînement dans l'offensive, ce qui explique plusieurs dispositions bizarres des règlements.

La leçon que l'on peut puiser dans l'étude de ces livres militaires n'est point à dédaigner. Elle nous montre jusqu'à l'évidence que le guerrier indigène a compris le grand précepte militaire qui domine toutes les considérations : c'est que la victoire appartient à la troupe qui possède le plus fort ascendant moral. Cet ascendant la troupe ne l'acquiert qu'avec la conviction qu'elle est invincible. D'où les pratiques superstitieuses ayant pour but de rendre l'homme invulnérable. Nous avons rencontré bien des fois, pendant la conquête et la rébellion, des troupes annamites ajustant avec calme nos soldats montant à l'assaut et ne délaissant leurs retranchements qu'à 20 mètres des nôtres, au moment

____

(1) Un commandement analogue existait dans l'armée napolitaine.

où l'ascendant moral de nos hommes parvenait à s'imposer à eux. La victoire morale de cet esprit général qui lie une troupe précède la victoire matérielle. Il faut avouer qu'à ce point de vue-là les Annamites conservent cette sorte d'ascendant jusqu'à sa plus extrême limite, puisque celle-ci se confond presque avec l'instant du contact matériel.

Cette philosophie supérieure du combat, les chefs militaires annamites l'ont comprise et ont essayé de l'appliquer pratiquement avec les faibles moyens défensifs et offensifs qu'ils possédaient.

Ils sont en cela intéressants à étudier et s'ils n'ont pas posé le problème avec la clarté de ce grand précurseur, le colonel Ardant du Pic, dans son admirable ouvrage sur le combat antique et moderne, on peut affirmer qu'ils l'ont connu.

« L'homme ne va pas au combat pour la lutte, il y va pour la victoire. » Ce bel axiome d'Ardent du Pic pourrait s'inscrire en tête de tous les ouvrages annamites qui en formeraient le commentaire parfois diffus dans les détails mais sincère dans son ensemble.

**

*
*
*

J'ai parlé de ruses de guerre rappelant celles employées au moyen âge, je ne pourrai mieux vous les indiquer qu'en vous rapportant deux anecdotes, l'une prise à l'histoire de la pacification, l'autre aux guerres et aux révoltes qui désolaient le pays d'Annam au début du siècle dernier.

J'ai connu l'héroïne du premier de ces faits, j'ai entendu raconter le second par un vieux chef de canton dont l'arrière-grand-père, chef de canton lui aussi, avait été le père des deux femmes qui en sont les principaux personnages.

C'était à Mon cay, près de la frontière chinoise, le poste de légionnaires établi sur un mamelon était entouré par des forces chinoises nombreuses. Notre consul venait de trouver la mort, une mort horrible dans Mon cay même. Il avait été mis, par les Chinois, entre deux planches et scié vivant. Le chancelier Perrin s'était réfugié dans le blockhaus, mais les vivres commençaient à faire défaut, il fallait à tout prix traverser les lignes et faire parvenir à nos troupes un message indiquant l'état d'extrémité dans lequel on se trouvait. Le plus sûr moyen était de gagner la Chine et d'aller prévenir un missionnaire, le Père Grandpierre, qui, par son influence, sa valeur et son courage, avait pu rester dans sa chrétienté sans être inquiété.

Semblable à ces évêques des temps héroïques qui tenaient aussi bien l'épée que la crosse, le Père Grandpierre saurait bien trouver l'occasion de prévenir nos troupes. Mais qui tenterait la périlleuse aventure ? Tout homme qui apparaissait était aussitôt tué ou fait prisonnier et endurait alors les affres de la mort lente. Une femme annamite, au service de M. Perrin, voulut se charger de l'honneur de traverser les lignes. Elle demanda simplement un sac dans lequel on mit toutes les piastres dont on disposait et, pourvue de son lourd fardeau, à la première veille du jour, elle sortit par la poterne du blockhaus. Tranquille elle descend vers les postes chinois en essuyant quelques coups de feu. A peine est-elle à quelques mètres du camp que les Chinois se précipitent sur elle pour la saisir et l'interroger. Mais alors, avec une prudence calculée, elle bondit à droite, à gauche, en semant à toute volée le plus loin possible sa précieuse provision de piastres. Les soldats interdits hésitent, puis, heureux de l'aubaine, courent de tous côtés à la recherche des beaux dollars; des luttes entre eux s'engagent et à la faveur de ces disputes, de ce désarroi général, la « con gái » passe avec son geste de semeur et, parvient à échapper aux célestes en se jetant dans la brousse.

Nos troupes furent prévenues, mais elles arrivèrent trop tard. Le fortin n'était plus qu'un monceau de ruines fumantes et les nôtres avaient été tués.

Le gouvernement décerna une tablette d'honneur à cette femme courageuse et énergique.

L'autre fait se passe en 1820, dans la province de Thai Binh. Un individu Than-bà-Vanh réunit dans le huyên de Tien Hai tous les pirates de la côte et terrorise toute la contrée. La Cour, voulant réprimer ce soulèvement, envoie un grand mandarin militaire nommé « Cuc », avec des éléphants et des troupes nombreuses. Il fut battu et tué par les rebelles.

La Cour alarmée envoie alors de nouveaux renforts et un « Kam sai ». Pendant deux ans la lutte se poursuit et allait tourner à l'avantage des insurgés, lorsqu'un nommé Phu Truc, arrière-grand-père du chef de canton duquel je tiens ce récit, envoya auprès du chef rebelle ses deux filles. Charmé par ces deux femmes qui joignaient à une grande beauté le don d'être d'admirables chanteuses, le chef oublia de surveiller les troupes de ses adversaires. Il se laisse surprendre, veut gagner la mer, mais il est coupé par les troupes impériales. Cerné de tous côtés Ba Vanh se réveille de son inertie, et en une nuit il fait creuser un canal aboutissant au fleuve. Ce sera peut-être le salut. Mais enchaîné par les perfides séductions des deux filles de « Phù Truc, » Ba Vanh hésite, indécis, perd un temps précieux. Il est trop tard, les troupes impériales se sont aperçues du stratagème du chef rebelle. Son armée est détruite et lui-même meurt dans la mêlée.

Les deux filles de Phu Trùc, qui venaient d'être tout à la fois la cause du triomphe des armées impériales, mais aussi de la mort de Ba Vanh, dont elles s'étaient éprises, offrirent sur le champ de bataille les sacrifices rituels en l'honneur de la mémoire de ce chef valeureux, puis, leur mission accomplie, elles disparurent. Quand le « Kam Sai » impérial vainqueur vint, entouré de ses guerriers dans la pagode communale fêter sa victoire, ses yeux rencontrèrent les deux héroïnes qui s'étaient pendues.

Telle est l'histoire véridique que me raconta un jour un vieux chef de canton dans la pagode même qui a été dédiée à ces deux Salammbo asiatiques sur le lieu où mourut Ba Vanh.

Certaines cérémonies militaires revêtent un caractère religieux.

D'après la tradition, les régiments qui doivent entrer

en campagne sacrifient, avant leur départ de la garnison, aux ancêtres et aux guerriers célèbres. A la veille des grandes batailles, le chef de l'armée fait installer dans une pagode une salle d'apparat où se dressent des rangées de lances, des coupe-coupe et des boucliers. Sur une estrade prend place le chef suprême vêtu du costume de combat. Il est entouré, suivant l'ordre hiérarchique, de tous les chefs de l'armée. Il offre alors au drapeau le sacrifice rituel et se prosterne ensuite devant lui. C'est le « Tê cö » ou sacrifice au drapeau.

Le sacrifice terminé, le chef sort de la salle et adresse une courte exhortation aux troupes pour les encourager et pour leur interdire aussi le pillage des villages voisins.

Lorsqu'une grande victoire a été remportée, le chef de l'armée envoie aussitôt à la Cour un courrier spécial qui présente à l'Empereur un drapeau rouge, signe du triomphe des troupes impériales. Quand le combat a été décisif, l'Empereur autorise les troupes à regagner leurs casernements, et comme ce retour se fait gaîment, cet ordre est appelé « Khải loan », qu'on peut traduire par « les troupes retournent en chantant ».

En dehors de ces cérémonies solennelles, il arrive souvent que le chef de l'armée, avant d'engager l'action, fait une sorte de veillée des armes dans une pagode renommée, située non loin du camp. Il vient alors, seul, invoquer le génie et le prier de lui donner aide et bon secours pour triompher. S'il réussit, il ne manquera pas de venir remercier par un sacrifice généreux le génie tutélaire.

Quand la guerre prenait un caractère de particulière

gravité, lorsqu'il ne s'agissait pas seulement de rébellion, mais de luttes contre des peuples étrangers, comme les « chams », ou les Chinois, alors les Empereurs envoyaient auprès des armées un « Kham Sai », délégué extraordinaire qui allait combattre comme représentant de sa Majesté elle-même. Celle-ci, au moment du départ, remettait à ce haut mandarin un drapeau, une tablette, une épée et un sceau, qui constituaient les attributs de ses pouvoirs extraordinaires.

Aux heures sombres de l'histoire, le départ de ces envoyés était entouré d'un cérémonial sévère, mais qui ne devait pas manquer de grandeur.

À l'issue de la cérémonie où il était revêtu des insignes de sa puissance, le délégué impérial montait sur un char.

L'hiératique empereur, fils du Ciel, s'avançait alors et, en signe d'encouragement, de son auguste main, il poussait la roue du char qui portait, avec le Kam-Sai, sa dernière espérance, dans le chemin qu'il souhaitait celui de la victoire.

Si le Kam-Sai revenait triomphant, de grandes fêtes étaient organisées à la Cour. Mais ce sont là de très grands honneurs dont les Empereurs ne sont pas prodigues. C'est pourquoi, il existe un proverbe qui dit que, parmi les honneurs, les plus brillants auxquels un humain puisse aspirer, il n'y en a pas de plus haut « que le retour dans son village avec l'éclat, la pompe et les insignes royaux de docteur ès-lettres, après avoir été reçu au concours triennal de Hué ; et en second lieu, que le retour comme grand chef, après avoir remporté une grande victoire sur l'ennemi. »

***

De ce coup d'œil d'ensemble jeté sur le mandarinat militaire et l'armée annamite telle qu'elle se trouvait avant notre arrivée, il serait peut-être malaisé de tirer une conclusion, si nous n'avions pas, pour nous aider, l'histoire de la conquête, puis de la pacification et les derniers événements d'Extrême-Orient.

Il est certain qu'à regarder superficiellement l'état des Annamites, on serait tenté de donner trop aisément raison à ceux qui voient dans ce peuple un peuple de cultivateurs avant tout pacifique, inapte et sans goût pour le métier des armes. J'estime que ce serait mal juger les Annamites. Oui, ce peuple, sous la profonde empreinte des doctrines de Confucius, a développé plus que toutes les autres ses aptitudes de raisonnement calme et de paisible sagesse. Confucius et le long servage de la Chine, le bouddhisme lui ont fait une mentalité réfractaire aux idées de lutte, n'ayant pas par suite fait naître un penchant très développé pour le métier des armes.

Et pourtant, l'Annamite est un conquérant. Il a de merveilleuses qualités de ténacité, de souplesse, d'initiative et de docilité. Il suffit d'un événement quelque peu considérable pour que l'atavisme du vieux guerrier qui sommeille en lui se réveille tout à coup. Les mandarins militaires eurent les premières places sous le règne de Gia-Long, car il s'agissait alors de conquêtes.

Qu'on n'objecte pas la facilité de notre prise du pays tonkinois.

Les troubles continuels régnaient sous l'Empereur Tu Duc ; les bandes que nous devions rencontrer plus tard prirent naissance à cette époque, et c'est grâce à la crainte générale qui avait saisi les habitants, qui ne cultivaient que le strict nécessaire à leur nourriture, — parce que continuellement pillés et traqués, — que put s'effectuer cette si rapide et si brillante conquête du delta Tonkinois par Francis Garnier et ses hardis compagnons.

Mais ensuite, lorsque le pays se fut ressaisi et organisé sous l'instigation des mandarins, commença la pacification qui devait être plus longue et plus pénible que ne l'avait été la conquête. Le soldat et le partisan furent toujours des adversaires redoutables. Aujourd'hui que la confiance est revenue avec la paix, *avec la paix française*, le soldat indigène développe librement sous notre égide ses belles qualités.

Le contact de notre civilisation aura sûrement pour effet d'opérer une sorte de décristallisation des vieux principes chinois. Notre intrusion avec notre science en ces pays qui vécurent si longtemps cachés et enfermés derrière une muraille qui nous faisait illusion sur sa force est la cause d'une évolution générale aussi profonde que celle apportée en Europe à la fin de l'Empire par le christianisme. Le peuple annamite est capable d'action. Il commence à comprendre le prix du courage et de la force. Déjà dans toutes les opérations auxquelles ont concouru ces êtres au chignon tressé sous le « salako, qui s'en vont en jouant de l'éventail », il y a eu de nombreuses citations à l'ordre et de nombreuses récompenses méritées par eux.

Lors du dernier siège de Tien-tsin, la bravoure européenne et japonaise a rendu hommage au sang-froid, au calme courage des canonniers indigènes des batteries qui avaient été expédiées de l'Indo-Chine.

L'Indo-Chine assurera un jour sa défense par ses propres moyens, et à voir déjà manœuvrer nos troupes indigènes on peut prévoir même que cette échéance ne saurait être trop lointaine.

Tout cela est bien, tout cela est inévitable aussi ; permettez-moi alors, devant l'inéluctable marche des choses, de regretter les beaux uniformes de soie brochée, les délicates fleurs de « môc xich » et de chrysanthèmes qui entouraient le col des anciens linh impériaux, les Kam-sai éblouissants et formidables et tout ce vieux décor qui tombe pièce à pièce en laissant rêveur et étonné le lettré silencieux qui pense sagement que seule « n'est pas vaine la vie de celui qui a consacré la sienne au bonheur des autres hommes ».

CHAPITRE VI

LE MANDARINAT CIVIL
L'ENSEIGNEMENT ANNAMITE

Avec le mandarinat civil nous abordons la classe dirigeante du peuple annamite. Les mandarins ne vous sont pas inconnus, vous les connaissez déjà presque tous. Chacun, suivant son grade, entre dans cette organisation particulière du mandarinat qui forme en quelque sorte le cadre général de toute l'administration de l'Empire, cadre dans lequel vient se placer dans une division particulière chaque fonctionnaire suivant sa fonction. Nous avons vu aussi que ce mandarinat se divisait en deux grandes branches : l'une, dont nous avons parlé dans le précédent chapitre, comprenant les mandarins militaires, l'autre qui est consacrée aux mandarins civils dont nous allons nous entretenir.

Le mandarinat, il faut le répéter, ne forme pas à proprement parler une classe particulière dans l'Etat. Il est constitué par l'ensemble des dignitaires du royaume, provenant des lettrés du pays ayant réussi aux examens littéraires et pourvus d'une fonction publique. Les mandarins proviennent donc du peuple et l'accession aux emplois de l'Etat est ouverte à tous. Il suffit de faire preuve d'intelligence en passant les concours institués par le gouvernement.

Mais l'obtention d'un titre universitaire est la preuve non seulement d'une instruction supérieure très développée, mais encore d'une éducation morale générale très étendue. Nous verrons par la suite, en étudiant l'enseignement, que le lettré a des devoirs sociaux à remplir par le fait seul qu'il a acquis une certaine connaissance dans la science des choses et des êtres. Noblesse oblige, mais ici c'est la noblesse de la pensée qui doit s'allier à une vie faite de sagesse. Le savoir exige en Annam des devoirs qui ne laissent même pas son indépendance à la vie privée de celui qui le possède. Le but de l'enseignement est avant tout un but moralisateur. La recherche de « la voie droite » vers la raison pure et éternelle ne peut se poursuivre que grâce à une conduite conforme aux préceptes des philosophes.

Un tel enseignement prépare avant tout le lettré à la direction des hommes et c'est ce qui explique la supériorité du peuple annamite dans les questions administratives.

Le peuple annamite est surtout un peuple de législateurs, d'administrateurs et de lettrés, se plaisant dans les spéculations de la morale et de la politique. D'où le grand respect de la masse populaire pour les lettrés et les mandarins. Mais ce respect n'est pas irraisonné, il n'est pas fondé sur la peur ou sur la disproportion des conditions apportée par la richesse, il est conscient et découle de l'amour qui anime cette masse pour le savoir et les choses de l'esprit. Cet amour, l'enseignement primaire, très répandu, l'a mis au cœur de tout indigène qui peut, par suite, juger à leur valeur propre ces mandarins investis du pouvoir à cause de leur mérite et appelés à le diriger.

*_**

Comme le mandarinat militaire, le mandarinat civil est divisé en neuf degrés, chaque degré comportant deux classes.

La première classe du premier degré est la plus élevée, elle est souvent sans titulaire. Parfois ce suprême honneur est décerné à une sorte de grand censeur du royaume. La deuxième classe comprend quelquefois les hauts dignitaires qui constituent le « nôi các » ou « conseil aulique ».

Dans la 1re classe du 2e degré se rencontrent les présidents des six ministères et les « tong Doc », gouverneurs des grandes provinces. Dans la 2e classe de ce 2e degré se placent les « tuan phú », gouverneurs des petites provinces. Puis dans la 1re classe du 3e degré les assesseurs des ministères, les « bo chanh » ou « quan bo », chefs des services administratifs dans les provinces.

Dans la 1re classe du 4e degré les « quan án », chefs du service judiciaire.

Seuls ces mandarins ont droit à l'appellation d'Eminence, c'est-à-dire de « quan lón ».

Dans le 5e degré 1re classe les « Doc hoc », directeurs des études provinciales, dans la 2e classe les « tri phú », sorte de préfets.

Les 6ᵉ et 7ᵉ degrés comprennent les « kinh lich », les « giao thu », les « huan Dao » et les « huyen » ou sous-préfets.

Les lettrés qui ont un titre de bachelier, de licencié ou de docteur entrent dans le mandarinat et dans les fonctions administratives à partir de ce 7ᵉ degré.

Les deux derniers degrés, le 8ᵉ et le 9ᵉ sont réservés aux lettrés dépourvus de titre universitaire et occupant les petits emplois de l'administration.

Quelles que soient les fonctions remplies par les mandarins, le législateur les a placés par des lois multiples dans un régime exceptionnel, qui tout en leur réservant de nombreux avantages, a aussi très sagement bridé les ambitions et maintenu le principe « qu'ils doivent avant tout assurer le bonheur du peuple ».

Les pays de civilisation chinoise, dont procède visiblement le pays annamite, ont le sentiment très net du bien public, qui préexiste aux diverses formes du gouvernement et qui les oblige. « Il se peut que la recommandation sans cesse renouvelée aux fonctionnaires par les lois chinoises, de veiller au bien du peuple, ne soit qu'un mot ; mais c'est déjà beaucoup qu'il y ait ce mot. »

Et je crois même qu'il y a mieux. Les institutions que nous connaissons déjà en sont la preuve.

Les lois annamites font très nettement la distinction qui existe entre l'intérêt privé et l'intérêt public. En conséquence, les mandarins jouissent de droits et en échange subissent certains devoirs.

Ils sont tout d'abord revêtus de l'autorité suprême, puisqu'ils sont tous, en quelque sorte, un reflet de l'Empereur dont ils reçoivent l'investiture par un brevet scellé à son sceau.

Ils sont souvent prêtres de la religion officielle et, comme tels, ils doivent revêtir les costumes spéciaux, que seuls ils ont le droit de porter.

Le signe de leur pouvoir réside dans le sceau ou cachet, qu'ils doivent toujours conserver avec eux.

Le sceau a une importance inappréciable. Il est la marque tangible de l'autorité. Le cachet est donné par le roi, et son vol entraîne la décapitation du coupable. Il en est de même de celui qui oserait fabriquer un faux cachet.

C'est, en effet, l'apposition du cachet qui donne force de loi aux ordres. C'est devant lui que tous s'inclinent. Il est l'insigne de la volonté supérieure et il force l'obéissance.

A ce point, qu'il est arrivé fréquemment dans certaines provinces que des fonctionnaires français, nouveaux dans le pays et en ignorant encore les coutumes, ont été la cause d'exactions involontaires de leur part, parce qu'ils avaient timbré inconsidérement du cachet de la résidence une requête qui leur avait été présentée. Le requérant, de retour dans son village, n'avait eu qu'à montrer, à côté de sa demande en caractères, le disque bleu où s'érige une république s'appuyant sur les tables de la loi, pour que les autorités villageoises soient amenées à considérer sans plus de recherche la légitimité de la réclamation ainsi timbrée.

Telle est la puissance du sceau, et son emploi ne doit en être exercé que par une personne responsable.

Le cachet a, en Annam, aussi bien pour le souverain

que pour le mandarin, et pour tous les dépositaires de l'autorité publique, une importance de premier ordre. Prendre à un chef rebelle ses cachets équivaut à lui prendre une partie de lui-même. Il en demeure atteint et diminué dans sa force et dans sa personnalité.

C'est ce qui explique combien l'empereur Dong Khanh attacha d'importance à l'envoi par la France d'un cachet spécial. Sa Majesté vit dans le sceau qui venait de lui être envoyé un emblème destiné à remplacer le fameux sceau d'or donné à ses prédécesseurs par les empereurs de Chine, qui marquait l'antique suzeraineté du céleste Empire sur l'Annam et qui fut solennellement brûlé dans les salons de la légation de Hué, devant la Cour assemblée le jour de la ratification du traité de 1884. « On comprend quelle valeur politique et morale dut acquérir aux yeux du roi l'envoi qu'il venait de recevoir. Désireux de marquer d'une façon solennelle et publique, quel prix son esprit attachait à ce cadeau, il adressa à son peuple un édit dans lequel il rappelait les liens d'amitié existant entre son royaume et la France ; seulement, disait-il, notre domaine étant éloigné de cet empire par les espaces des océans, il nous restait une inquiétude, c'était de n'avoir aucun signe pour faire foi dans nos communications avec son gouvernement. »

Le cachet que la France a donné porte en son centre deux caractères qui signifient « union et concorde ». Sa poignée fort grosse est taillée dans un aérolithe. Il est d'un brun violet jaspé de taches jaunes.

« C'est une idée fort heureuse et non sans poésie que d'avoir donné au fils du ciel, pour servir à sa signature et à l'affirmation de sa volonté, cette pierre tombée du ciel. Il y a quelquefois de simples cadeaux qui, lorsqu'ils sont bien imaginés, en disent plus long et contiennent plus d'habileté politique que des traités. Dans la langue symbolique on est vite et bien compris d'un roi d'Orient. Leurs âmes sont les plus accessibles à certaines délicatesses de pensée. Dans l'édit de Dong Khanh que je viens de citer, l'Empereur n'oubliait pas en effet de faire connaître à ses sujets que le sceau donné par la France avait été confectionné avec une pierre « précieuse extraite d'un météore céleste (1) ».

***

Les mandarins ont droit, nous l'avons vu, à certaines appellations honorifiques. Il en est de même en ce qui concerne leur femme légitime et leur mère. Car si le rôle social de la femme est des moindres en Annam, la mère, comme dans tous les pays d'Orient, est revêtue d'une dignité toute particulière. La reine mère par exemple est entourée d'un religieux respect. « Ces femmes sont des manières d'idoles qui s'animent par instant pour laisser tomber des oracles et devant lesquelles on va faire ses dévotions. Le roi ne leur parle qu'à genoux et selon un cérémonial étroit fixé par les rites. »

(1) Baille, *Souvenirs d'Annam.*

***

La famille entière du mandarin jouit de divers privilèges. Tous les fils des fonctionnaires civils et militaires des 1er, 2e et 3e degrés sont exempts du service militaire, de l'impôt personnel et des corvées. Tous les fils des mandarins du 4e degré et un des fils des mandarins du 5e degré et de la 1re classe du 6e sont exempts du service militaire et des corvées.

Au dessus du 4e degré du mandarinat les fils des fonctionnaires pourvus de ce grade peuvent être admis au titre de « âm sinh », ce qui leur donne droit à l'admission dans des collèges de l'Etat et à une légère pension.

Enfin au cours de leur voyage les mandarins seuls peuvent coucher dans les maisons de « tram » situées de relai en relai sur la route mandarine.

La loi accorde à ces représentants de l'autorité royale une très grande protection destinée à montrer au peuple leur puissance et le caractère presque inviolable de leur personne. Leur autorité est accrue de toute la rigueur des peines infligées à ceux qui oublient de les respecter ou qui oseraient attenter à leurs jours. Les injures adressées aux mandarins font l'objet de plusieurs articles du code.

Les personnes du peuple qui préméditent la mort d'un mandarin sans qu'il y ait eu exécution sont condamnées à l'exil lointain ; elles sont passibles de la strangulation si le mandarin a reçu des blessures. S'il

y a eu mort le principal coupable et ses complices
sont décapités. Dans le cas où le meurtre aurait été
commis sur un mandarin non en fonction, les coupables seront jugés et punis comme s'ils avaient accompli un homicide ordinaire.

Le seul fait d'être en fonction aggrave donc la peine
des coupables.

Le mandarin est protégé encore contre les imposteurs
qui, s'étant fabriqués de faux brevets, se font passer pour
mandarins, ces individus sont frappés de la peine de la
strangulation. Mais si l'imposteur s'est dit simplement
mandarin sans appuyer son affirmation par la production d'un faux titre, ou s'il usurpe le nom d'un
véritable fonctionnaire afin de se faire passer pour lui,
il ne sera puni que de 100 coups et de 3 ans de fers.

A côté de ces divers avantages et de cette protection
spéciale dont le mandarin est entouré, la loi lui impose
des obligations nombreuses dont nous ne citerons que
les plus générales.

Nous savons déjà que, dans un but de bonne administration et afin d'empêcher les fonctionnaires provinciaux de favoriser certaines familles au détriment
d'autres, il leur est interdit d'épouser une femme originaire de la circonscription qu'ils administrent. Ils
ne peuvent non plus y acquérir des terres. Leur position pourrait leur servir à obtenir la possession d'immeubles à des prix dérisoires.

Les ordonnances royales leur imposent aussi la résidence dans les bâtiments officiels ; il leur est interdit
de sortir de leur circonscription sans autorisation. Il
faut que le représentant du roi soit toujours présent et

que le peuple puisse, à quelque moment que ce soit, arriver jusqu'à lui.

On lui parle avec respect, car il est « le père et la mère » de ses administrés, mais ceux-ci, comme l'enfant envers son père, doivent pouvoir à tout instant l'approcher pour lui demander aide, conseil ou justice.

Il ne faut point que le siège d'un chef-lieu reste vacant et les retards mis par les fonctionnaires pour rejoindre leur poste sont punis par les règlements.

Au point de vue professionnel le mandarin doit posséder son code, car, ainsi que le dit l'ordonnance royale de Minh Mang : « Les lois et règlements du royaume expliquent clairement les différents cas qui peuvent se présenter et donnent des solutions pour les affaires dont l'importance est grave ou légère ». Ces lois sont répandues et publiées sur tous les points de l'Etat pour y être suivies et respectées. Les mandarins et employés doivent les connaître à fond, afin d'être à même de rendre des sentences conformes et convenables. Au bout de chaque année, dans la capitale et en province, le mandarin supérieur devra faire subir un examen sur le code aux fonctionnaires placés sous ses ordres et ceux qui donneront des preuves d'ignorance seront punis d'une retenue de solde d'un mois s'ils sont mandarins et de 40 coups de rotin s'ils sont simplement employés.

Nous avons déjà indiqué l'importance du sceau. La loi définit exactement à qui en revient la garde.

L'oubli de l'apposition du cachet sur une pièce officielle expédiée par l'administration d'une province, entraîne différentes peines graduées suivant la nature et les conséquences de l'oubli.

Les règlements prennent bien soin d'indiquer que tout Tong doc qui apportera quelques modifications sur une pièce à lui soumise devra légaliser par son cachet lesdites modifications.

On cherche ainsi à empêcher les substitutions de caractères et ce que nous appelons le « grattage ». Le grattage s'opère en ce qui concerne les caractères écrits avec l'encre de Chine sur ce papier très fin employé dans l'administration indigène, en appliquant sur le caractère que l'on veut effacer un tampon de papier imbibé d'eau et en frappant dessus à l'aide d'un petit marteau. Un œil exercé reconnaît quand même la partie modifiée.

Les mandarins, chefs de services comme les « tong Doc », le « phủ » et les « huyen », doivent signer leur dépêche.

L'oubli de la signature entraîne des peines disciplinaires contre son auteur.

Les lenteurs administratives sont inconnues en pays d'Annam.

Les dépêches et rapports, en effet, arrivant au bureau du gouverneur provincial doivent être examinés par lui le plus tôt possible, afin de savoir s'il doit ou non leur donner suite. Ce haut fonctionnaire fera également fournir des réponses claires et promptes sur les décisions qu'il aura prises au sujet des dites dépêches. Si le Tong Doc apporte de la négligence à prendre une décision ou si « les agents placés sous ses ordres rédigent ses instructions d'une façon embrouillée et qu'il en résulte un retard dans la solution des affaires, le chef de la province ou ses agents seront punis de 80 coups rachetables ».

Tout mandarin qui, pouvant parfaitement agir par lui-même, prétendra, auprès du Tong Doc, qu'il ne le pouvait pas, ou s'il émet des doutes au sujet d'une question qui n'en comporte aucun, sera puni de 80 coups.

Le retard apporté dans le renvoi des pièces administratives est aussi réglementé.

Remarquons, en passant, combien ces textes sont bien faits pour développer l'esprit de décision et d'initiative du fonctionnaire.

Mais l'initiative du mandarin ne doit s'exercer que dans le cercle défini des règlements et des ordonnances. Un mandarin qui viendrait à détruire un ordre royal ou un cachet, ou à inexécuter un commandement royal, serait passible de peines pouvant aller jusqu'à la décapitation.

Les erreurs et les négligences, même involontaires, se paient, car on ne peut définir, en ces matières fort délicates, où commence et où finit l'intention de leurs auteurs.

La loi ne frappe pas seulement le mandarin pour les manquements qu'il commet dans son service, elle lui impose une dignité de vie dont il ne doit point se départir, car alors elle se dresse pour le frapper impitoyablement.

La mauvaise conduite d'un mandarin, un fonctionnaire qui manque de conscience et qui abuse de son pouvoir pour faire condamner des innocents, sera passible de la décapitation.

Mais quelle loi plus sage que celle qui est inscrite sous le titre « des cabales et des louanges excessives données aux hauts mandarins ». L'arrivisme n'est pas possible en Annam, car s'il advient que les mandarins et employés d'un bureau, en même temps que quelques lettrés ou personnes du peuple, se mettent à exalter les mérites et les vertus d'un haut dignitaire dont la puissance et l'influence sont considérables, et cela dans un but d'intérêt privé (tel que promotion, emplois, etc.), ce fait sera considéré comme une association contraire à la loi. On devra s'enquérir minutieusement des motifs qui ont porté les coupables à louer outre mesure la conduite du haut dignitaire. Le principal meneur de cette cabale sera condamné à la décapitation, ses femmes et enfants réduits au servage et ses biens confisqués par l'Etat.

Cette loi ne doit pas faire croire que la reconnaissance publique ne se manifeste jamais envers un haut mandarin. Il arrive souvent, au contraire, mais alors dans un but désintéressé, que la population de toute une circonscription, à l'occasion d'un événement exceptionnel, offre au mandarin qui la dirige un panneau laqué, orné d'une belle sentence contenant une allusion flatteuse pour le mandarin auquel il est donné.

Une des peines administratives les plus fortes que le roi puisse infliger à un mandarin consiste dans le retrait de ses brevets, et leur destruction. Le fonctionnaire qui en est l'objet perd alors sa qualité de mandarin et est remis à la condition d'homme du peuple.

Cette peine est d'ailleurs toujours appliquée dès qu'une loi criminelle intervient contre un mandarin, mais quelquefois elle constitue à elle seule le châtiment infligé par le roi. La rétrogradation dans les grades du mandarinat se rencontre assez fréquemment, et l'on voit parfois des mandarins regagnant péniblement sur le penchant de leur âge les degrés qu'ils avaient gravis dans leur âge mûr et qu'une faute leur avait fait descendre tout à coup.

Le pouvoir impérial a donc une action toujours prête à s'exercer sur le corps tout entier du mandarinat. Cette action répressive se fait surtout sentir en ce qui touche le délit de prévarication. Nous reviendrons plus tard sur l'ensemble des lois protectrices pour le peuple qui frappent les mandarins prévaricateurs, les malversations et la dilapidation ou ceux qui prêtent l'oreille à des propositions de corruption.

Retenons seulement trois lois faites en faveur du peuple et qui montrent bien un côté spécial de la mentalité indigène.

L'une, la première, a une portée générale, elle se rattache à cette idée, que le mandarin est là pour écouter les doléances de la population, pour remédier à ses souffrances. C'est celle qui frappe le mandarin qui, ayant reçu une plainte présentée par un homme du peuple, ne la prend pas en considération.

La seconde correspond à ce besoin de sauver toujours les apparences et de donner un semblant de raison, une cause, à l'inobservation d'un devoir, je veux parler des mandarins ou employés qui simulent une maladie ou se font passer pour morts ou blessés afin d'éviter une grave affaire.

La troisième a une portée morale supérieure, elle

condamne le mandarin qui a pris en considération une plainte ou une accusation anonyme.

Telles sont les lois ayant un caractère général à tous les mandarins. En étudiant les divers services de l'administration annamite, nous rencontrerons les règlements plus particuliers.

Ainsi donc, nous connaissons ces fameux mandarins. nous avons jeté un rapide coup d'œil sur leurs privilèges, sur leurs droits et aussi sur leurs obligations.

Voyons maintenant comme se forme parmi le peuple cette classe de fonctionnaires, et sur quelle base première se dresse l'homme qui aura acquis les connaissances littéraires ét morales nécessaires pour remplir les fonctions mandarinales.

Les mandarins constituent l'élite de la population, avons-nous vu.

Dans les Annamites nous trouvons avant tout un peuple de lettrés mettant l'enseignement au-dessus de tout. Il s'agit en effet en Annam bien plus d'un enseignement que d'une instruction.

Cet enseignement laïque et libre présente une organisation et une popularité que pourraient envier les démocraties les plus éclairées de l'Europe. Son caractère principal est d'être une philosophie et une morale.

« Les peuples d'Asie (1) ont à présenter à l'Europe

(1) L'Indo-Chine. Salaun.

un épanouissement splendide et déjà fort ancien des doctrines religieuses et philosophiques, de la morale, des lettres et de l'art où notre curiosité a sans doute beaucoup plus à apprendre qu'à reprendre.

« Une remarquable évolution de la pensée asiatique s'est poursuivie parallèlement à celle de la pensée d'occident.

« Depuis de longues années les préceptes de Koug fou tseu, — qui cinq cents ans avant l'ère chrétienne fondait une morale sans obligation ni sanction — a constitué une philosophie indépendante des dogmes, basée sur la raison et la dignité humaines, bien avant que l'enseignement d'Etat se fût dégagé en Europe des formules confessionnelles. » L'enseignement est libre en Annam et libre dans le sens le plus large du mot, nullement obligatoire, bien que très répandu. Il y a très peu d'illettrés. Même parmi les paysans les plus déshérités on en trouve toujours sachant quelques centaines de caractères.

Cette généralité de l'instruction chez un peuple pauvre tient à ses habitudes studieuses et à la finesse administrative du gouvernement annamite qui n'a jamais ignoré que l'instruction est le plus grand élément d'ordre dans l'Etat.

L'enseignement est aussi laïque, nullement hostile à aucune religion. Le rationalisme pur qui s'en dégage ne peut être contraire à une religion.

Le mot religion « Dao » n'a pu être traduit que par celui de « chemin », tant il est vrai que la morale de Confucius les admet toutes. La religion pour un Annamite lettré, c'est le chemin qu'il suit pour arriver à la raison éternelle. Chacun parcourt sa route ou cherche celle parcourue par les sages des temps anciens en imitant leur dignité de vie et en mettant en pratique les préceptes de leur morale.

Le truchement qui sert à conserver et à transmettre aux jeunes générations ces idées philosophiques, c'est le *caractère*.

Le *caractère* est une figure à la représentation de laquelle s'attache une idée concrète ou abstraite.

C'est ce qui en fait l'universalité dans tout l'Extrême-Orient. Par la représentation de ces caractères, l'enfant se crée une mémoire visuelle qui lui permet de retenir assez facilement les deux mille caractères nécessaires pour pouvoir lire la plupart des traités. L'écolier lit et écrit à la fois en dessinant sous la direction du maître.

On voit souvent dans la pénombre d'une maison, ou le soir réunis sous la faible clarté d'une lampe à huile de ricin, les petits bambins annamites accroupis, repliés sur eux-mêmes, déjà graves et pénétrés de l'importance de leur acte, tenant dans leurs petits doigts le long pinceau et traçant verticalement, avec une patience qui désarme nos nerfs, les beaux caractères sur le fin papier annamite. Ces écoliers sont déjà des « forts » ; ils ont, avant d'avoir l'honneur de tenir un pinceau et de se servir de l'encre de Chine, tracé avec un bâtonnet les premiers caractères sur des planchettes recouvertes de vase liquide.

Le maître, le vénérable maître, donne l'explication du caractère, il en fait le commentaire et ainsi, la morale et l'histoire pénètrent en même temps que l'écriture et la lecture dans le jeune cerveau de l'enfant.

Les livres élémentaires sont habilement composés. Un modèle dans ce genre est le « Tam tu Kinh » formé de petites phrases de trois caractères ayant un sens moral bien défini. Ainsi l'écolier n'est pas obligé, comme chez nous, d'apprendre tout d'abord la méthode lui permettant ensuite de lire et alors de s'instruire. Il est mis dès le début en présence du caractère qui forme un tout complet concourant à la fois à son instruction. et à son éducation.

A cette méthode qui développe en lui les idées générales sur la nature et sur les devoirs qui lient les hommes entre eux, il acquiert cette petite mine sérieuse et réfléchie qui nous étonne souvent chez l'enfant annamite et aussi les formes rituelles d'une politesse extrême et pleine de gravité. L'enfant est grave en Annam parce que, dès qu'il commence à apprendre, il sait qu'il a des devoirs à remplir.

Je me souviens d'avoir rencontré des bambins de cinq ans qui après m'avoir fait les prosternations d'usage, me récitaient le Tam tu Kinh sans une faute et qui, grâce aux commentaires de leurs maîtres, pouvaient répondre à de petites questions de morale pratique.

Souvent j'ai entendu des pères de familles indigènes s'étonner de l'ignorance de leurs enfants qui avaient suivi les cours de nos écoles françaises. Je ne veux pas dire par là que notre enseignement soit inférieur, ni qu'il ne soit pas nécessaire d'introduire dans l'enseignement indigène les notions de sciences usuelles qui y font totalement défaut, mais que ce serait une erreur profonde de vouloir supprimer l'étude ancestrale de la morale de Confucius faite d'après le moyen des caractères.

Cette nécessité de maintenir l'étude des caractères a été reconnue par les esprits les plus éminents.

La supprimer serait détruire la base morale de l'existence des indigènes. Les principes qu'ils ont et qui font chez eux la famille forte, les parents respectés, l'autorité publique obéie sont puisés dans les livres de l'enseignement indigène. En apprenant à lire les premiers caractères, ils apprennent les règles fondamentales de la morale. L'étude de cet enseignement porte en lui sa propre récompense.

Il faut, dans un but facile à comprendre, éviter à tout prix que la langue des caractères devienne, par notre faute et par un « ostracisme maladroit, celle qu'on emploie à l'insu du vainqueur, comme à la dérobée, celle qui parle aux âmes de l'indépendance d'hier et des rêves d'indépendance de demain. »

Comme on l'a dit, il n'est pas bon pour aucun peuple « de se poser en ennemi de l'aristocratie intellectuelle d'un pays, mais quand cette aristocratie se recrute par la voie rationnelle et la plus démocratique qui soit, une démocratie victorieuse comme la France n'en a plus du tout le droit sous peine de se mentir à elle-même. »

Le caractère représente pour l'Annamite la fixation par un dessin de l'idée, ou mieux de la pensée. Or l'intelligence est la qualité primordiale, c'est celle qui permet, par le raisonnement et la réflexion, d'approcher de la vérité. Aussi le peuple annamite tout entier respecte-t-il l'écriture. On ne souille jamais un papier écrit. Ce serait, en quelque sorte, profaner l'esprit et la pensée humaine. On ne rencontre jamais dans les rues d'Extrême-Orient des papiers traînant le long des ruisseaux ou jetés sur la chaussée. Il y a toujours une main pieuse qui ramasse la feuille délaissée et va la déposer religieusement dans des sortes de troncs placés dans les pagodes où elle sera prise par un gardien ou un bonze pour être brûlée.

L'enseignement est libre, avons-nous vu, mais l'Etat, pour montrer sa sollicitude envers lui, a créé un système particulier et des fonctionnaires spéciaux qui relèvent du ministère des Rites. Ces fonctionnaires donnent aussi l'enseignement aux populations, leurs cours sont gratuits et les suit qui veut.

Au chef-lieu de chaque province, à côté du « Tong-Dôc » et des mandarins provinciaux, se trouve un « Doc hoc » du 4e degré, en général, docteur ès-lettres, qui professe un cours d'instruction supérieure. Les étudiants qui fréquentent l'école du « Doc hoc » sont ceux ayant déjà passé les examens annuels, ou même triennaux et qui, pourvus du grade de bachelier ou de licencié, se préparent au chef-lieu aux examens de la capitale qui seuls confèrent le « doctorat ».

Mais nul candidat n'est forcé de suivre les cours du « Doc hoc » pour se présenter à ces grands examens et ceux qui les suivent ne bénéficient d'aucun privilège particulier. L'Etat n'intervient que pour faciliter aux étudiants l'accès des examens de la capitale.

J'ai vu dans certaines provinces les cours du « Doc hoc » presque désertés, alors que certains professeurs libres avaient une suite nombreuse de disciples.

Au-dessous du « Doc hoc » il y a dans chaque phû un « giao thu » (7°,1) et dans chaque « huyên » un « huan Dao » (8°, 1) qui sont chargés dans leurs circonscriptions de distribuer l'enseignement d'après les cinq livres classiques et les thu tho qui comprennent la morale, la politique et l'histoire ancienne. Il n'y est pas question de religion qui est affaire de conscience. Sur le vrai, le bien, le perfectionnement de la raison, ces ouvrages bâtissent d'une manière solide les relations sociales, la notion des droits et des devoirs.

Dans les villages nous ne trouvons aucune école officielle ; mais des professeurs libres qui groupent autour d'eux un certain nombre d'élèves qui viennent acquérir la science philosophique des choses.

Ces maîtres d'école sont en général mariés, ce sont des bacheliers, des licenciés et même parfois des docteurs. Ils sont respectés et honorés à l'égal d'un père par tout le village pour leur savoir.

Ils ne reçoivent aucune rétribution et vivent simplement des cadeaux en nature faits par les parents des élèves. Ils sont très nombreux dans les provinces et jouissent de l'exemption des corvées et du service militaire.

On ne rencontre aucune rivalité parmi les maîtres, mais simplement une louable émulation entre les élèves de divers professeurs. Ceux-ci doivent donner l'exemple de la modestie. C'est une grande gloire pour un professeur d'avoir plusieurs élèves reçus dans les examens triennaux, et c'est là leur seule récompense.

C'est vers l'instruction que se tournent tous les lettrés comme vers la puissance magique qui doit les rendre vertueux, forts et honorés.

Il n'est pas rare de voir des vieillards, des hommes qui ont occupé les plus hautes charges publiques, qui ont été « tong doc » ou ministres, se faire sur le tard des instituteurs de pauvres villages, tant est grand le prestige moral et social qui s'attache au fait d'instruire.

Enseigner est un sacerdoce, le maître, le vieux lettré à barbiche blanche, est considéré comme un père par ses élèves ; s'il meurt, ceux-ci prennent le grand deuil de trois ans, le même qu'ils prendront à la mort de leur propre père. On lui parle avec infiniment de respect, on le traite de « thấy », ce qui se traduit par « maître » et son meurtre est assimilé par la loi au parricide.

Ce respect de l'élève envers son maître est tel que ce n'est pas s'humilier que de le pratiquer même lorsqu'on remplit les hautes dignités.

Lorsque nous eûmes capturé l'ex-roi Ham-Nghî qui vit aujourd'hui à Alger, il refusa fièrement de répondre à tous ceux qui l'interrogeaient. Son attitude hautaine, sa superbe n'avaient pu être fléchies, ni par notre courtoisie, ni par le message que lui avait envoyé le roi Dong Khanh. Or, il advint, qu'alors qu'on le reconduisait captif à Hué avec tous les égards dus à son ancienne qualité d'empereur et qu'il traversait farouche et muet, enfermé dans une dignité vraiment royale, les provinces de son ancien royaume, il rencontra sur sa route un mandarin qui avait été autrefois son précepteur. Aussitôt il vint au-devant de lui, et ce fils du Ciel, cet empereur qui avait osé et conçu le projet le plus fou et le plus téméraire, se prosterna cinq fois devant celui qui, autrefois, lui avait enseigné le plus droit chemin pour parvenir à l'éternelle sagesse.

Ces professeurs sont souvent eux-mêmes des étudiants qui cherchent à obtenir un grade universitaire supérieur à celui qu'ils ont.

La vie du lettré, de l'étudiant, doit être toute d'honnêteté et de morale appliquée. La loi punit ceux qui ont une conduite dissipée, qui s'adonnent à l'ivresse ou aux plaisirs et négligent les avertissements de leur maître ou ceux encore qui profitent de leur supériorité de savoir pour ne pas observer les règles de leur condition et qui fréquentent les prostituées, se livrent au jeu, hantent les tribunaux, s'immiscent dans les procès, se posent en intermédiaire et portent les paroles et l'argent de la corruption.

L'étudiant doit avoir une dignité de vie exemplaire. Comme le prêtre qui doit être pur pour s'approcher de l'autel et du saint mystère, l'étudiant doit être pur pour mériter de connaître les nobles préceptes et les généreuses pensées des maîtres.

Ils étudient pour trouver dans l'étude une satisfaction personnelle. Bien peu de ceux qui se présentent au concours ont l'espérance d'une charge publique rétribuée, venant récompenser leur labeur et leurs études.

« Cette récompense, ils la trouveront en eux-mêmes, dans l'hommage rendu à l'une des plus grandes traditions de leur esprit, celle dont a vécu le cerveau des ancêtres et l'âme nationale. » On est souvent, en Annam, étudiant toute sa vie.

Je me souviens d'avoir reçu un jour un beau vieillard de 78 ans qui venait m'informer, afin que je l'inscrive sur le rôle particulier des mandarins, qu'il avait été reçu bachelier cette même année. Bachelier à 78 ans ! Il y avait là quelque chose de touchant et de profondément respectable, et j'ai parlé à ce vieillard avec une véritable vénération. Il pouvait maintenant mourir content. Il avait connu le retour triomphant dans le village, la joie de posséder le beau brevet de bachelier scellé de l'empereur, et ses yeux de philosophe et de sage pourraient se clore à jamais en emportant la radieuse image d'un rêve enfin réalisé.

***

Pour parvenir à obtenir ces grades de bachelier, de licencié et de docteur qui ouvrent les carrières administratives et le mandarinat, il faut subir les concours.

Toute une organisation particulière est instituée et les concours s'étagent comme les titres.

Dans chaque province tout d'abord, il y a tous les ans un concours qui a pour but d'effectuer un premier classement entre les candidats en vue du concours triennal. Ce premier concours ne confère aucun titre, il exempte simplement les premiers, pendant un an, de l'impôt personnel et des corvées.

Au dessus se tiennent les concours triennaux qui ont lieu dans quelques centres universitaires tels que Nam Dinh, Thua Tien. Ils sont présidés par une commission de mandarins nommée par décision royale et composée d'un président, de deux vice-présidents et de correcteurs. Les étudiants sont enfermés dans un vaste enclos qui prend le nom de « camp des lettrés » et ne peuvent en sortir qu'à la fin des épreuves. Les étudiants se répartissent par groupes, suivant les provinces, et forment quatre sections qui se présentent aux quatre portes du camp. Là, ils sont fouillés par des soldats, ensuite ils prennent la place qu'on leur désigne. Ils peuvent se faire accompagner d'un domestique qui dressera une petite tente pour les abriter pendant la durée du concours.

Ils sont tous munis d'un cahier de papier blanc portant une fiche indiquant le nom, l'âge et le domicile et un caractère distinctif. Le président de la commission déchire la fiche et vise le cahier.

Les concours durent environ de huit à quinze jours.

Chaque composition est donnée le matin, le sujet est inscrit sur une haute tablette qui rappelle nos indicateurs des champs de course. La composition doit être terminée à minuit. Quelque temps avant la fin, le gong résonne sans interruption pour inviter les candidats à se dépêcher, puis les surveillants, au coup de minuit, passent à travers les rangs des candidats et apposent sur le dernier caractère qui vient d'être écrit un cachet spécial.

On corrige ensuite les compositions et on proclame les reçus en rapprochant la fiche déchirée du papier ayant servi à l'étudiant. Les premiers sont reçus « tu tai », licenciés, ceux qui ont des compositions moins bonnes bachelier ou « cu nhon ». Sur 12.000 candidats, il y a 12 à 15 licenciés et 200 à 250 bacheliers, le reste est refusé.

Enfin, au-dessus de ce concours se place le concours qui a lieu à Hué en vue de l'obtention du titre de « tien sĩ » docteur, et auquel ne peuvent prendre part que les licenciés et les bacheliers.

Les mêmes précautions sont prises pour éviter la fraude. Afin même de ménager la parfaite indépendance des examinateurs, les compositions sont recopiées par d'habiles copistes. Le roi donne souvent lui-même un des textes des sujets à traiter.

Cet examen confère le titre de docteur ou d'agrégé. Les agrégés, les « pho bang », sont ceux qui n'ont pas été jugés dignes d'être reçus docteurs, tout en ayant présenté un travail remarquable. Dans le titre de docteur, de « tien sĩ », on trouve même deux degrés, suivant la force du candidat, ces degrés se divisent eux-mêmes en cinq mentions particulières. Etre reçu docteur avec la mention de « trâng nguyen » est un fait exceptionnel qui ne se rencontre pas toujours durant tout un règne. Il n'y a pas dix trâng nguyen, c'est-à-dire « inscrits en lettres d'or » dans tout l'Annam.

Tel est le mécanisme rapidement exposé du fonctionnement des concours en Annam.

J'emprunte à l'ouvrage de M. Baille, qu'il faut toujours citer en ces matières, la description d'un de ces examens de lettrés :

Ces examens sont marqués par de grandes fêtes qui prouvent quelle place ils ont conquis dans les mœurs publiques. Il ne s'agit pas, en effet, d'une simple solennité universitaire, mais bien du fonctionnement d'une véritable institution politique.

La seule source à laquelle aille, on le sait, s'alimenter l'oligarchie administrative est là et point ailleurs. A y regarder de près c'est un mode de recrutement qui en vaut bien un autre.

Les épreuves, au nombre de cinq, ont toutes trait à la littérature et à la philosophie.

A proprement parler, les candidats sont en loge, c'est-à-dire qu'ils sont chacun dans une petite paillotte étroite et solitaire, sans autre aide que leur mémoire ou les inspirations bienveillantes de Bouddha. Des soldats royaux, armés de lances, jouent le rôle de maîtres d'études et veillent à ce qu'aucune communication ne puisse s'établir. La consigne est fort sévère et fort sévère aussi serait la punition de celui qui l'oublierait.

Etroitement blottis et repliés sur eux-mêmes, le pinceau de bambou à la main, silencieux et rêveurs, les candidats travaillent.

Il se passe souvent, et cela fait singulièrement honneur à l'indépendance des examinateurs, que des fils de hauts mandarins soient refusés.

La conscience, en pareille matière, paraît être aux juges l'accomplissement d'un véritable devoir d'Etat.

Chacune des cinq compositions est corrigée aussitôt qu'elle a été faite et tout candidat déclaré non admissible n'est pas admis à subir les épreuves suivantes. Il se produit donc une sélection rapide qui éclaircit les rangs des candidats.

Parmi les règles auxquelles les concurrents doivent se soumettre, il en est une curieuse qui mérite d'être signalée, puisqu'elle apporte en elle son enseignement politique.

Il est expressément défendu d'écrire dans leur entier les caractères des noms d'ancêtres ou de temples royaux. Celui qui se serait rendu coupable de ce délit d'irrévérence, non seulement serait exclu immédiatement, mais encore serait condamné à 50 coups de rotin.

Les caractères défendus sont affichés la veille de la première composition pour que nul n'en ignore.

En outre, deux candidats dont les compositions contiendraient une phrase identique seraient de droit exclus du concours et réputés s'être copiés l'un sur l'autre.

On propose un certain nombre de sujets et chaque candidat en doit choisir et traiter au moins deux.

En voici quelques-uns dont plusieurs se rapprochent singulièrement, après tout, de ceux qui sont proposés dans les cours de philosophie de nos lycées.

1) Un vrai philosophe doit s'occuper de l'art de gouverner.

2) La morale du peuple dépend de celle du chef de l'Etat.

3) Description de la cérémonie des sacrifices offerts par le roi à ses ancêtres, à la saison d'automne.

4) La fidélité et la générosité nous écartent bien peu de la vertu.

5) Celui qui aime sincèrement la vertu la met au dessus de toutes choses.

6) Y a-t-il réellement des récompenses célestes pour le bien et des châtiments pour le mal ?

Il y a aussi une épreuve qui consiste dans une phrase de prose à mettre en vers.

Voici un sujet qui a été donné et qui est fort joli :

« Il faut toujours supposer, quand on sort de chez soi, qu'on va au-devant d'un honnête homme. »

La proclamation des résultats du concours a lieu avec une grande solennité.

Des sièges de gala, si élevés qu'on y accède par de véritables échelles, sont préparés pour les personnages de marque.

A côté du haut de l'estrade un crieur jette à la foule les noms des élus : « Ngugen van Nam, né à..., licencié ». Ce dernier se détache alors et va prendre place dans un groupe séparé. Lorsque le groupe est complet, on fait entrer tous les candidats admis dans une salle spéciale et c'est là seulement qu'on leur distribue les petites bottes à semelles de feutre et le bonnet, qui deviennent, avec la robe bleue, leurs signes universitaires et leurs emblèmes distinctifs.

Ne nous y trompons pas, ces hommes, que nous venons de voir conquérir leurs diplômes par des moyens d'apparence si naïve, seront de fins politiques, des diplomates de premier ordre, des gouverneurs de province excellents, des administrateurs avisés, des juges qui en vaudront bien d'autres. Ils seront pour la plupart experts dans l'art de gouverner leurs semblables. Qu'une révolution éclate, qu'un grand bouleversement se fasse et ces mêmes hommes se jetteront dans la brousse, ils tiendront campagne et ils feront des fortifications militaires, devant lesquelles nos officiers eux-mêmes seront obligés de réfléchir et de s'arrêter longtemps.

De cet ensemble de considérations, il résulte qu'on ne peut en imposer à ce peuple que par l'intelligence, le mérite et une rectitude de vie exempte de tout reproche. L'appareil de la force, la pompe des uniformes n'ont aucune prise sur ce peuple de lettrés, toujours prêt à saisir les travers et les ridicules et qui, grâce à cette

acuité d'analyse qui est dans tous les pays du monde la
revanche de l'esprit contre la force et la suprême ressource du faible, fait basculer votre prestige dans le
ridicule par la raillerie.

***

Lorsqu'il s'agit du concours de la capitale, des courriers sont expédiés dans les provinces pour apprendre
aux populations les noms des lauréats. La province qui
a l'honneur de posséder un candidat reçu doit envoyer
à sa rencontre une escorte spéciale qui l'attend à la
limite du territoire. Le village d'origine du lauréat
vient tout entier le recevoir et le reconduit entouré d'é-
tendards, de bannières, de joueurs de flûtes et de gongs
jusqu'à la pagode communale. La joie est générale, les
notables se prosternent devant le brevet royal, les vieillards eux-mêmes font les laïs à l'heureux candidat,
gloire de son village. Autrefois des paris s'ouvraient
entre différentes communes et on cotait le candidat
favori comme chez nous un cheval de course.

Tout cela montre quel prix les Annamites attachent
à l'enseignement. Nos gouverneurs, nos administrateurs ne s'y sont pas trompés. Paul Bert aimait à se
souvenir, devant les mandarins, qu'il était membre de
l'Institut. M. Beau, gouverneur général de l'Indo-
Chine, a rappelé dans le grand discours qu'il a pro-
noncé à l'ouverture de la session du conseil supérieur
de l'Indo-Chine, en 1905, le rôle dévolu en Annam à
l'éducateur.

Je ne pourrai mieux conclure qu'en citant la remarquable péroraison de ce discours.

« Les fonctionnaires français doivent être une élite. Ils doivent posséder une culture aussi développée que possible. Il faut que ce pays, qui a toujours été dirigé par la classe lettrée, reconnaisse chez ceux qui le gouvernent aujourd'hui une instruction et une éducation supérieures. C'est à ce prix que le protecteur peut obtenir du protégé le respect que celui-ci lui doit. Le respect n'est plus alors l'acte de contrainte imposé au plus faible au nom d'une prétendue supériorité de race, mais l'hommage spontané de la déférence, qu'une tradition toujours vivante dans les pays d'Extrême-Orient impose comme un devoir social à l'élève envers le maître qui l'a instruit. »

CHAPITRE VII

LE DROIT ANNAMITE

En exposant l'organisation et le fonctionnement de
la justice annamite, on touche à un des sujets qui ont
soulevé, en matière de colonisation, les plus âpres
controverses. On n'ignore pas que c'est là une des matières qui a toujours préoccupé l'attention du gouvernement et même de l'opinion publique.

Je vais m'efforcer de montrer cette justice annamite
telle qu'elle se trouvait exercée avant notre arrivée en
Indo-Chine. Si parfois, au cours de ce chapitre, il
m'arrive de justifier des procédés indigènes qui nous
paraissent odieux, il ne faut pas en déduire que je sois
un admirateur intransigeant. Je veux simplement exposer comment certaines lois trouvent une explication
dans les mœurs du peuple. Il y a loin de ce travail de
commentaire à une approbation sans réserve.

Je pense au contraire, ainsi qu'on l'a dit, qu'entre
« l'enthousiasme de l'ignorance, qui consiste à décréter
de Paris, européens, des peuples que de longs siècles
ont fait jusqu'à nos jours asiatiques, et le dilettantisme
qui pousse le respect des institutions indigènes jusqu'à

interdire à la nation protectrice d'en être autre chose que l'observateur désintéressé, il y a place pour une politique utilement protectrice qui prend la peine d'étudier d'abord l'histoire et la vie de ses protégés et d'étayer ainsi son influence sur la science qui respecte dans ce qu'elles ont de respectables les traditions et les coutumes chères à tous les peuples (1). »

Il faut, en matière de justice surtout, laisser au temps le soin de faire évoluer.

La justice indigène actuelle ne désigne pas une justice inférieure par rapport à la nôtre, elle désigne simplement une justice affectée au service de nos protégés, en tenant compte de leurs lois, des coutumes et des mœurs.

« Les lois civiles annamites sont des plus sages et sont encore appliquées aux indigènes dans tout le pays annamite, même par les magistrats français sur les territoires cédés à la France. Les lois pénales contiennent aussi des dispositions remarquables, notamment celle du sursis. Mais à côté de cet effort de justice et d'un dosage assez ingénieux des peines, la loi et les mœurs admettaient certains procédés qui sont nettement incompatibles avec notre présence en Indo-Chine. Dans les pays de protectorats, c'est la loi indigène que l'on applique, mais contrôlée par nos administrateurs et par nos magistrats et débarrassée de ses dispositions barbares. Ajoutons que pour le plus grand bien d'une meilleure distribution de la justice, les magistrats français se spécialisent de plus en plus dans les ma-

(1) Lalaun, l'*Indo-Chine*.

tières indochinoises et qu'on leur impose l'obligation de la connaissance de la langue du pays. »

J'ai tenu, avant d'aborder l'étude de la justice annamite pure, à indiquer les modifications humanitaires que notre administration y a apportées et à déclarer aussi que, malgré le vif intérêt que j'ai pour tout ce qui touche à ce peuple annamite, je ne puis approuver toutes ses lois. On voudra bien, lorsque j'essaierai de les justifier, voir dans ce fait plus une explication qu'une conviction.

***

Le pouvoir de punir appartient en Annam à la même autorité que celui de récompenser. Le principe de l'unité d'autorité s'affirme surtout lorsqu'on étudie la justice. La séparation des pouvoirs administratif et judiciaire est inconnue et comment pourrait-il en être autrement ! Le mandarin exerce son autorité en vertu d'une sorte de délégation permanente du souverain. Or, celui-ci réunit en lui tous les attributs de la puissance. Son émanation, le mandarin, doit, comme lui, résumer tous les pouvoirs. Mais si aucun frein, si aucune barrière n'était mise à l'exercice de cette autorité, il n'y aurait plus de différence entre l'Empereur lui-même et ses représentants. C'est pourquoi et afin de garantir la liberté individuelle de tous ses sujets, le souverain a interdit à ses mandarins de disposer de cette liberté individuelle sans qu'on lui en rende compte.

Toutes les sentences entraînant la privation de la

liberté doivent être soumises au roi qui les approuve ou les modifie.

Sous l'influence des principes de l'éducation morale et sociale de Confucius, le peuple annamite a toujours fait grand cas de la liberté individuelle. Le peuple a conquis, avec cette lenteur inhérente à tous les peuples agriculteurs d'Extrême-Orient, une liberté toujours plus grande. Les modifications apportées aux lois ne se sont faites que doucement sous la pression des mœurs nouvelles. Aucune révolution, mais de patientes évolutions qui ont peu à peu modifié la société, puis les principes directeurs eux-mêmes de la vie sociale. Ces principes découlent d'un modèle unique qui dès le début a placé à son point presque de perfection les institutions du pays. Ce modèle c'est la morale politique de Confucius. Mais si dans son essence, la politique du grand philosophe est restée la même, elle a dû toutefois se plier aux exigences des temps nouveaux et faire disparaître tout ce qui gardait encore trop l'empreinte des siècles passés. C'est une erreur de croire que le peuple annamite soit toujours resté cristallisé dans une forme définitive. On n'a pour se convaincre du contraire qu'à lire la belle préface, écrite par l'empereur Gia Long, au code annamite.

Remarquons en passant qu'on trouve dans cette superbe page la théorie de Rousseau sur la bonté primitive des hommes.

« Nous pensons que les sages qui nous ont précédé en ce monde avaient certainement des lois pour punir comme pour récompenser, et cela était indispensable, tant à cause des désirs à réprimer que des nombreuses affaires à régler en ce monde. Sans un code de punitions comment le peuple pourrait-il recevoir l'instruction? Comment serait-il ramené à la vertu? Nos ancêtres disaient : La punition est la gardienne des choses de ce monde; pourrait-on dire que cette opinion est vaine? Or le code est le régulateur de la punition. Dans l'ancien temps on se bornait à discuter les causes, et, pour en arriver à la conciliation, on n'avait pas besoin de venir au châtiment.

« Est-ce à dire que le châtiment n'avait pas sa raison d'être! Non, certainement; mais c'est que le peuple était bon; il surgissait peu d'affaires et l'on pouvait mettre de côté les quelques peines qui existaient; mais la suite des temps et les saines coutumes perdues ont amené le peuple à transgresser de plus en plus le bien: cela a enfin rendu la peine insuffisante et les articles du code encore plus insuffisants. C'est pourquoi il a fallu de toute nécessité augmenter les articles du code.

« *Les mœurs de l'empire n'étant plus les mêmes*, un code nouveau est devenu indispensable.

« Les dynasties précédentes du royaume d'Annam ont eu chacune leurs lois et leurs règles jusqu'à la révolte des Tay Son qui, ayant renversé toutes lois et règlements, a amené l'injustice et l'oubli de tout devoir; si donc à une pareille époque de confusion le code est incomplet, la punition ne pourra plus suffire; s'il y manque quelque partie essentielle comment pourra-t-on le comprendre? Le peuple ignorant ne pourra pas se garder de ce qui est mal et les mauvais sujets agiront avec impunité.

« Combien alors il sera difficile de juger une cause

quand on n'aura pas de termes de comparaison, pas de guide pour rendre une sentence; n'y aura-t-il pas alors des injustices contre lesquelles on ne saurait réclamer?

« Notre cœur bienveillant et humain ne peut tolérer un pareil ordre de choses; c'est pourquoi, mettant notre confiance en la protection de nos ancêtres, nous espérons ramener la paix et nous voulons avant tout convertir au bien l'esprit du peuple. C'est là le travail dont nous tenons en nos mains et la chaîne et la trame.

« A ces causes, nous avons porté toute notre attention à déterminer les peines et châtiments; nous avons lu et relu les codes de justice des générations qui nous ont précédé, nous avons surtout étudié les codes de Li, de Tran, et de Lê qui ont servi d'âge en âge jusqu'au règne de Hong Duc. Nous avons également étudié les codes de l'empire chinois, ceux des dynasties des Han, des Tang, des Song, des Minh.

« Nous avons examiné en quoi diffèrent ces codes les uns des autres jusqu'à la dynastie actuelle des Tsin. Nous avons donné l'ordre à de hauts mandarins d'examiner les divers codes avec la plus scrupuleuse attention et de réunir ceux de Hong Duc et des Tsin, afin d'y prendre ce qui paraît utile, d'en rejeter ce qui semble inutile, et de former ainsi un volume qu'après avoir nous-même examiné nous avons livré à la publicité du monde, de sorte que l'on sache ce qui est permis ou défendu, et que nos lois et règlements, clairs et évidents comme la lumière du soleil et de la lune, ne soient obscurs nulle part et que chaque article, aussi facile à saisir que l'éclat de la foudre, ne puisse être transgressé par personne sans une parfaite connaissance de cause. Chaque mandarin devra connaître clairement les lois renfermées dans le code ; le peuple ignorant les connaîtra aussi, et ainsi il tâchera de ne pas se rendre coupable ; le peuple alors, changeant de conduite, retournera au bien et le *châtiment fera place à l'éducation*. Le crime n'existant plus, le tribunal devient inutile et le châtiment disparaît.

« Comment pourrions-nous ne pas espérer, ne pas attendre ce jour où le présent code deviendra inutile ? »

J'ai tenu à citer en entier cette belle préface de l'empereur Gia-Long. Sous les imperfections forcées de la traduction on y reconnaît quand même une haute philosophie. Elle résume les idées les plus chères aux gouvernements annamites. Elle fait appel aux conseils des ancêtres.

Elle montre les sources auxquelles le législateur a puisé. Elle nous éclaire singulièrement sur les évolutions précédentes de la nation annamite. Enfin si elle rappelle les temps heureux où le crime était inconnu, elle indique aussi l'espoir en une évolution ascendante vers le bien. Comme Bacon qui plaçait l'âge d'or dans l'avenir lointain, l'Empereur Gia Long évoque une ère nouvelle, une ère de bien où le temple de la justice, devenu inutile, verra ses portes closes à jamais. C'est vers cet avenir souriant qu'il s'efforce de conduire son peuple par des lois sages et prudentes et par l'enseignement. Avouons que nous n'osons pas sourire de ce beau rêve. N'avons-nous pas au cœur, nous occidentaux, le même désir, et n'essayons-nous pas par des procédés analogues de réaliser cette chimère, toujours fuyante, qui brille quand même devant les yeux de tous et vers laquelle l'humanité tend vainement les bras ?

Pour réaliser ce programme le code annamite, les ordonnances royales qui forment la base du droit indigène et les jugements ayant créé jurisprudence, sont tous orientés vers trois conditions essentielles ayant pour but de rendre le peuple meilleur.

Ces règlements ont trois caractères principaux : d'abord ils tendent au développement agricole du pays. Nous étudierons cet aspect bien particulier du droit annamite dans le prochain chapitre.

En second lieu le législateur a cherché par tous les moyens à éviter les procès. Le peuple annamite est très processif. Il tient ce penchant à la chicane de son caractère agricole.

Aussi nous voyons la profession d'avocat interdite et poursuivie par les lois. Nulle intervention étrangere au procès n'est admise ni en dehors ni dans le prétoire.

Les agents d'affaires qui provoquent les procès sont traqués et punis de la même peine que la partie condamnée, diminuée seulement d'un degré. D'ailleurs les parties ont toutes les garanties possibles pour être assurées d'obtenir une bonne justice. Un jugement privatif de la liberté n'est définitif, nous le savons, qu'après avoir été approuvé par le roi, cette approbation constitue une sérieuse garantie contre l'arbitraire du juge et pour la bonne application de la loi.

Le fonctionnaire est intéressé à juger selon le droit et l'équité car toute sentence qu'il aura rendue et qui aura été revisée par le souverain entraînera pour lui une punition.

Cette façon de procéder, qui établit la responsabilité personnelle du magistrat, ne diminue nullement son indépendance, mais elle sollicite son attention vers l'intérêt d'une bonne justice. La justice est en Annam absolument gratuite et entendons-nous sur ce terme. Il n'est pas question d'une gratuité de principe comme en France où la justice est gratuite mais où les frais de procédures sont fort onéreux. Il s'agit bien là-bas d'une gratuité absolue, complète. On comprend alors qu'avec une telle facilité les procès soient nombreux. Il a donc fallu, pour endiguer cet esprit processif, que le législateur édicte une série de peines contre les plaintes calomnieuses, c'est-à-dire non fondées ou mensongères.

Mais si le plaignant est enserré dans les règles étroites du code, il n'en est pas tout à fait de même du juge qui peut toujours apprécier l'acte du demandeur et faire preuve d'équité. L'équité fait souvent place à la justice en droit annamite qui est avant tout un droit humain où palpite à chaque article le désir du bien public.

Nous ne pouvons pas parler de cette gratuité de la justice sans nous arrêter un instant à cette fameuse prévarication des mandarins. La corruption du juge indigène a été un thème sur lequel on a bâti bien des exagérations. Vous venez de voir qu'il est bien difficile de rendre des sentences contraires aux lois. Sur quoi donc s'est-on basé pour accuser de prévarication le magistrat ?

En réalité la justice vaut ce que valent les juges.

Nous avons été mis au début de l'occupation en face de mandarins de fortune qui n'avaient pas reçu la forte éducation des mandarins de carrière. Aucune autorité n'était alors obéie et respectée et chacun était le maître dans sa circonscription. En outre les lois nombreuses contenues dans le code annamite contre le délit de corruption ont pu faire inférer aux premiers arrivants d'une justice continuellement prévaricatrice.

Enfin le juge indigène reçoit en effet des épices. Ces épices données de grand cœur par les parties sont d'ailleurs de mince valeur; un régime de bananes, un poulet, quelques ligatures.

Il n'y pas là de quoi troubler la conscience du juge qui reçoit d'ailleurs des cadeaux équivalents des deux parties. Avant la révolution nous avions aussi un régime analogue et ce n'est pas contre le fonctionnement régulier de cette justice, mais contre les juridictions d'exception, que se sont élevés nos ancêtres.

Ces épices, il faut le répéter, ne constituent pas une charge pour les plaignants et on ne peut comparer leur valeur, une piastre ou deux, aux frais de notre procédure et aux provisions de nos avocats.

Enfin nous verrons que la corruption est d'autant plus difficile à pratiquer en Annam qu'il y a toute une hiérarchie de juridictions qu'on peut suivre pour arriver même au jugement du souverain.

Le troisième caractère du droit annamite (1) est d'être avant tout un droit pénal. Toutes les affaires, quelle que soit leur importance, qui sont portées devant

____

(1) Il est entendu que nous comprenons par le mot *droit*, non une entité préétablie mais bien la conséquence de la vie sociale du pays.

le premier degré de juridiction, c'est-à-dire devant le « huyên », sont considérées comme des affaires criminelles.

Ainsi les affaires purement civiles sont en général d'abord jugées en conciliation par le chef de famille, par les notables du village, par le chef de canton. Mais si les parties non satisfaites de ces décisions portent l'affaire devant le tribunal du « huyên », l'affaire civile se transforme en affaire criminelle. Nous retrouvons ici le souci d'empêcher les procès en aggravant le caractère des peines encourues.

Si une partie devant le « huyên » refuse de se soumettre au droit qui leur a été lu par le « huyên » lui-même, il en résulte que cette partie prétend que la partie adverse a commis envers elle un délit, dont la nature variera suivant celle de l'objet litigieux, suivant la nature des droits attachés à cet objet. On accuse donc la partie adverse d'avoir violé un droit que l'on revendique, on poursuit la punition et la réparation de cette violation. Or cette accusation, il faut la prouver sous peine d'être puni, soit pour plainte non fondée, soit pour calomnie, soit pour tout autre délit expressément prévu par la loi pénale.

Sans aller plus loin, constatons encore que le législateur indigène et la population avec lui, grâce aux mœurs particulières de la race, ont pu établir une théorie de la peine qui constitue un idéal que nous cherchons encore à atteindre.

Le droit pénal a un caractère particulier ; il est avant tout un résultat des mœurs et par suite il est continuellement en évolution et en marche. A ce point

de vue on peut dire que le droit pénal annamite est parfaitement adéquat à la mentalité indigène. La peine
en Annam ne conserve pas ce caractère infamant
qu'elle revêt en Europe pour celui qui l'a subie. Elle
n'est pas un châtiment, elle est une expiation qui lave
complètement la faute. Elle ne marque pas de son
sceau indélébile celui qui la supporte. Elle le réha-
bilite au contraire. La peine accomplie la faute a disparu, elle n'existe plus et la société tout entière ne
fait pas de différence entre l'homme qui a payé sa dette
et celui qui n'eut jamais aucune défaillance. Pouvons-
nous nous vanter d'avoir atteint ce degré de perfection ?
Pouvons-nous dire en toute conscience que l'homme
qui sort de prison se trouve par ce fait innocenté ? Ne
deviendra-t-il pas au contraire une sorte de paria de la
société ? Voilà pourtant ce qu'on ne voit pas en Annam
et il faut rendre hommage à un peuple qui a su placer
si haut la belle théorie du rachat de la faute, par l'accomplissement de la peine.

La loi annamite dans l'échelle de ses peines prévoit
des peines corporelles. Il y a dans ce fait pour nous
Français une idée intolérable, que notre domination
ne pouvait supporter. Nous avons sur le sentiment de
la dignité humaine une notion telle qu'un châtiment
corporel renferme à nos yeux quelque chose de dé-
gradant.

Récemment encore un décret a supprimé les châtiments corporels en Indo-Chine. Cette mesure était né-
cessitée par des incidents retentissants et fort regret-
tables où malheureusement la responsabilité des abus
ne remontait pas à des juges indigènes, mais à des

Européens. C'est donc plus encore pour ceux-ci que pour l'indigène, qu'a été pris ce récent décret. Je crois devoir toutefois, avant d'énumérer l'échelle des peines du code annamite, déclarer que beaucoup parmi elles n'étaient plus appliquées dans la pratique depuis long-temps avant notre arrivée dans le pays.

N'ayant pas été expressément rapportées par le législateur, certaines de ces dispositions, disons barbares, étaient toujours inscrites dans la loi, comme le témoignage d'un autre âge et d'une société disparue. Elles étaient reléguées dans l'arrière-fond de l'attirail juridique et personne, aucun mandarin n'aurait osé leur montrer le grand jour du prétoire. Analogue à ces lois anglaises qui restent encore de nos jours en vigueur et que les usages ont fait pourtant entrer dans l'oubli. Il y a peu d'années encore un plaignant anglais facétieux ne demanda-t-il pas à son juge de remettre sa cause au combat singulier, au jugement de Dieu. Il fallut renvoyer le jugement et faire décréter dans l'intervalle l'abrogation de cette loi moyenâgeuse.

Dans l'antiquité, les cinq peines étaient en Chine et en Annam; la marque au visage, l'ablation du nez, l'amputation du pied, la castration et la mort.

Au fur et à mesure que les mœurs se sont adoucies, ces horribles supplices ont été remplacés par l'exil, la prison avec travail pénible, le trúóng (coups donnés avec un gros bâton) et le rotin. La mort seule est restée comme chez nous le châtiment suprême. Le trúóng lui-même peu à peu a disparu, son application s'est faite de plus en plus rare et on ne l'appliquait plus à notre arrivée en Cochinchine. Le rotin est resté jusqu'en 1899 la dernière des peines corporelles.

Chacune de ces mesures répressives est graduée en vue de son augmentation ou de sa diminution. Il y a bien entendu gradation ascendante entre la gravité de la faute et le châtiment appliqué qui va du rotin à la mort en passant par le « trúóng », la prison et l'exil (Disons une fois pour toutes que notre administration a converti en prison la peine du rotin et du trúóng).

Dans l'échelle des peines, l'application du rotin est la première que l'on rencontre. Elle comportait cinq degrés s'étageant de 10 coups à 50 coups de rotin ; chaque dizaine formant un degré.

Le rotin, ainsi que son nom l'indique, était appliqué avec une tige flexible de rotin et administré sur les fesses. La peine une fois subie, le délinquant venait se prosterner devant le mandarin, et tel un enfant devant son père, le remercier de l'avoir corrigé. Les femmes enceintes ne subissaient aucune peine corporelle, mais elles ne perdaient rien pour attendre et 100 jours après l'accouchement elles devaient recevoir le châtiment qu'elles avaient mérité.

Le « trúóng » est un gros bâton ; cette peine comme la précédente avait cinq degrés allant de 60 à 100 coups par dizaine.

La troisième peine que l'on rencontre c'est celle de la prison. Elle comportait aussi cinq degrés et chacun de ces degrés devait être précédé de la peine du trúóng. Ainsi une condamnation à un an de prison entraînait l'application de 60 coups de trúóng ; un an et demi, 70 coups ; 2 ans, 80 coups ; 2 1/2, 90 coups et 3 ans, 100 coups.

La prison n'était donc jamais infligée pour une durée supérieure à 3 ans.

Il y a quelques cas pourtant où le juge infligeait jusqu'à 5 ans de prison. Ce terme de 5 ans n'était jamais dépassé. Le législateur admettait très bien que la peine d' mort pût être remplacée par 5 ans de prison ; car il estimait que les forces humaines ne pouvaient aller au delà de cette limite. De fait, la prison ou « Dô » était une peine véritable. Le prisonnier ne restait pas enfermé, mais il était employé aux travaux les plus pénibles, aux terrassements et au curage des canaux. Il n'était pas nourri par l'Etat, sa famille ou à son défaut la collectivité du village assuraient son entretien. On n'a pourtant jamais vu un prisonnier abandonné et sans ressource. Cette peine était subie dans la province où se trouvait le domicile du condamné. Cette limitation à 5 ans de la peine résulte d'une observation sérieuse et fondée sur une longue expérience. Au-dessus de la prison nous trouvons l'exil qui comprenait 3 degrés et qui était toujours précédé de 100 coups de trüóng.

Le premier degré de cette peine est l'exil à 2000 lỳ. La lỳ est une mesure de distance bien difficile à apprécier. Les Annamites définissent le lỳ : la distance qui vous sépare d'un buffle qu'on aperçoit dans la plaine, gros comme un homme. Le 2e degré de l'exil consiste dans l'exil à 2.500 lỳ et enfin l'exil à 3.000 lỳ forme le 3e degré.

L'exil est toujours perpétuel.

Quand on sait combien l'Annamite est attaché à son foyer, au village dont il est citoyen, qui contient les tombeaux de sa famille, on comprend quelle terreur devait s'attacher à cette peine perpétuelle. Ainsi pour toujours les condamnés seraient emmenés sur les confins de l'Empire, peut-être dans des pays montagneux où « *l'eau est mauvaise* », en contact avec ces peuples étrangers, qu'ils traitent de barbares ; et jamais, jamais ils ne reverraient la pagode communale si accueillante les jours de fêtes ; jamais à la saison d'automne ils ne pourraient parer les tombeaux où dorment les aïeux. Tout au plus pourraient-ils furtivement emporter avec eux les tablettes de l'autel des ancêtres devant lesquelles les jours d'anniversaires dans leur exil, ils pourraient encore brûler les minces baguettes d'encens et se prosterner.

L'exilé était libre une fois arrivé au lieu où il devait subir sa peine, mais il ne devait pas s'évader de cette circonscription sous peine de servitude militaire et de 100 coups de trúóng.

Ici nous rencontrons ce souci du législateur d'une expansion agricole de la race toujours plus grande.

Cette peine de l'exil, il en tire profit pour étendre le développement agricole de l'Empire, pour donner plus d'homogénéité à la race en mêlant les hommes du sud à ceux du nord et inversement, pour réhabiliter le coupable par l'initiative personnelle et le travail.

L'exilé fondait un village, on lui donnait des terres, des buffles, des outils de travail. S'il était seul coupable de l'acte ayant entraîné l'exil, la loi exigeait tout de même que sa femme et ses concubines le suivissent. Dans d'autres cas la loi ordonnait à la famille tout entière du coupable d'être exilée avec lui. Les ascendants avaient même la faculté de suivre le condamné, il en était de même des enfants.

N'y a-t-il pas là de la part du législateur une disposition très sage. Voyez aussi combien peu est onéreux pour l'Etat son système pénitentiaire et quel rendement il produit pourtant. Il régénère le coupable par le travail, il peuple l'Empire dans ses régions déshéritées. Grâce à ces sages dispositions avant notre arrivée le peuple annamite était en train, tout doucement, sans bruit, et par la seule force de son expansion, de s'assimiler le Cambodge. Notre intervention et nos règlements ont mis un frein à cette marche envahissante.

Enfin au-dessus de ces quatre peines se dressait la peine suprême : la mort. L'esprit classificateur des extrêmes orientaux a trouvé moyen de hiérarchiser la mort. En allant du moindre au pire, si l'on peut dire qu'il y ait un moindre en cette matière, la mort était plus ou moins aggravée s'il s'agissait de la strangulation ou de la décapitation.

Autrefois un degré s'ajoutait à ces deux supplices, on avait recours, pour les crimes atroces, à la *mort lente*. On mettait dans un sac un certain nombre de couteaux sur chacun desquels était écrit la désignation d'un membre ou d'une partie du corps. L'exécution se poursuivait alors selon les hasards de cette horrible loterie et pouvait durer fort longtemps. Ce supplice odieux n'a pas été appliqué depuis très longtemps. Je le cite à titre documentaire. Et il est certain que si nous cherchions dans notre droit coutumier du Moyen Age, nous rencontrerions des pratiques aussi cruelles.

La peine de mort par la décapitation était la plus infamante parce que la tête était séparée du tronc. L'entité individuelle immatérielle ne pouvant pas alors se reconstituer au delà de la mort pour poursuivre ses migrations et se réincarner, l'âme errera éternellement. Il y a là une influence religieuse directe émanant du Bouddhisme qui a été la cause de cette aggravation.

La peine capitale était prononcée avec ou sans sursis. Bien avant notre loi Bérenger, depuis des siècles, les Annamites connaissent cette disposition humaine : le sursis. Avouons toutefois, qu'en ce qui concerne la peine capitale, le sursis doit faire naître au cœur du condamné une effroyable angoisse que notre nervosité occidentale ne pourrait, semble-t-il, soutenir.

Quand il y avait sursis, le coupable restait étroitement surveillé jusqu'aux assises d'automne qui avaient lieu à la capitale. La chambre suprême de justice, le « Tam Toá » ou « Tóa pháp » se réunissait et examinait toutes les condamnations de cette nature. Elle proposait au roi la prolongation du sursis ou l'exécution.

En fait après plusieurs sursis la peine était en général commuée soit en celle de cinq ans de prison ou travail pénible, soit en celle de la servitude militaire. En cas de refus d'un nouveau sursis l'exécution avait lieu immédiatement après l'ordre du roi.

L'exposition de la tête du condamné pendant trois jours constituait une aggravation de la peine capitale.

En pays de protectorat la peine de mort se subit encore de nos jours, suivant les coutumes indigènes.

Le droit de grâce comme celui de châtier et d'ôter la vie, appartient encore au roi. C'est une des prérogatives les plus importantes du souverain.

J'ai dû assister par devoir professionnel à plusieurs exécutions capitales faites au Tonkin.

Les exécutions ont lieu sur un emplacement spécial et désigné par le nom de « champ du supplice ». La décapitation s'entoure d'une pompe bien faite pour donner une haute idée philosophique de l'acte qui va s'accomplir. Elle attire peu la curiosité de la foule annamite.

« La mort (1) n'est pas, pour l'oriental et pour l'Annamite en particulier, un spectacle qui vaille la peine d'être vu. Pourquoi irait-elle émouvoir ceux qui ne sont appelés qu'à la contempler alors qu'elle émeut à peine ceux qui vont la subir. » Les coupables marchent lentement, les satellites du quan an en souquenille rouge les précèdent, le « quan an », mandarin chargé de la justice les accompagne ainsi que leurs parents. Aucune trace d'émotion sur tous ces visages.

« Parfois le condamné écrit en allant au supplice son testament sur la feuille de papier souple et soyeux. Il réfléchit entre l'intervalle de chaque caractère comme un homme qui fait une lettre d'affaire. » Les parents ont revêtu les vêtements de deuil. Le funèbre cortège s'arrête, le bourreau étend la natte qui recevra le corps. L'heure des adieux est arrivée. Les femmes parentes du condamné procèdent à sa toilette et lavent son visage et réparent le désordre de ses vêtements. Il faut être élé-

(1) Baille, *Souvenirs d'Annam.*

gant devant la mort. Souvent alors on voit le condamné
se retourner vers les siens et gravement leur faire les
cinq prosternations rituelles. Il s'agenouille ensuite
sur la natte et tend le cou.

Un des suivants du cortège « linh lê » du « quan
an » prend alors un grand porte-voix de bronze et dit
aux quatre coins de l'horizon d'une voix grave et
lointaine la sentence de mort.

Le bourreau s'approche. Il tient à la main un sabre
lourd, sorte de coupe-coupe. Il s'est exercé depuis la
veille sur des troncs de bananiers qu'il a fauchés à la
marque rouge qu'il a tracée de son doigt teint de betel.
Il lève le bras.

Toutes les fois que j'ai rouvert les yeux, la tête avait
été tranchée d'un seul coup. La famille s'approche et
enlève le corps.

Tout cela est très grand. On se demande, en voyant
le calme courage de ces hommes, quel effet peut bien
produire cette peine sur la masse. Ce n'est pas la crainte
du supplice qui agit, car la façon dont on meurt en
Annam enseigne à ceux qui restent que la mort est
peu de chose.

Je ne pourrai jamais oublier le lent et calme regard
que jeta autour de lui, sur l'immense rizière, un condamné qui allait mourir dans toute la gloire d'un couchant d'été.

Il y a, dans la simplicité de l'attitude de l'homme qui
attend la mort, une majesté qui nous étreint et nous
étonne. On le serait bien plus encore, si on pouvait,
à ce moment précis, pénétrer dans l'âme du patient.
On n'y trouverait peut-être pas un regret pour la vie,

pour le ciel si bleu et si profond, pour le village lointain, pour les parents absents, et on serait extraordi-
nairement surpris de connaître l'ultime pensée d'un
Annamite qui va mourir sans révolte, sans geste vain,
sans bravade factice, avec une dignité qui force le respect et vous en impose.

Ils agrandissent encore la beauté de l'attitude par
la simplicité qu'ils savent y mettre. Ils vont mourir
tranquillement comme ils iraient accomplir un acte de
leur vie quotidienne, presque surpris de la déférence
qu'on leur témoigne et des derniers soins dont on les
entoure.

A côté de ces cinq peines, on trouve encore la servitude militaire qui a disparu avec l'armée annamite.
On était enrôlé pour toute sa vie et l'on devait servir
suivant le degré de la punition soit dans les postes
lointains et malsains comme ceux qui se trouvaient
dans la chaîne annamite sur le versant du Mékong
(Ailao était un centre de déportation militaire fort important), soit dans les troupes cantonnées sur les frontières de l'Empire les plus éloignées, soit dans les
garnisons frontières, mais plus proche du lieu d'origine du coupable, soit enfin dans les provinces intérieures.

Les mêmes considérations qui ont été faites au sujet
des exilés peuvent être faites en ce qui concerne les
condamnés à la servitude militaire. Les premiers travaillaient le sol, défrichaient les espaces incultes sous

la protection des seconds qui les défendaient contre les fréquentes incursions des bandes pirates étrangères.

Remarquons en passant que le législateur n'a pas édicté de peines spéciales en ce qui concerne l'évasion des prisonniers. C'est un droit naturel qui leur est reconnu, comme aussi c'est un devoir pour celui auquel on a confié la garde des prisonniers d'éviter les occasions propices à la fuite.

Le législateur annamite, dans sa très grande sagesse, ne demande pas l'accomplissement d'actes qui dépassent les forces humaines. Il reconnaît que le prisonnier doit naturellement rechercher sa liberté ; s'il est repris, il recommencera tout simplement sa peine. Quant à celui dont il aura trompé la surveillance, petit employé ou soldat, il devra prendre sa place et accomplir sa peine, jusqu'au jour où le véritable coupable aura été arrêté. On comprend dans ce cas que le remplaçant forcé mettra toute sa famille en campagne pour arrêter le fugitif.

Le code contenait en outre diverses dispositions dont certaines sont depuis longtemps tombées en désuétude, comme l'exposition au soleil, et d'autres qui n'ont été abolies que récemment et par notre administration. Parmi celles-ci, il faut citer le port de la cangue, qui aggravait les petites peines et dont l'usage était devenu presque général.

Le poids et la dimension de la cangue étaient exactement déterminés par la loi, et variaient suivant une échelle concordante avec la peine encourue. La cangue est constituée par deux bambous qui reposent sur les épaules et qui sont reliés par quatre traverses, dont deux enserrent le cou.

Parfois, lorsqu'un village arrêtait un pirate, les notables lui mettaient une cangue rustique pour le conduire au chef-lieu. Les règlements n'étaient pas alors respectés et le coupable ou le prévenu se présentait devant le mandarin, chargé par une immense cangue qui l'empêchait de se prosterner et dont il était obligé de soutenir les extrémités pour en alléger le poids.

Les grands chefs pirates étaient aussi conduits dans de véritables cages de bambous solides et gros, et livrés aux autorités administratives, comme des fauves qu'on aurait capturés.

Avec la cangue, nous avons fini l'énumération des peines édictées par le code annamite. Nous rencontrons maintenant une mesure qui a soulevé en Annam même, de vives critiques et qui a été combattue par les savants et les lettrés comme étant immorale. Je veux parler du rachat des peines.

Permettre, moyennant une somme d'argent, de racheter sa peine, il y a là un fait qui nous paraît contraire à la morale, contraire au régime démocratique indigène, car il favorise le riche, celui qui possède au détriment du pauvre. Enfin, ce moyen peut inciter le gouvernement à l'employer dans un but fiscal peu avouable. C'est pourquoi il faut tendre à remplacer le rachat par l'amende qui constitue une façon honorable d'atteindre le même résultat.

En réalité, le rachat des peines n'est pas une mesure fiscale, le rachat des peines est un expédient. Les cinq peines, en effet, n'ayant pas été modifiées, ne se sont

plus trouvées en rapport avec l'état de la société annamite. Les cinq peines découlent des principes établis
par Confucius. Mais si ces principes restent vrais
et immuables, leur application pratique aurait dû
subir des changements inévitables.

La réalité est faite de contingences, l'humanité est
essentiellement mobile, elle est en perpétuelle évolution, elle se transforme tous les jours et il est arrivé un
moment où la disproportion a été trop grande entre
les principes immuables des sages de l'antiquité et la
vie sociale ondoyante et multiple. L'erreur de Confucius et de son école a été de croire avoir édifié pour
toujours la république idéale. Certes il s'est approché
de la perfection et sa société communiste n'a besoin que
de légères retouches, mais malgré tout, le temps a fait
son œuvre et il a trompé les principes directeurs eux-
mêmes. En niant l'évolution les lettrés n'ont pas cru
aux progrès. Ils ont cru et beaucoup croient encore
que le bonheur est en deçà et non au delà ; qu'il est
dans le respect intransigeant des préceptes de haute
morale et de sagesse et que si la vie s'en écarte c'est
que la vie a tort. Toutefois, ces mêmes sages, ces mêmes
lettrés ont dû se rendre à l'évidence. Et c'est alors que
la transaction, l'expédient du rachat des peines a dû
intervenir. Ce n'est pas le doute sur la culpabilité de
l'individu qui les a arrêtés indécis ; c'est le doute sur
la peine à appliquer. C'est pour graduer la peine à la
culpabilité morale de l'individu qu'ils ont eu recours
au rachat. Le doute ne peut avoir lieu pour la culpabilité elle-même, matérielle en quelque sorte, puisqu'il
est nécessaire que la faute ait été avouée. Mais cette

culpabilité, elle est infinie, variable, soumise à tant de causes diverses et multiples. Le législateur s'est trouvé devant les mêmes problèmes qui passionnent les criminalistes de toutes nos écoles occidentales. Positif quand même ou mieux rationaliste, le législateur annamite s'est arrêté à ce moyen terme : il n'a admis le rachat que dans les cas où l'intention de commettre la faute ou le crime n'a pas été clairement établie.

Le tarif appliqué ainsi que la liste des petits délits, qui peuvent toujours être rachetés, sont contenus dans des ordonnances royales de Tu Duc.

Ce tarif varie de 60 à 300 hoc de paddy ou bien de 180 à 900 ligatures.

Le condamné a droit d'ailleurs à une réduction calculée sur le temps de prison qu'il a déjà accompli.

On peut trouver toutefois une excuse à cette mesure du rachat des peines. C'est que le rachat est obligatoire pour les vieillards, pour les enfants, pour les femmes et pour les infirmes. S'ils ne peuvent payer c'est le village qui payera.

Remarquons que le code annamite compte un grand nombre de lois profondément humaines. Le culte de la famille force le législateur, et nous le voyons accorder par des dispositions particulières aux condamnés l'autorisation de rester chez eux, quand eux seuls peuvent nourrir leurs vieux parents.

Si le souverain sait punir même durement, il sait aussi pardonner. On pardonnait beaucoup en Annam. Chaque année il y avait amnistie ordinaire pour la fête du souverain, la naissance ou la mort d'un membre de la famille royale, le début de l'année ou encore l'apparition d'un fléau. Tous les coupables de fautes légères étaient alors pardonnés, mieux encore amnistiés. Mais les grands coupables eux-mêmes ne devaient pas perdre tout espoir. Si leur crime n'entrait pas dans la catégorie de ceux que la loi ne permet pas de pardonner, ils avaient la ressource des amnisties extraordinaires. Ils bénéficiaient alors de mesures de clémence et de diminutions de peine.

Les grandes joies comme les grandes douleurs ne se traduisent jamais chez l'Annamite par des signes extérieurs de tristesse ou de bonheur.

J'ai eu bien des fois l'occasion de faire connaître à des condamnés qu'ils étaient graciés.

Je ne les ai jamais vu manifester bruyamment leur contentement. Ils venaient se prosterner rituellement devant moi en murmurant quelques phrases de remerciement et c'était tout. Ils s'en allaient ensuite tranquilles du même pas habituel. Ils allaient vers le village reprendre leur place et pousser dans la vase lourde de la rizière le soc léger de leur charrue.

Nous avons jeté un coup d'œil d'ensemble sur le droit annamite. Malgré les différences qu'il présente avec notre droit actuel, on ne peut nier qu'il a pour objet final un idéal très élevé. A pénétrer peu à peu ces peuples lointains on apprend à se mieux connaître soi-même et à juger toutes les institutions à leur juste valeur. La présomption de l'ignorance tombe peu à peu et alors se dresse devant nos yeux un édifice qui nous remplit d'admiration par la justesse de ses proportions, par l'harmonie de son ensemble. On comprend aussi que, sous des divergences superficielles, les peuples qui

méritent vraiment le nom d'hommes se ressemblent par
la finalité de leurs aspirations. Qu'il est puéril et en-
fantin de croire que seul on possède la science, la vertu
et le bonheur, ce sont là marchandises courantes dans
toute l'humanité et chaque race les a considérées à son
point de vue particulier. Chacun a cherché à réaliser
son rêve suivant des principes différents. Essayons d'associer notre civilisation à celle du peuple annamite et
nous ferons œuvre saine et œuvre utile ; mais n'essayons pas d'imposer des principes qui ne sont faits
que pour nous. Nous rendrons ainsi plus heureux les
peuples que nous protégeons. Il ne faut pas avoir la
fatuité de croire, quoique Européens et Français, que
nous les rendrons meilleurs et plus moraux.

CHAPITRE VIII

LA PROCÉDURE ANNAMITE
LE RÉGIME FONCIER

Nous savons maintenant quels sont les principaux caractères du droit annamite. Avant de pénétrer dans le mécanisme pratique de l'application de ce droit, il est utile de connaître les quelques règles générales et fondamentales de la procédure. L'affaire civile se transformant dès qu'elle est portée devant le tribunal du « huyên » en affaire criminelle, il n'est pas question, en droit annamite, d'un code de procédure civile. On n'y rencontre en effet que des règles relevant de notre code d'instruction criminelle.

La procédure annamite est écrite. Toute plainte doit être rédigée par le demandeur et dans le cas où celui-ci est illettré, la requête doit faire mention du nom et du domicile du rédacteur et porter le « Diem chi » du plaignant. Ce dernier doit s'adresser hiérarchiquement. S'il présente sa plainte directement à un mandarin juge d'un ressort plus élevé, il est puni par la loi, même si sa réclamation se trouve être fondée.

Dans les cas fort graves et d'extrême urgence le demandeur peut se présenter au tribunal à quelque heure que ce soit et réclamer justice. Il frappe alors sur le grand tam tam qui pend toujours à l'entrée du prétoire et fait ainsi appel au mandarin qui doit immédiatement s'enquérir du motif qui amène le plaignant.

La plainte doit être complète et définitive. Le sujet de la requête ne peut donner lieu qu'à une seule plainte et à un seul appel de la sentence du premier juge. Enfin, l'accusateur est obligé de se tenir à la disposition du tribunal dès le dépôt de sa réclamation.

Les témoignages comme les interrogatoires sont écrits et signés par les personnes intéressées. Tout indigène a droit de présenter une requête, seules les personnes en état de détention ne peuvent porter aucune accusation étrangère aux causes de leur détention.

Le juge ne peut se récuser et se déclarer incompétent que dans les cas limitativement énumérés par la loi : lorsqu'il figure dans la plainte ; lorsqu'un membre de sa famille ou un de ses professeurs s'y trouve intéressé ; ou encore lorsqu'il s'agit d'un mandarin plus élevé en grade, ou simplement lorsqu'il reconnaît, dans une des parties en cause, une personne depuis longtemps antipathique et pour laquelle il a de la haine. Il doit alors renvoyer l'affaire devant un autre mandarin.

Une fois saisi le juge doit, sans distinguer si la faute est grave ou légère, procéder à l'information et rendre son jugement avec la plus grande équité et la plus grande attention. « Il doit veiller, dit une ordonnance royale de Tu Duc, à ce que la peine infligée soit bien celle prévue pour la faute incriminée. » Le jugement doit toujours être lu aux parties qui déclarent par écrit l'avoir entendu. Il doit contenir le texte de la loi sur laquelle le juge s'est appuyé.

L'information comprend l'interrogatoire des parties en cause et des témoins, ainsi que les enquêtes.

Le code annamite autorisait autrefois la question comme moyen d'instruction.

Les coups de rotin étaient seuls employés dans les dernières années qui ont précédé la suppression des châtiments corporels. Mais il n'en avait pas toujours été ainsi. Comme les peuples d'Europe aux temps les plus sombres de l'histoire, le peuple annamite a connu les tortures de la question. Peu à peu, les ordonnances royales abolirent certains supplices vraiment odieux. Une ordonnance de Tu Duc rappelle que la « question a lieu au moment de l'instruction d'une affaire et que ce n'est pas un châtiment compris dans les cinq peines ». En conséquence il menace le juge de punitions exemplaires dans le cas où il viendrait à employer à l'égard des prévenus « des supplices en dehors des règles ». L'abus dégénère « alors en atrocités dans le genre du cheval de fer de Lê-huy-thuan ou du carcan de bois de Trăn-Võ. Nous entrons ici dans ce terrifiant jardin des supplices que l'imagination exagérée d'un romancier a décrit avec tant d'acuité.

Les tenailles chaudes ou froides furent avant le rotin le dernier mode d'inquisition employé par le juge indigène.

Le rotin a subsisté jusqu'à nos jours. Le législateur en avait pourtant réglementé l'emploi et limité à 50 le nombre de coups lorsqu'il était employé comme moyen d'information.

Déjà Tu-Duc, sans oser supprimer complètement ces pratiques d'un autre âge, disait dans une de ses ordonnances :

« Les lois et décrets mentionnent minutieusement la grosseur et la longueur du rotin ainsi que les limites dans lesquelles il doit être appliqué, mais les années et les mois s'écoulent, facilement le cœur de l'homme se relâche et tombe dans la cruauté. Des personnes battent et frappent irrégulièrement en dehors des règles et il arrive que des individus sont gravement blessés.

« En conséquence il est indispensable de donner de nouveaux ordres pour que les fonctionnaires se conforment strictement aux lois, décrets et ordonnances sur ce sujet. »

Nous n'avons fait qu'achever l'œuvre du législateur indigène et du temps, en libérant les Annamites de ce mode d'instruction.

Le juge indigène d'ailleurs est à même de conduire avec beaucoup d'habileté les enquêtes judiciaires. Sa qualité d'administrateur, sa stabilité dans la circonscription qu'il dirige, lui permettent de réunir un très grand nombre de documents, de présomptions qui éclairent singulièrement sa religion et facilitent son œuvre. Dès qu'il y a eu meurtre ou mort violente, il se transporte sur les lieux et dresse un procès-verbal fort détaillé de l'examen médico-légal qu'il a fait subir au cadavre. Les jugements des affaires de meurtre sont fort longs par suite de la minutie apportée par le juge dans la description des coups et des blessures. Les traces les plus faibles constatées sur le cadavre sont consignées dans le procès-verbal avec un soin scrupuleux. Les mêmes qualités de patience, de recherche de l'infiniment petit détail qu'on rencontre chez l'artisan incrusteur de nacre ou sculpteur sur bois, se retrouvent chez le magistrat enquêteur. L'application exacte de la peine est un des soucis du législateur annamite qui s'est efforcé de prévoir tous les cas délictueux possibles pour restreindre la latitude du juge dans l'appréciation de la culpabilité et la fixation des peines. Lorsque le mandarin a établi clairement les divers degrés de culpabilité de l'accusé, il ne peut juger que dans les limites d'un maximum et d'un minimum.

Quand le cas qui lui est soumis n'est pas prévu par la loi, il doit l'assimiler à un fait prévu et proposer une peine dans ce sens. Il n'appartient qu'à l'autorité souveraine de décider si l'assimilation est exacte et de prononcer définitivement la peine. D'ailleurs le législateur, dans sa sollicitude pour le magistrat et afin de lui éviter des interprétations de fait parfois dangereuses, a eu soin d'inscrire dans le code un article célèbre entre tous, qui punit les personnes ayant oublié leur devoir ou qui auraient accompli quelque chose — remarquez l'indécision de l'expression — « qu'elles n'auraient pas dû faire ».

Dans l'application de la loi les trois degrés d'exil et les deux degrés de la peine de mort ne comptent que comme deux peines, sans distinction de leurs subdivisions, dans le calcul de l'augmentation ou de la diminution des peines. Par exemple l'exil à 3000 lý et 100 coups de truong diminué d'un degré n'est pas l'exil à 2500 lý, mais la peine de trois ans de travail pénible et de 100 coups de truong.

Le *cumul* des peines n'est pas admis en droit annamite, et le coupable de plusieurs fautes subit seulement la peine encourue pour la plus grave.

Nous trouvons en procédure indigène, sous le nom de *cumul des diminutions*, ce que nous appelons en droit pénal français les *circonstances atténuantes*.

La peine pourra être diminuée, dit le Code :

1º Pour les complices ;

2º Pour ceux qui se constituent prisonniers ;

3º Pour le juge qui a commis une faute d'inattention dans l'application de la loi ;

4º Enfin pour la faute générale commise par un ou plusieurs mandarins, dans les affaires publiques.

Notons une dernière règle sinon de procédure, du moins de police générale. Lorsque le condamné a terminé sa peine, il est remis aux autorités indigènes de son village qui doivent le surveiller tout en l'excitant à travailler et à acquérir des biens. Le condamné d'ailleurs recouvre dans le village ses droits de citoyen et au bout de trois ans, il doit même supporter toutes les charges communales comme un habitant inscrit au rôle.

L'organisation de la justice était des plus simples et son exercice était confié aux mêmes mandarins, chargés de la direction administrative du territoire. Le caractère dominant de la procédure indigène, répétons-le, est d'être une procédure écrite analogue à celle de notre justice administrative.

Ainsi que nous l'avons vu, le chef de famille, les notables et le chef de canton, constituaient un premier degré en conciliation comparable à celui de nos juges de paix. Ces premiers arbitres rendent leurs sentences d'après la coutume et l'équité, ils jugent verbalement et connaissent des petits délits.

Le premier degré de juridiction, celui qui correspond à notre tribunal de première instance, c'est le tribunal du « huyên » ou du « phŭ », qui, avant de recevoir la plainte des parties, procède encore à un essai de conciliation en lisant aux demandeurs et au défendeur le code. Si les parties persistent le « huyên » procède à l'instruction, aux interrogatoires et rend son jugement. Les parties peuvent alors faire appel devant le « quan an », chef judiciaire de la province, ou devant le « quan bô » s'il s'agit de questions foncières. Ces deux mandarins constituent le deuxième degré de juridiction, ils jouent le rôle de nos cours d'appel. Ils connaissent d'ailleurs toutes les affaires même celles réglées définitivement par les « huyên », car ils peuvent en reviser les jugements s'ils ne sont pas conformes à la loi.

La sentence du « quan an » est définitive. Mais elle doit toujours être transmise au roi, si elle comporte une peine privative de la liberté. Le plaignant dans tous les cas peut faire appel devant la juridiction suprême, celle du souverain. Seulement si sa requête est déclarée non fondée, il voit sa peine aggravée pour avoir faussement porté une plainte contre son juge.

Les sentences qui comportent une des trois dernières peines sont toutes adressées à la cour, qui, par l'intermédiaire du ministère de la justice, les fait parvenir à l'Empereur. Celui-ci indique d'un léger trait rouge apposé au bas du jugement qu'il en a pris connaissance et qu'il l'approuve ou le modifie.

Ces jugements doivent tous mentionner l'exposé des faits, tels qu'ils sont parvenus à la connaissance du juge. Ils comprennent en outre l'interrogatoire de chacun des individus mêlés au procès, soit comme inculpés, soit comme témoins. Cet interrogatoire comprend l'état-civil des intéressés et toutes les circonstances de l'affaire. Les autres éléments constitutifs du jugement sont : le résumé des débats et les articles du code à appliquer, la condamnation encourue et enfin la durée de la procédure. Ce dernier élément est fort intéressant pour le justiciable, car si le législateur a horreur des procès et fait tout son possible pour les empêcher de naître, il veut aussi une justice expéditive qui ne prolonge pas sans raison la période de la prévention. Les crimes les plus importants sont jugés en un mois, un mois et demi au plus. La punition suit de près la faute, donnant ainsi une satisfaction presque immédiate à l'opinion publique et calmant par sa promptitude l'émoi des honnêtes gens.

Il est évident que toute cette procédure, avec ses moyens spéciaux, ne doit être exercée que par le juge indigène. Il apporte, dans la mise en œuvre de la justice, cette profonde connaissance de l'âme annamite, des usages, des aptitudes particulières qui nous font défaut, malgré toute l'application mise par nos facultés dans ce sens. Le juge annamite est aussi un psychologue, et il sait mettre à profit les superstitions du populaire avec une habileté et un tact vraiment admirables. Comme un augure, il sait sauvegarder la dignité des dieux et garantir ainsi leur puissance, pour s'en servir dans un sens moral et guider la population.

Un fait personnel montrera jusqu'à l'évidence le doigté du magistrat annamite.

C'était jour d'échéance d'une trentaine de prêts agricoles variant tous entre 100 et 150 piastres. Trente emprunteurs s'étaient présentés à la résidence et avaient versé le montant du prêt à la caisse du percepteur, qui avait délivré à chacun d'eux une fiche sur la présentation de laquelle le chancelier de la résidence avait fait établir le reçu en caractères leur donnant décharge.

Le soir, je vis venir le percepteur et le chancelier fébriles et surexcités. Dans ces postes isolés le moindre événement se grossit exagérément. En faisant sa caisse et en contrôlant avec les souches des reçus délivrés par le chancelier, le percepteur venait de s'apercevoir qu'il lui manquait 150 piastres.

Un des prêts n'avait donc pas été remboursé et pourtant, par suite d'une erreur, trente reçus avaient été établis pour 29 prêts réellement payés.

Le résident était absent, je faisais comme vice-résident l'intérim et je ne voulais, en aucune façon, que cette somme fût perdue tout à fait.

Après avoir calmé mes deux collègues qui échafaudaient déjà tout un drame, accusant sans preuve les interprètes et les plantons ; et après avoir convoqué pour le lendemain les trente détenteurs de reçus, j'allais trouver le « quan phu » de la circonscription pour lui parler de l'affaire. Il me promit de venir le jour suivant et de m'aider de son mieux pour découvrir le coupable.

De coupable, en vérité il n'y en avait qu'un : la résidence qui avait à tort délivré un reçu sans avoir contrôlé si le prêt avait été réellement remboursé.

La justice française ne pouvait intervenir, et je ne pouvais non plus saisir régulièrement la justice indigène. Il me fallait donc trouver un stratagème me permettant de découvrir l'individu qui n'avait pas eu la conscience, ayant reçu une quittance sans avoir payé, de passer à la caisse du percepteur.

Le lendemain matin, les trente débiteurs avec les notables de leur village respectif étaient groupés devant la résidence.

Je fis faire l'appel et chacun me montra sa quittance. Il y en avait bien trente et j'étais fort perplexe pour découvrir, parmi ces trente Annamites, celui qui s'était rendu coupable de l'indélicatesse cause de notre émoi.

Il y avait parmi ces hommes de vieux chefs de canton, aux cheveux d'argent, à la physionomie grave et honnête, d'autres, plus jeunes, avaient déjà l'impassibilité de l'âge. A quel signe découvrir le fautif ? Comment devant cette foule espérer faire avouer son délit à un de ces hommes, qui cherchent toujours et pour les plus petits faits à démontrer leur irresponsabilité et qui sont toujours prêts à se laver les mains de leurs propres fautes ?

« Je vous ai réunis, leur dis-je, pour vous apprendre qu'un de vous a reçu une quittance et qu'il n'a pourtant pas versé la somme due au gouvernement. Je ne sais quel est celui qui est l'auteur de *cette erreur*, mais

s'il se déclare et s'il m'apporte les 150 piastres ou-
bliées dans sa ceinture, je lui promets de ne point le
punir. » La promesse était d'autant plus facile à faire
que je n'avais en réalité aucun moyen de contrainte en
mon pouvoir.

Alors une rumeur s'éleva, tous à la fois déclaraient
qu'ils avaient bien payé, qu'ils n'oseraient pas garder
indûment l'argent du gouvernement, que l'on ne pouvait douter de leur parole et qu'ils disaient la pure
vérité.

Le mandarin qui était près de moi, et qui, durant la
nuit, avait déjà conduit une enquête discrète sur chacun des emprunteurs, s'adressa alors au groupe
des indigènes et dit : « Si tous vous soutenez avoir
remboursé la somme empruntée, vous avez tous le cœur
pur et vous pouvez sans crainte affronter le serment
devant le génie du village voisin, qui est renommé
entre tous pour la grande équité de ses arrêts. Nous
allons aller devant lui. Vous prêterez tous serment solennellement. Vous savez que celui qui aura menti,
qui sera parjure, celui-là le génie le frappera impitoyablement. Il devra mourir dans l'année, sa famille,
sa descendance, supporteront le courroux du Dieu et
le culte ne sera pas rendu à ses mânes. »

Tous promirent d'aller à la pagode, tous étaient forts
de leur droit, tous faisaient état de la pureté de leur
conduite.

La pagode était profonde, obscure et silencieuse.
C'était une de ces pagodes réputées et fort fréquentées
par le peuple. Elle était enrichie de beaux panneaux
dorés. Des armes symboliques supportées par deux

bancs sculptés faisaient la haie ; des parasols indiquaient que le génie avait reçu un brevet royal. Une odeur douce de fleurs fanées et d'encens montait de toutes ces choses, et dans la poussière bleue tremblait presque immobile la légère fumée des brûle-parfums.

Les indigènes se tenaient respectueux, la tête légèrement inclinée. Alors le quan phû parut. Il avait revêtu le costume rituel pour donner plus de majesté à la cérémonie. Des gardiens de la pagode apportèrent de grands plateaux de cuivre qui contenaient les offrandes destinées à appeler l'attention du génie, et à nous le rendre favorable.

Régimes de bananes dorées, mains de Bouddha tourmentées et à odeur de citronnelle, pétales de roses, petites pyramides de riz blanc, le tout paré de grandes fleurs de lotus.

Le « quan phû », après avoir fait les génuflexions consacrées, éleva à la hauteur de ses yeux, en la tenant des deux mains, une feuille légère de papier soie sur laquelle était écrite en beaux caractères la requête que nous présentions au génie.

La requête était faite au nom du gouvernement du protectorat, elle relatait tous les faits et se terminait en demandant au « ông thanh » de vouloir bien désigner le coupable.

La requête une fois lue à haute voix fut respectueusement brûlée par le « quan phû » sous le nez de la statue représentant le génie, afin de communiquer avec lui.

Le génie étant informé, comme un juge, de la question litigieuse, le serment devait commencer.

Il se passa alors une scène qui ne manquait pas de

grandeur. Avec mon costume blanc sans ampleur, je me faisais l'effet d'un intrus au milieu de la solennité qui se dégageait des choses, de l'attitude des êtres, des paroles sacramentelles qui étaient prononcées.

Un vieillard, un des emprunteurs s'était avancé. Après avoir touché le sol cinq fois du front, il prit dans sa main droite un sabre court et lourd, et plaça devant lui une de ces tasses bleues qui servent au peuple à mettre leur riz. Puis d'une voix nette, avec calme et gravité il dit son nom, celui de son village, comment après la récolte du 5e mois, il avait sollicité et obtenu un prêt du gouvernement; mais il jurait qu'il avait remboursé intégralement la somme et que, s'il n'en était pas ainsi, si sa bouche osait contenir des paroles contraires à la vérité devant le génie lui-même, que celui-ci alors pouvait légitimement le poursuivre de son juste châtiment ainsi que sa descendance jusqu'à la centième génération. Il pouvait bannir à jamais le bonheur du seuil de sa demeure et le frapper dans l'année comme il frappait cette vulgaire porcelaine. Le vieillard levant alors le bras, brisa d'un coup de son sabre la tasse légère.

Un à un tous défilèrent devant l'autel du génie; tous redirent les paroles du serment. Personne n'avait fui. L'auteur de la faute n'avait pas reculé devant le parjure. J'étais, je l'avoue, fort inquiet sur la suite de cette aventure et attendre un an pour que le génie désigne clairement par sa mort l'auteur du vol ne me paraissait ni une solution très rapide ni surtout une solution très certaine.

Mais le « quan phủ » comprit mes secrètes pensées.

Il voulut en outre préserver d'un échec la puissance du génie invoqué. La petite enquête qu'il avait poursuivie depuis la veille lui avait permis d'ailleurs d'avoir quelques soupçons sur un indigène qui avait été vu toute la nuit dans une maison de jeu et dont les antécédents n'étaient point ceux d'un homme très honorable. Cet indigène emprunteur lui aussi et qui avait prêté serment sans hésiter s'appelait « Cao », ce qui signifie « grand ».

Le mandarin, s'adressant alors à la foule, lui tint le discours suivant : « Hier, le quan phô (le quan phô c'était moi) a promis à celui qui se déclarerait coupable d'une erreur de ne point le châtier pour sa négligence. Il est certain que le génie, qui est « le père et la mère » de nous tous, comme le quan phô, ne pourra frapper à mort un de ses enfants. Il pardonnerait même maintenant celui qui n'aurait pas remboursé par inadvertance et qui viendrait à s'apercevoir de cet oubli. »

Personne n'ayant répondu à ce discours insidieux, le « quan phû » résolut de mettre à l'épreuve une dernière fois l'efficacité immédiate du talent divinatoire du génie, tout en affermissant sa conviction relative à la culpabilité du nommé Cao. Il décida alors de pratiquer la cérémonie du « xin tô ».

Il revint devant l'autel du génie ayant dans ses mains un tube de bambou contenant un certain nombre de petites fiches en bois sur lesquelles étaient inscrits des numéros qui correspondaient à des chiffres portés sur un livre spécial et en face desquels se trouvaient des phrases en style sibyllin permettant toutes les interprétations au mandarin qui faisait l'office de grand prêtre et d'augure.

Le « quan phủ » ayant secoué le tube de bambou une fiche en tomba, celle que le doigt du génie avait paraît-il désignée, qu'il était venu cueillir en quelque sorte. Après avoir consulté le livre des oracles, le « quan phủ » vint montrer au peuple, qui attendait anxieusement sous son apparente immobilité le résultat de cette épreuve fort redoutée, que le premier caractère de la ligne indiquée par le chiffre inscrit sur la fiche était le caractère « Daï » qui signifie « grand » comme le caractère « cao » nom de l'indigène soupçonné.

Il n'y avait plus de doute à avoir. Toutefois le mandarin me conseilla de me retirer avec lui, en laissant le coupable en face du silence et aussi de l'évidence de sa culpabilité qui venait d'éclater clairement grâce à la perspicacité du génie... et à celle du mandarin.

Le lendemain matin le « quan phủ » vint me demander d'user de clémence envers le nommé Cao qui se présenta bientôt devant moi. Un serviteur le suivait portant dans un petit sac les 150 piastres que je croyais pourtant perdues à jamais. Cao se prosterna, il m'assura qu'il était innocent et qu'il avait prêté serment en toute sincérité, mais que dans la nuit le génie lui était apparu et lui avait révélé le vol commis à son insu par un de ses serviteurs. Il venait aussitôt réparer la faute d'un homme de sa maison et il me suppliait de croire qu'il avait été de bonne foi et complètement ignorant de la conduite de ce domestique.

Je fis semblant de croire cette extraordinaire histoire. Nous savions bien tous deux que nous ne nous trompions ni l'un ni l'autre sur nos sentiments intimes,

mais il faut toujours sauver la face en Annam. J'étais
entré en possession des 150 piastres, c'était là le principal ; quant au nommé Cao il pouvait être certain de
n'obtenir à l'avenir aucun nouveau prêt. Il s'en douta si
bien que l'année suivante, à l'époque des labours et des
semailles, il ne reparut pas. Il n'y avait vraiment rien à
faire avec une administration qui savait mettre les dieux
de son côté.

Je ne peux pas terminer cet exposé rapide de la procédure indigène et des lois annamites sans mentionner
un principe que l'on retrouve dans le règlement de
toutes les questions de droit. Je veux parler de « l'o-
bligation de réparer le dommage causé à autrui par la
faute volontaire ou involontaire ».

Alors que chez nous en droit on considère séparé-
ment l'action pénale et la revendication civile, ces deux
actions se confondent en Annam. C'est ainsi que les
biens des coupables de vol garantissent la restitution
des objets volés, et même, dans certains cas, la famille
des voleurs est rendue solidairement responsable. Celui
qui commet un homicide se voit infligé des dommages
et intérêts qu'il doit payer à la famille de la victime.
Même lorsqu'il s'agit d'un homicide par imprudence on
doit toujours rembourser le coût des funérailles. La restitution du produit des actions illicites constitue un article très important du code.

Au début du dernier chapitre, j'ai indiqué le caractère agricole du droit annamite. Mais je m'étais sim-

plement placé au point de vue de la mise en valeur des terres déshéritées et situées aux confins de l'Empire. Cette empreinte agraire se retrouve partout ; elle apparaît dans les coutumes nombreuses et diverses qui plus encore que la loi régissent les questions concernant le régime foncier. Comment aurait-il pu en être autrement !

Il suffit de jeter un coup d'œil sur ce pays d'Annam pour se rendre compte du rôle prépondérant que la terre a joué dans la constitution des institutions sociales. L'agriculture, la possession du sol, le lotissement des alluvions des deltas et des fleuves sont des questions vitales pour la race. Elles priment toutes les considérations, seul le culte des ancêtres leur oppose une limite dans la constitution des biens du culte et le souverain régularise la dévolution des terres dans l'intérêt supérieur de la perpétuité des communes et de leur continuel accroissement. Ces questions foncières s'attachent à ce qui constitue la seule richesse, la grande mamelle nourricière de tout cet immense pays : je veux dire la rizière.

La fortune se compte par mesures de paddy ou par superficies de terres cultivables en riz. Le riz, qui a choisi comme milieu de prédilection la péninsule indochinoise, a besoin de cet apport d'eau colossal et périodique que déversent les grandes artères indo-chinoises sur la terre annamite. L'indigène se trouve en contact quotidien avec ses deux grands éléments ; il est devenu par suite et naturellement pêcheur et cultivateur. L'animal symbolique de l'Empire le fabuleux dragon est un être chimérique mais amphibie qui synthétise ce royaume de « la maison sur l'eau ».

Où se terminent les terres alluvionnaires propres à la culture du riz expire le pays de prédilection de la race annamite. Au delà commencent les espaces peu peuplés où se rencontrent des races diverses et différentes en tous points d'avec les Annamites. Les rares habitants de la plaine qui, sous l'impérieuse nécessité de causes très graves, se sont établis dans la région moyenne, ont essayé de faire vivre sur les pentes gazonnées ce maigre riz rouge de montagne dédaigné par tous les indigènes du delta.

Cela explique, avec la constitution collectiviste de la commune et avec le culte des ancêtres, comment la main-d'œuvre est si rare et si malaisée à maintenir dans la région moyenne qui est pourtant la seule où puisse se développer la colonisation agricole européenne.

L'Annamite a besoin de sa rizière, de ses canaux, de ses fleuves dont il connaît à merveille le régime et les caprices. Il ne perd et ne dédaigne aucune parcelle de terre. La moindre langue d'alluvion porte la marque de son activité. Pas de place perdue, inutile, la rizière partout étend ses vertes ondulations. A l'époque du repiquage tous les deltas s'animent. De l'eau jusqu'aux genoux, hommes, femmes et enfants travaillent de la première veille à la nuit pour planter dans la vase les minces touffes des plants de jeune riz. Puis vient la récolte, avec sa faucille primitive en forme d'angle aigu constituée par deux branches de bambous sur une desquelles est fixée une légère lame d'acier, l'Annamite récolte le précieux épi.

Des fêtes campagnardes célèbrent le riz nouveau et l'empereur lui-même, chaque année, trace le premier sillon qui recevra les espérances des futures moissons.

Quel soin, quelle sollicitude pour cette terre qui est aimée et adorée à l'égal d'un dieu ! On conjure les mauvais esprits, on s'efforce par tous les moyens d'éviter la terrible sécheresse.

L'Annamite s'est ingénié pour faire arriver l'eau et avec elle la fécondité dans les terres hautes que ne peut atteindre la crue des fleuves. Il passe des jours aidé de sa femme ou d'un enfant à faire gravir de véritables escaliers à l'eau qu'il puise au niveau inférieur à l'aide d'une poche en osier suspendue par deux cordes. A certaines époques de l'année, on voit partout ces groupes gracieux qui poursuivent sans arrêt le mouvement rythmé de leur cueillette d'eau.

Il eût été malaisé au législateur de poser des principes immuables en ces matières ; la coutume seule devait forcément prévaloir dans ces questions qui touchent à un état tout particulier. Dans un pays où le sol est en continuelle formation, où la terre apparaît et disparaît au gré d'un cours d'eau ou d'une inondation, où l'on ne trouve même pas de limite précise entre la plaine terrestre et la plaine liquide, comment poser des règles fixes et éternelles. L'objet à codifier est en mouvement perpétuel ; les fleuves immenses et indomptés rongent les territoires de villages pour agrandir ceux d'autres villages riverains. Le possesseur du sol suit quelquefois son domaine et va le saisir à plusieurs kilomètres de son point primitif. C'est pourquoi le législateur a sagement renoncé à poser un principe unique en matière de propriété, il s'est contenté d'étudier tous les cas litigieux et les a résolus par des décrets codifiés par chaque règne. Les principes doivent donc être déduits des espèces particulières. D'une façon générale on peut donc affirmer qu'en ces matières comme chez nous, en ce qui concerne la réglementation des eaux d'irrigations, les coutumes locales ont force de loi.

L'origine de la propriété foncière, nous l'avons déjà vu en étudiant la famille, trouve son fondement dans le culte des ancêtres, dans le droit de conquête du sol et dans son appropriation par le travail.

Lorsque la réunion de plusieurs familles eut constitué la commune gouvernée par l'oligarchie des chefs de chaque parenté, il arriva que des membres mécontents ou ambitieux se séparèrent de l'agrégation primitive pour se rendre indépendants et fonder à leur tour un nouveau groupement.

Le gouvernement, par la règle générale de l'impossibilité de la diminution du nombre des inscrits d'un village ayant sauvegardé la prospérité de la commune primitive, ne pouvait qu'encourager la création de nouveaux centres.

Le souverain recevait avec faveur ces demandes de fondation de village. Leurs auteurs sollicitaient simplement la propriété des terres qu'ils pouvaient défricher. Le roi donnait un nom à la nouvelle commune et la dotait d'une certaine étendue de terrain destiné à entretenir les soldats et à être distribué à chacun des habitants. Ces terres étaient inaliénables.

Le souverain a en Annam un droit éminent sur le sol et il peut toujours confier l'usufruit de son domaine à certaines personnes morales. Mais avec le temps et par suite du long paiement de l'impôt, une partie du domaine a fini par constituer la propriété individuelle des habitants, propriété aliénable certainement, mais qui retombe quand même aux mains du souverain du jour où le paiement de l'impôt n'est plus effectué.

Pour nous rendre compte des différentes situations de la terre, prenons par exemple une commune, nous y trouvons trois sortes de biens.

Tout d'abord les « công dien » et les « công tho », qui représentent les terres accordées en jouissance par le souverain. Les « công diên » et les « công tho » constituent donc en quelque sorte le domaine public de l'Etat. Le village en jouit et par suite doit en payer, sinon l'impôt, du moins la rente au souverain. Ces biens qui servent à entretenir les familles dont un membre remplit les obligations militaires sont en outre partagés tous les trois ans entre tous les inscrits de la commune qui en ont le plejn usufruit.

Mais ces biens, ne l'oublions pas, n'appartiennent pas à la commune, ils sont à l'Etat ; il s'ensuit que le principe de droit annamite « nul ne peut vendre la chose d'autrui » leur est applicable. Ces terres, avec les « huong hoa » ou biens affectés au culte et les « Ngây diên », terrains réservés par des fondations pieuses, pour subvenir à l'entretien des pauvres ou à l'éducation des enfants, ainsi que les « tuyêt diên », dont les produits servent à perpétuer le culte de ceux morts sans postérité et à dresser des autels aux âmes errantes, et enfin l'emplacement des tombeaux, constituent des biens inaliénables. Ces biens ne peuvent être

confisqués par l'Etat et servir à la restitution des produits illicites. Ils sont éternels. Toutefois, les lois au-
torisent, dans les cas de disette extrême ou de grandes
calamités, les communes gravement atteintes et avec
l'autorisation expresse du souverain, d'engager le produit des « công dien » et des công tho » pour une période de trois ans seulement.

A côté de ces terres inaliénables, nous rencontrons
les « bôn thôn diên » et les « bôn thôn tho » qui constituent les biens immeubles de la commune. Ces biens,
la commune les a en toute propriété, elle les a achetés
à des particuliers sur les fonds communs de la collectivité : c'est le domaine communal inscrit lui aussi au
rôle et sur lequel pèse l'impôt foncier. Parfois, pour
empêcher les propriétés particulières laissées incultes
de faire retour à l'Etat, la commune s'en empare et en
paye l'impôt. Ainsi donc, la propriété des biens du
domaine s'acquiert gratuitement par l'inscription au
rôle d'impôt. Ces biens, la commune en a la libre disposition et elle peut en disposer comme bon lui semble,
les aliéner, si cela lui plaît, sous la seule condition
d'en payer l'impôt.

On s'est parfois basé sur cette condition qui est générale à toutes les catégories d'immeubles pour soutenir que la propriété en Annam était éminemment précaire. Je ne le pense pas, et personne n'oserait soutenir
que la propriété foncière en France n'est pas solidement
établie parce que le propriétaire qui ne paye pas ses
contributions foncières se voit saisi par l'Etat. On a dit
aussi que cette propriété n'existait pas, puisqu'on ne
trouve pas l'expropriation en Annam. En principe,

il est vrai que cette atteinte apportée à notre droit de propriété ne se rencontre pas dans la législation annamite. L'Etat, qui ne vend pas son domaine, pense qu'il n'a nul besoin de le racheter, quand une parcelle de ce domaine est nécessaire à un de ses grands services. Mais en pratique le gouvernement annamite donne toujours à l'occupant une compensation en argent ou en nature. Le législateur n'a pas voulu prévoir l'expropriation pour éviter les spéculations immobilières.

Enfin, en troisième lieu, nous trouvons la propriété individuelle, la propriété privée qui est entière et qui s'acquiert soit par succession, soit par testament, soit enfin par contrat de vente. En parlant de la famille, j'ai déjà exposé les deux premiers de ces modes. Nous allons nous occuper seulement de la vente.

En général, les Annamites sont très attachés à leur propriété, ils ne consentent à la vendre que lorsque les événements les y obligent impérieusement. Aussi, selon une coutume très répandue, la vente a lieu sous condition de rachat. Ils abandonnent ainsi temporairement leur bien au profit d'un prêteur avec l'espoir de le reprendre dans des temps meilleurs. L'acte qui constate cette opération est toujours authentique et énonce les conditions du rachat, la somme empruntée et l'époque du rachat.

Le propriétaire remet l'acte entre les mains de son prêteur en même temps que les titres de propriété. Il ne lui reste comme garantie que l'inscription aux « bô », c'est-à-dire au rôle du village. Si le contrat ne stipule aucune limite pour la faculté de racheter, le propriétaire peut exiger le rachat dès qu'il est en mesure de rembourser la somme empruntée et si le prêteur y met obstacle il encourt des dommages et intérêts du jour de son refus. De même si à l'époque fixée par le contrat le propriétaire n'est pas en mesure de rembourser la somme avancée, le prêteur ne se substitue pas à lui, il continue simplement de jouir de l'immeuble mais il peut alors transférer le nantissement à un tiers pour la même somme que celle qu'il a prêtée au propriétaire. De son côté celui-ci peut passer son gage à un nouveau prêteur qui désintéressera le premier. Ainsi à moins que ce ne soit expressément stipulé dans l'acte, qui devient alors un contrat de vente à réméré, le défaut de paiement au terme convenu ne fait pas perdre ses droits au propriétaire. Tant il est difficile à l'indigène de se séparer de sa terre, de sa rizière familiale. Le législateur et la coutume ont eu recours à ces expédients ingénieux pour retarder le plus possible la dépossession du sol.

Il faut des événements considérables et bien graves pour que la vente devienne définitive, pour que la « traditio » de la chose s'opère. Perdre ce champ étroit où il pousse dans la vase fertile son buffle gris et monstrueux, ne plus recueillir les quelques paniers de riz qui le feront vivre durant tout l'an avec les poissons pêchés à même la rizière, ne plus suivre chaque jour la légère diguette que broute le buffle immobile avec son éternel corbeau perché sur le dos, c'est à quoi ne peut se résoudre le paysan annamite. S'il le fait, il faut qu'il garde au cœur l'espoir de reconquérir un jour la terre perdue. Aussi la prescription n'est-elle pas admise par le code annamite.

Nous trouvons encore en droit annamite un acte délictueux qui consiste dans la vente frauduleuse des terrains et des habitations et qui est en fait un véritable vol d'immeubles. Cette simple expression, qui n'a pas de sens légal en droit français, montre toute la différence entre ces deux législations.

Le vol des immeubles consiste dans le fait de vendre la propriété d'autrui. Cet acte, qui ne saurait être puni par la loi française, est prévu au code annamite qui applique à son auteur une peine graduée d'après l'étendue des terres frauduleusement aliénées.

Malgré cet attachement au sol, on voyait, autrefois surtout, des villages abandonnés par tous les habitants. Devant les incursions des pirates, il arrivait parfois que les notables et toute la population, après avoir enfoui ou emporté leurs dieux et leurs génies, préféraient la fuite aux horreurs du pillage. Parfois aussi la désertion avait une autre cause, une crainte superstitieuse, l'annonce d'une épidémie locale. L'autorité provinciale donnait alors une large publicité au fait de cet abandon et invitait les propriétaires à revenir dans un délai fixé reprendre leur place au foyer désert. Si ceux-ci ne revenaient pas le « quan bo », en général faisait demander aux villages voisins de vouloir bien se charger de la culture des terres abandonnées et il leur en accordait l'usufruit en attendant les anciens propriétaires. Le législateur prenait plus soin encore de la terre que des individus. Le cadastre dressé par les différentes dynasties et revisé par Gia-Long, permettait d'ailleurs avec le rôle foncier de perpétuer la part appartenant à chacun des anciens possesseurs. Si personne ne voulait se charger de la mise en culture de ses terres et par suite d'en payer l'impôt, elles faisaient retour à la couronne et tous les droits des propriétaires tombaient de ce fait. Un étranger quelconque pouvait alors venir revendiquer ces immeubles abandonnés et en devenir propriétaire en se mettant en règle avec le fisc. Mais si l'abandon n'a pas entraîné la mise en jachères du bien, si la culture a été continuée par des villages voisins qui ont acquitté tous les droits, le propriétaire primitif peut toujours revendiquer la propriété des terres cultivées et le nouvel occupant est considéré comme un fermier du premier possesseur.

Quoique l'inscription aux « bô » et le payement de l'impôt soient les fondements du droit de propriété, on rencontre souvent dans les villages des terres dissimulées et qui frustrent le trésor. L'Annamite, comme tous les contribuables, cherche par tous les moyens à se soustraire au paiement de l'impôt. Le législateur, qui n'ignore pas cette tendance du paysan annamite si roué, si fin, si matois, qui pourrait rendre des points à un Normand, a édicté une série de lois favorisant la dénonciation des terres clandestines et infligeant de fortes amendes à ceux qui ont osé transgresser les règlements. Mais ces amendes, il est difficile de les faire supporter au véritable coupable. Tout le village se ligue contre le mandarin représentant le pouvoir, on le berne par des dénégations et des moyens dilatoires, le nom du coupable ne peut être connu, tous l'ignorent, le rôle personnel n'en fait pas mention. On croit le tenir et voilà qu'il échappe et tombe dans l'anonymat de la collectivité communale où l'individu se cache si bien·

Il est devant vous et déjà il s'est évadé de la question. Au bout d'une heure d'interrogatoire on n'a abouti qu'à compliquer et à embrouiller l'affaire à la grande joie des notables. Tout cela se passe sous le couvert du plus grand respect et de la déférence la plus complète envers l'autorité. Il faut être aussi patient qu'eux et aussi têtu sans jamais montrer ni mécontentement, ni colère. La loi, qui n'ignore pas ces difficultés, punit la collectivité communale de la faute d'un de ses membres, c'est à la commune ensuite à régler la question en famille. Mais plus encore que le paiement intégral de la matière imposable, le législateur a recherché la mise en culture de la plus grande superficie possible.

Tout mandarin qui laissera décroître la superficie cultivée du territoire qu'il administre est puni par le souverain.

Celui-ci, par une série de sages mesures, par des récompenses, par l'exemption de tout impôt pendant les trois premières années qui suivent la demande, en concession de terres incultes, par les colonies agricoles et les colonies pénitentiaires, a cherché à ne laisser aucune parcelle du territoire improductive. La colonisation agricole annamite serait fort instructive pour nous à étudier.

Il sera maintenant aisé de comprendre quelles difficultés notre administration a rencontrées chez un peuple possédant un régime foncier aussi conservateur des droits du cultivateur, quand elle a voulu instituer en Indo-Chine des débouchés à la colonisation agricole française.

Elle n'avait pas devant elle des terres « res nullius ».

Tout le pays était cadastré, chaque parcelle du delta avait son histoire, sa généalogie, ses titres authentiques et ses légitimes propriétaires. Comment dans ces conditions, sans vouloir user de la force et sans déposséder abusivement le propriétaire indigène, a-t-elle pu donner à nos nationaux des espaces libres de tout droit ? Elle a pu atteindre ce but grâce au principe que toute terre inculte et non imposée fait partie de la couronne et aussi en garantissant les droits des indigènes par une série d'enquêtes faites avant d'accorder une concession.

Notre législation très sage, il faut le dire, a su concilier dans la mesure du possible les intérêts de notre colonisation et ceux des Annamites.

En agissant ainsi, la France récolte déjà le prix de son respect vis-à-vis des droits antérieurs ; et en associant peu à peu l'indigène à son œuvre, elle peut être sûre de la prospérité qui attend l'Indo-Chine économique de demain.

CHAPITRE IX

L'IMPOT PERSONNEL

Le gouvernement annamite a eu recours, comme tous les gouvernements des nations occidentales, à la diversité des formes d'impôts. Il a recherché directement la matière imposable, la richesse qui, chez ce peuple annamite avant tout agriculteur, s'est manifestée à lui sous sa forme la plus tangible, dans l'individu et dans le sol.

Les deux grands impôts furent donc l'impôt personnel et l'impôt foncier. De cette première constatation il résulte que le législateur a considéré la charge imposée à chacun des sujets du royaume sous sa forme directe.

Dans un pays où les transactions commerciales, sans être réduites à l'échange, n'avaient pourtant pas — sauf dans les ports ouverts à la Chine — une très grande importance, il est tout naturel que le mode des taxes indirectes n'ait que médiocrement préoccupé le gouvernement. Ce qui se présentait à lui, c'était la rizière et le paysan qui la cultive. Dans la liste, relativement courte d'ailleurs, des impositions pratiquées avant notre arrivée, on ne rencontre que des taxes à forme directe :

impôt personnel, impôt foncier. Si les pêcheries, le sel entraient dans les matières à droits, ces droits revêtaient, par le mode de l'affermage, un caractère d'impôt semi-direct. Il en était en quelque sorte de même des barques et sampans de rivières. Seules les jonques de mer supportaient un droit revêtant le caractère des impôts indirects.

Une des conséquences du défaut de circulation des richesses à l'intérieur de l'Empire se retrouve dans ce fait que l'impôt pouvait être versé en nature. Cette façon quelque peu primitive de s'acquitter des devoirs que l'on a envers l'Etat, avait aussi une autre raison dont nous reparlerons et qui était le souci d'éviter les disettes par la constitution, dans toutes les provinces, de greniers à riz appartenant à l'Etat.

Ainsi donc, premier caractère des impôts indigènes ce sont surtout des impôts directs et des impôts acquittés parfois en nature.

L'étude des institutions sociales, de l'organisation du pays nous montre un deuxième caractère qui a eu une très grande importance pour notre administration lorsque nous avons voulu reformer les taxes du royaume.

La commune, base de tout l'édifice social annamite, possède par sa constitution particulière une autonomie très grande. Elle s'érige en face du pouvoir du souverain et de ses représentants comme une petite république jalouse de ses droits et de ses prérogatives. En échange de la sécurité que devait lui donner l'Empereur, il était naturel qu'elle contribuât aux dépenses générales, et c'est là, dans la fixation de cette contribution, que se montre toute la puissance de la collectivité communale.

En dépit des règles minutieuses et très justes édictées par le législateur en matière d'impôt, il n'en reste pas moins que cet impôt n'était pas établi et appliqué directement par les mandarins. Il était débattu entre le village et le représentant du roi, les uns cherchant à sauvegarder les intérêts de la commune, les autres à garantir le trésor impérial ou à obtenir une transaction. L'impôt apparaît donc plus une redevance, un tribut payé par la commune au souverain, que la quote part de chaque individu dans les dépenses générales de l'Etat.

Cela est si vrai que tous les règlements que nous avons introduits pour favoriser une répartition plus juste de l'impôt dans le sens de nos idées, c'est-à-dire un impôt atteignant l'individu, restent lettre morte dans leur application. Le village verse à la résidence le montant total des impôts que nous lui réclamons, mais il effectue ensuite lui-même entre ses membres, d'après les coutumes, la répartition des charges et non d'après nos modes et nos divisions.

Le peuple annamite, habitué à ce genre d'impôt, accueille avec défiance toute innovation, tant il est vrai qu'il vaut mieux conserver une taxe même avec ses imperfections, quand celle-ci a pour elle le long établissement que de créer un impôt nouveau paraissant pourtant mieux établi. On paye sans murmurer une taxe ancienne, c'est une habitude et rien n'est malaisé, surtout en matière fiscale, comme de vouloir créer une habitude nouvelle.

D'ailleurs, dès que l'on touche à ces matières, on rencontre la commune, et la commune forme un tout si parfait qu'on ne peut y introduire la moindre réforme sans risquer de détruire l'harmonie de l'ensemble. Nous n'avons aucun intérêt — bien au contraire — à nous attaquer directement ou indirectement à un organe qui est un merveilleux outil de gouvernement tant qu'on le laisse intact et qu'on respecte toutes ses formes.

Le gouvernement annamite a bien compris cette nécessité de s'appuyer sur la commune et de la rendre forte par suite en lui accordant certains privilèges. Le contre-poids que rencontre un souverain constitutionnel ou parlementaire dans les assemblées élues par la population, l'Empereur d'Annam le trouve dans les notables magistrats de la commune.

Il n'a donc pas essayé de briser une institution qui lui permettait, en retour de quelques concessions, d'administrer à peu de frais un pays fort vaste, et qu'il pouvait d'ailleurs habilement conduire dans le sens favorable aux intérêts de la nation et de la dynastie.

Quoique fortement centralisateur, le gouvernement annamite savait rester souple, se pliant merveilleusement aux circonstances naturelles ou fortuites de la vie du peuple. En cela il est fort remarquable. Il arriva à briser la rigidité des impôts à forme directe et à leur donner presque la mobilité, l'élasticité des impôts indirects, en n'établissant pas de tarifs uniformes. Nous trouvons en Annam un principe en apparence contraire au nôtre, et qui pourtant aboutit à plus d'équité : le principe de l'inégalité devant l'impôt, mais d'une inégalité volontaire et tendant au contraire à établir une juste mesure entre chacun, cette différence étant basée

sur l'inégalité des ressources suivant les régions habi-
tées par le contribuable.

Le taux de l'impôt même pour une même matière se
trouvait être différent suivant le degré de richesse des
provinces où se trouvait cette matière imposable.

Ce taux de l'impôt et toutes les réglementations générales étaient établis par l'empereur avec l'aide du
Ministère des finances, du « bo hô » et de ses cinq bureaux. Comme dans l'administration générale de l'ancienne France, ces bureaux n'étaient point spécialisés
dans un ordre particulier de question relevant de la législation financière, mais bien au contraire, chaque
bureau s'occupait de tout ce qui relevait des finances,
mais seulement dans une partie de l'empire.

Ainsi le premier bureau avait dans sa compétence
l'ensemble des mesures relatives aux finances dans
l'Annam proprement dit, de Ha Tien jusqu'au « Binh
thuàn »; le 2e bureau s'occupait des affaires de la « Cochinchine »; le 3e de celles du « Tonkin », enfin le
4e des récompenses, et le 5e des questions générales relatives aux impôts.

Un corps de fonctionnaires, sorte d'inspection mobile, dont nous verrons le rôle actif dans un instant, et
relevant à la fois du Ministère de l'Intérieur et de celui
des Finances, formait une réserve toujours prête à
être envoyée dans les provinces.

Dans celles-ci les « bo chánh » ou « quan bo »
étaient particulièrement chargés de veiller à l'administration des finances et à la garde des deniers de l'Etat.

Avant d'entreprendre l'étude de chacun des impôts,
il est indispensable de signaler un principe d'adminis-

tration indigène qui prouve une fois de plus, quoi qu'on en ait dit, que l'administration indigène était des moins onéreuses et qu'elle savait limiter au nombre strictement nécessaire le chiffre de ses fonctionnaires.

Peu de rouages inutiles, mais un contrôle général et permanent, sur toutes les grandes manifestations sociales de la vie intérieure des communes, telle est la formule d'administration de ces empereurs d'Annam, qu'on s'est plu pourtant à représenter comme de grands centralisateurs puisant toute leur force dans une administration multiple où se développe un fonctionnarisme exagéré. Grands centralisateurs ! ils le furent en effet, mais par des moyens souples et divers, et avec une économie de fonctionnaires que nous pourrions leur envier.

Ce principe d'économie nous le trouvons en matière d'impôt dans la mise à la charge des communes de tous les frais et de toute la responsabilité de la perception des impôts. Ce lourd mécanisme qui multiplie les collecteurs d'impôt, agents du souverain, n'existe pas en Annam. La perception des taxes n'incombe pas à l'Etat mais à la commune. Seule la rentrée des impôts est opérée par les fonctionnaires de l'empire.

Aussi nous voyons la commune avec ses notables, son conseil, dresser les rôles d'impôts et les débattre avec le mandarin. Nous avons vu que les deux grandes ressources de l'empire étaient constituées par l'impôt personnel et l'impôt foncier.

Ces taxes étaient constatées par deux rôles distincts, celui de l'impôt personnel dit « Bô-Dinh » et celui de l'impôt foncier ou « bô Diên ».

Ces rôles étaient constitués par de véritables registres, dont la minute, nous le répétons, était dressée contradictoirement par les notables et l'administration.

La force exécutoire était donnée à ces rôles par l'apposition du cachet du « Bô chánh ».

Le « Bô Dinh » contenait le nom de chaque contribuable, son âge et la somme due par lui.

Le ly trúong, une fois qu'il a reçu les rôles d'impôts, devient responsable de leur perception.

C'est à lui, assisté de certains notables du village dont nous avons parlé, qu'il incombe de recevoir l'impôt de chaque habitant et de lui en délivrer reçu. Ce reçu très précis et très clair sert au juge pour trancher les difficultés qui peuvent s'élever entre le collecteur et les contribuables relativement au montant des droits à acquitter.

Les contribuables pouvaient d'ailleurs réclamer dans certains cas des dégrèvements et des exemptions ; si les autorités du village ne faisaient pas droit à leur demande ils pouvaient toujours, grâce au mécanisme de la révision des rôles, en appeler directement aux mandarins royaux. Tous les cinq ans les « bô Dinh » étaient révisés pour y inscrire les mutations définitives. Entre ces époques et chaque année des rôles de petites corrections étaient établis mais celles-ci ne devenaient définitives qu'après la revision quinquennale.

Cette année-là les villages dressaient deux rôles de grande correction. Ce travail de revision était présidé par un envoyé royal « Kham sai », « Kham phai » ou « Kham mang ». Le gouvernement ne voulait pas laisser à l'autorité provinciale qui sur place aurait pu ne pas apporter toute l'équité voulue, le soin de cette grave opération. Celle-ci était faite avec minutie. Le « Kham sai » faisait appeler les personnes pour lesquelles des mutations devaient avoir lieu, des enquêtes très complètes étaient conduites par ce mandarin. Les séances de révision étaient publiques, le peuple se tenait à la porte de la salle des séances, le nom des villages était appelé à mesure que leur rôle se présentait, un lettré lisait à haute voix les mutations opérées, chacun pouvait intervenir et présenter ses réclamations.

Il nous est plus difficile d'obtenir le plus minime et le plus légitime des dégrèvements.

Les impôts nous l'avons vu pouvaient être acquittés en nature au cours du jour. Ce cours était fixé dans les marchés et tous les mois il était envoyé au roi par les autorités provinciales.

Les impôts étaient en général mis en recouvrement à partir du quatrième mois et ils devaient être rentrés au septième mois, du moins dans l'Annam.

En Cochinchine le recouvrement commençait dès le premier mois et la rentrée était faite au quatrième.

Dans les provinces du Tonkin l'impôt était versé en deux fois, à la saison d'été « mua ha » (5e mois) et à la saison hiver « mua Dong » (10e mois).

La quotité de l'impôt changeait suivant les provinces. La province où se trouve « Hué » était particulièrement favorisée. Même en Annam on trouve des « bonnes villes ».

L'impôt personnel indigène comprenait la capitation « Thân-tien » (argent du corps) et le « mang tiên » (argent des liens) qui paraît avoir été institué en compen-

sation des pertes que les magasins de l'Etat éprouvaient
lorsque les rotins — « les liens » — sur lesquels étaient
enfilées les ligatures de sapèques venaient à se rompre
ou encore lorsque les sapèques, si friables, venaient à se
briser en les entassant. Cet impôt personnel était en général de « 7 tiến » par inscrit plus 30 sapèques pour
les « liens ». Cette quotité était appliquée aux inscrits
de tous les villages possédant des rizières publiques.
Les autres ne payaient que 6 « tiến » et 30 sapèques
par habitant. Enfin les provinces pauvres du nord
Tonkin ne payaient par inscrit que 2 « tiến » et 2 bols
de riz pour les « liens ». La monnaie courante était
donc la sapèque de zinc. La sapèque, sans réunir les
conditions nécessaires à une bonne monnaie puisqu'elle
est peu résistante, qu'elle est relativement chère, qu'elle
est encombrante dès qu'il s'agit de somme de quelque
importance, a pourtant un avantage c'est qu'elle représente une fraction presque infime d'une pièce d'or ou
d'argent et qu'elle correspond justement à cause de son
peu de valeur au prix d'échange d'une grande quantité d'aliments. Cet avantage tout relatif, car il indique
un niveau économique inférieur, avait pour effet de
maintenir la vie courante des indigènes à un prix très
faible. Avec l'augmentation des salaires, une vie économique plus intense et la raréfaction de la sapèque nous
avons relevé le taux du prix de la vie domestique. On
ne trouve presque plus rien aujourd'hui en Annam qui
puisse s'acheter pour une sapèque, j'ai pourtant
connu le temps où un bol de riz ne valait pas davantage.

Or, une sapèque, base du système monétaire annamite,

est bien peu de chose, puisqu'il en faut environ 30 pour faire un de nos sous. 30 sapèques valent cinq centimes.

Le « tien » est constitué par la réunion de 60 sapèques et la ligature comprend 10 « tiến » ou 600 sapèques. On comprend dès lors aisément pourquoi les sapèques sont percées en leur milieu d'un trou de forme carrée qui permet, en passant un lien fait d'un rotin ou d'une lanière de bambou, de les réunir par 60 pour former le « tien » et la « ligature ».

Ce n'est pas là une monnaie bien pratique et nos indigènes ont accepté avec plaisir notre encombrante piastre d'argent, contre laquelle nous récriminons car plus grosse qu'une pièce de 5 francs, elle ne vaut pourtant que 2 fr. 50 ou 2 fr. 80 suivant le cours, mais qui, comparée aux ligatures de sapèques, présente pour l'Annamite un progrès très réel. A côté de cette monnaie de zinc on trouvait aussi des barres d'argent d'une valeur déterminée et quelques barres d'or.

Ainsi l'impôt personnel réclamé par le souverain à chaque inscrit n'était pas exagéré. Quoique le législateur ait admis le principe que l'impôt est dû par tous, on trouvait toutefois diverses catégories de privilégiés. Ces catégories nous les retrouvons en lisant un « bó Dinh ». En tête se trouvent les exempts de tout impôt personnel. Ce sont ceux qui possèdent un brevet royal de mandarinat ou un diplôme de bachelier ou de licencié, les employés de l'Etat, certains fils de mandarins, les titulaires de brevets de noblesse, les soldats, les chefs de cantons titulaires. Après cette première énumération on rencontre une nouvelle catégorie d'indi-

vidus, qui sont exemptés des corvées, du service militaire et qui ne payent que la moitié de l'impôt personnel,
ce sont les fils de certains mandarins, les « linh lê »,
les gardiens de pagode et les gardiens de tombeaux.
Ensuite commence la catégorie des contribuables, qui
supportent toutes les charges, qui sont susceptibles
d'être soldat et qui doivent faire la corvée. Cette classe
comprend les inscrits de 20 à 55 ans.

Enfin on rencontre les jeunes gens de 18 à 20 ans et
les hommes de 55 à 60 ans, qui n'acquittent que la
moitié de l'impôt.

Ainsi le législateur annamite savait proportionner la
taxe à la force de l'individu, il ne réclame qu'à l'homme
adulte, qu'à l'homme fort et robuste, qui peut et doit
travailler et jouir des avantages conférés par les travaux de l'Etat, le payement intégral de l'impôt Dans
les moindres détails comme dans les idées et les conceptions les plus élevées, nous constatons chez l'Annamite le soin de proportionner l'effort aux ressources.
Partout on trouve la trace du souci de tenir compte des
contingences et de la diversité des aspects que peuvent
prendre, suivant les circonstances, les idées de justice
et de vérité. Pour l'Annamite, ces idées ne sont pas
une, mais au contraire elles sont infinies et multiples et
il s'efforce, de toute la subtilité de son esprit, à les réaliser dans chacune de leurs manifestations. C'est en
cela que leur politique diffère profondément de la nôtre.
Sous le même mot de justice, de vérité, d'égalité, nous
considérons des aspects opposés. Nous vivons en ces
matières dans le monde des « noumènes » de Kant et
ils vivent dans celui des phénomènes. Ils ne considèrent

pas les choses en soi, mais bien telles qu'elles sont réfractées au milieu de nous.

Après les diverses catégories que nous avons citées il y a un instant, le rôle consignait encore une série d'exemptés où figuraient les vieillards de plus de 60 ans, les infirmes, les déserteurs du village, les condamnés, les morts, ces derniers disparaissaient à l'époque de la revision quinquennale. J'ajoute que le principe qui présidait à cette revision était que le chiffre des « inscrits » ne pouvait qu'augmenter et qu'il ne devait jamais diminuer.

L'impôt personnel atteignait la grande masse de la population : le paysan annamite. Toute une partie des sujets de l'Empire : les artisans, payaient des taxes particulières d'un taux plus élevé que l'impôt personnel ordinaire, mais ils échappaient aux corvées et au service militaire. Cette exemption avait pour but de répandre l'industrie et de favoriser l'extension des métiers. Le législateur avait même institué dans ce but des concours où il accordait des primes.

Les divers métiers se classaient en corporations qui comprenaient toutes les industries.

Dès qu'un artisan avait trouvé 10 ouvriers de sa profession, il pouvait créer une corporation ayant son rôle d'impôt spécial et son chef le « cúóc trúŏng ». Certains villages avaient tous leurs habitants qui exerçaient une industrie spéciale : le tissage de la soie par exemple. Ces villages particuliers fournissaient un rôle d'incorporation dans lequel on retrouve les divisions du « bo Dinh » au point de vue des exempts et des demi-exempts de toute taxe.

Cet impôt était perçu soit en argent, soit en produits de l'industrie pratiquée, par les artisans, seuls les tisseurs de soie à fleurs payaient obligatoirement en nature et fournissaient les magasins de la Cour de ces étoffes qui étaient distribuées par le roi à la reine et à ses femmes. Des règlements nombreux fixaient l'importance et la valeur des industries. Ces villages et ces corporations comprenaient le long de la côte et sur les grands fleuves : les pêcheurs, les fabricants de saumures, les chercheurs de nids d'hirondelles ; dans l'intérieur des provinces : les tisseurs de soie, de coton, les chercheurs de miel, les canneliers, dans les forêts de l'Annam, les charbonniers dans la haute région, les fabricants de papier, de parfums, benjoin, citronnelle et poudre de musc, les tuiliers et les briquetiers, les fabricants d'huile de ricin et de « cay'Doc » ; dans les villes ou les grands villages, les orfèvres, argentiers, nielleurs, fondeurs de cuivre, sculpteurs et incrusteurs, éventaillistes, etc... Enfin les corporations des musiciens et des acteurs, et celle toute spéciale des chanteuses qui sont là-bas les courtisanes, mais des courtisanes qui s'adressent surtout à l'esprit et qui doivent savoir composer des vers délicats et distraire par quelques danses très lentes les mandarins et les lettrés qui les écoutent et les regardent en respirant le parfum très pénétrant des lis annamites et des jacinthes.

Dans ces villages particuliers, on rencontre des familles qui constituent de véritables castes où l'on s'adonne de générations en générations à la même industrie, avec les mêmes procédés primitifs. Calmes villages de tisseurs de soie où dans la pénombre de la case se devine la vie douce et murmurante des métiers étroits où se construit la trame de ces étoffes souples et soyeuses, que les teinturiers coloreront avec les produits du sol. Des artisans habiles jouent, au milieu de l'entrelacs des fils, tous les thèmes des fleurs décoratives, des caractères archaïques et des enroulements harmonieux du dragon moiré.

Patiemment, pendant toute leur existence, d'autres feront miroiter les couleurs du prisme sur les panneaux de bois de teck en y dessinant de très délicates scènes au moyen de morceaux de nacre finement découpés et incrustés.

Les villages où se fabrique le papier vivent d'une vie plus active. Dans les petits bassins où se dépose la pâte fluide faite avec l'écorce de l'arbre à papier, les indigènes trempent les légères claies de bambous qui retiennent la couche très mince de la précieuse substance. Peu à peu et en renouvelant cette opération naïve la feuille prend consistance, on l'étend et le soleil la sèche. Elle ira ensuite entre les doigts des lettrés recevoir le caractère qui la rendra sacrée.

Les potiers rappellent les nôtres et cette industrie qu'on a dit être la première de toutes a gardé dans tous les pays son caractère primitif. Elle tient si près à la terre et la transformation apportée à la matière par la main de l'homme, loin de lui enlever sa simplicité et sa grandeur, a su lui révéler la grâce.

Mais c'est dans les quartiers des vieilles villes, Hanoï ou Nam Dinh, que le pittoresque des métiers s'étale dans toute sa couleur locale. Les professions sont groupées, réunies par rue. Au moyen âge nous avons connu une organisation analogue, et nombre de noms de nos artères modernes rappellent encore le lieu de réunion des professions d'autrefois.

C'est une des choses les plus exquises pour l'Européen que ces flâneries le soir au soleil couchant dans les quartiers indigènes.

Voici la rue des Voiles où les patrons de jonques et de sampans viennent s'approvisionner de ces ailes particulières qui donneront à leur embarcation l'air de grande chauve-souris. La rue de la Saumure qui exhale une forte odeur de poisson et qui offre aux passants les jarres en bois laqués pleines de sauces odorantes. La rue des Cercueils où l'on peut choisir tout à son aise et suivant sa bourse son ultime demeure, soit en simple bois de « mit » soit en « lĩm » lourd et ornementé.

Les étalages de la rue des Vermicelles montent toute la gamme des blancs et des jaunes.

Voici la somptueuse rue des Cuivres où les brûle-parfums massifs se dressent en amphithéâtre dans toutes les boutiques : cuivres rouges aux tons chauds de nos soleils couchants d'été, cuivres jaunes et délicats comme les champs de riz au dixième mois, modestes brûle-parfums de quelques « cents » qui constitueront la seule richesse, qui apporteront la note artistique des misérables « cái nhà » devant l'autel des ancêtres.

Mais voici la débauche de porcelaine de la rue des Tasses : pots à garder le riz, tasses minuscules pour l'alcool ou le thé, vases pansus destinés à décorer un intérieur de mandarin. Tout cela luit, s'adoucit dans l'ombre, enchante les yeux par les dessins bleus aux perspectives déconcertantes. La rue des Stores et des

Drapeaux de pagode, celle des Brodeurs où se cachent de véritables artistes qui font éclore sur le satin les chrysanthèmes échevelés, qui font mourir les roses dans des grâces exquises, qui jettent au milieu du froissement des touffes de bambou un paon orgueilleux dans toute la somptuosité de son vol ; celle encore des dessinateurs et des laqueurs où l'artisan se double d'un lettré qui choisit les sentences qu'on reproduira en grands caractères d'or ; toutes ces rues avec leur vie intense, le mouvement des acheteurs indigènes venus de leurs villages lointains, le grincement des brouettes, le frôlement et la criaillerie des conducteurs de pousse-pousse, constituent des tableaux multiples et toujours changeants. Le soir les échoppes s'éclairent de lanternes chinoises. On sent derrière ces minces cloisons la vie lente mais continue de ces patients pour lesquels le temps est toujours rempli et jamais perdu.

Les bonnes rues, les jolis et pittoresques quartiers où palpite un peu de l'âme subtile de ce peuple léger et aimable, dans cette odeur très fine de santal qu'exhalent les boîtes de Chine.

Dans ces quartiers indigènes de Hanoï ou de Nam Dinh, on trouve aussi des rues qui portent le nom de rue des « Phuc yen » ou rue des « Cantonnais ». Ce sont les rues où se trouvent groupés les Chinois originaires de ces deux provinces méridionales de la Chine.

De tout temps, en effet, il y a eu des Chinois en Annam. Sans parler des liens qui unissaient les deux pays, le Céleste, commerçant par excellence, ne pouvait pas ne pas chercher fortune dans ce pays d'Annam qui fut longtemps et qui est encore le grenier à riz de la Chine.

Le gouvernement annamite avait admis les Chinois à s'établir et à posséder des biens dans le royaume, mais il leur imposait l'obligation de subir tout les lois et règlements de l'Empire. En cas de délits, ils étaient jugés selon le code annamite, le souverain n'admettant personne dans le pays pouvant se trouver en dehors des lois nationales. Il appliquait toutefois un régime spécial aux étrangers qui étaient placés sous la surveillance des « quan bo » des provinces.

Les Chinois se groupent encore de nos jours comme autrefois en « congrégations » suivant leur pays d'origine, d'où ces noms de Phucyen et de Cantonnais. Dans les provinces, les Chinois dispersés dans les villages et isolés faisaient aussi partie d'une congrégation ou « bang » ayant à sa tête un chef de congrégation ou « bang truỏng ». Ces congrégations ou mieux ces syndicats étaient placés, au point de vue de la police, sous la surveillance des autorités communales.

En ce qui concerne l'impôt, son payement était effectué par chacun des membres de la congrégation entre les mains du chef de la congrégation.

Celui-ci était élu par ses compatriotes et présenté à l'autorité du « bochanh » qui le nommait et lui remettait un brevet.

Lorsque les Chinois, au lieu de s'occuper du négoce, s'adonnaient à l'agriculture et qu'ils formaient un groupe assez important pour constituer un village, le « bằng truỏng » jouait alors le rôle du ly truỏng annamite, et, comme ce dernier, s'occupait de la confection des rôles d'impôt et de leur revision. Au point de vue de l'impôt, les Chinois se divisaient en deux classes :

ceux qui possédaient et qui acquittaient la totalité de l'impôt et ceux qui ne possédaient rien et qui n'étaient assujettis qu'au paiement de la moitié de l'impôt. Mais très sagement, le législateur annamite avait décidé qu'un Chinois inscrit dans cette deuxième catégorie ne pouvait y rester plus de trois ans. Au bout de cette période il devait gravir l'échelon de la classe supérieure.

Cette deuxième catégorie comprenait les émigrants qui venaient chercher fortune : coolies, portefaix, employé de bureau. Leurs riches compatriotes les prenaient à l'essai et dès que les débutants étaient agréés, ils devenaient en quelque sorte des associés immédiatement intéressés dans les affaires. Une forte solidarité unissait ces hommes, qui savent mieux que personne drainer les petits capitaux pour constituer de puissants syndicats et utiliser les facultés de chacun des membres des associations commerciales.

Les Chinois devaient l'impôt jusqu'à soixante ans. Quand un Chinois atteignait cet âge, il était rayé du rôle, mais le chef de la congrégation devait le remplacer.

L'impôt personnel était fixé à deux onces d'argent par tête, c'est-à-dire à dix-huit ligatures. Ainsi, un Chinois payait dix fois plus qu'un Annamite. S'il arrivait qu'un membre d'une congrégation fût condamné à la prison, il était expulsé par le gouvernement, après avoir acquitté le montant du rachat de sa peine, la congrégation était pécuniairement responsable des délits commis par ses membres.

Qu'il s'agisse des Annamites ou des Chinois, il faut signaler la rectitude avec laquelle sont payés les impôts.

Les Chinois, eux, vont plus loin encore et dans un but de réclame commerciale, s'enorgueillissent du montant élevé de leurs taxes. « Il nous a même été donné, dit M. Baille, chose bizarre, de voir des Chinois classés primitivement dans la deuxième catégorie de notre patente, déclarer qu'ils auraient dû être classés à la première, disant très net que cela n'eût pu que servir leur crédit commercial. Ce raisonnement et cette ambition sembleront sans doute bien extraordinaires aux boutiquiers français qui luttent contre la fixation de leurs patentes. Ils n'en sont pas moins l'indice d'une véritable intelligence de la hiérarchie commerciale et des lois du crédit. »

Les Chinois imposés à la première catégorie affichent dans leur magasin, pour s'en faire honneur devant le client, leur carte bleue de capitation.

Le Gouvernement annamite avait établi une réglementation spéciale pour les fils de ces émigrants chinois. De nos jours encore, ceux-ci, en général, arrivent seuls en Annam et laissent leurs femmes en Chine, ne quittant jamais leur pays sans esprit de retour. En Annam ils prennent une femme indigène et de ces unions naissent des métis connus sous le nom de « Minh Huong ». On ne connaît pas exactement l'origine de ce nom. On croit généralement qu'il vient de ce fait : des Chinois partisans des « Minh » vinrent s'établir à Tourane et à Faifo, l'empereur leur offrit des terres en Cochinchine ; ils s'y installèrent et en reconnaissance des bons traitements du gouvernement annamite aidèrent les troupes impériales à repousser les Cambodgiens. Mais avec sagesse, le gouvernement annamite voulait, tout en augmentant la population, la rendre homogène. Ces Chinois, colons en Cochinchine, pouvaient former avec le temps une colonie importante qui ne se serait pas fondue avec la population annamite. Le législateur, afin d'éviter la formation d'une classe de métis qui aurait pu devenir un embarras de gouvernement, institua alors un régime spécial appliqué aux « Minh Huong », fils de Chinois et d'Annamites.

Les « Minh Huong » ne pouvaient porter la queue, ils avaient le chignon comme les indigènes et se trouvaient assimilés à ceux-ci. Dès que l'on trouvait dans une congrégation chinoise plus de cinq minh huong, la loi imposait à ces métis de former une corporation particulière ou un village ayant un rôle spécial. Ces « Minh huong » payaient deux onces d'argent comme taxe personnelle, ils étaient exemptés du service militaire et de l'impôt, mais ils avaient accès aux concours des lettrés et les charges publiques de l'état leur étaient ouvertes. Dans leur rôle d'impôt on trouvait les mêmes divisions que dans le « bo Dinh. » Au bout de deux générations ils se confondaient avec les Annamites et étaient considérés comme tels. Ainsi par degrés on accroissait la population sans toutefois créer de démarcation dangereuse entre l'Annamite et le métis chinois.

Le législateur annamite a trouvé la solution la plus logique à cette grave question des métis qui préoccupe à un si haut degré les Anglais dans l'Inde et qui se pose déjà chez nous en Indo-Chine.

Je crois pourtant qu'à bien considérer les choses et avec un peu de prudence, on peut arriver à empêcher la formation d'une classe de métis. Légalement il n'y a pas de métis. Il y a des Français ou des Annamites.

Socialement, on pourrait fort bien ne pas établir de catégorie nouvelle, d'élément intermédiaire entre ces deux races, si l'on agissait avec la même méthode que celle que le législateur indigène a si bien appliquée à l'égard des métis de Chinois.

Ou l'enfant né d'un Français et d'une Annamite sera reconnu par son père et alors il sera Français, ou il suivra la condition de la mère et restera Annamite.

Dans le premier cas, il incombe au père de donner à son fils une éducation en rapport avec sa qualité de Français, dans le second cas, l'enfant, rendu au milieu indigène, s'y confond et bientôt on ne fait plus aucune différence entre lui et un Annamite de race.

Mais il faut à tout prix empêcher que ces métis reçoivent une éducation mixte qui les laisse dans un état intermédiaire et imprécis.

*
* *

Enfin le gouvernement annamite exigeait un impôt comme marque de vassalité des peuplades de races différentes qui vivent dans l'arrière-pays, dans les montagnes de la chaîne annamitique et du haut Tonkin.

Ces peuples sont les débris de races vaincues, autochtones ou d'origine malaise ou hindoue « cham, ». du sud Annam, Mán de la moyenne région, nomades et montagnards nangs, muóng qui vivent dans les forêts profondes, sur les plateaux silencieux, dans leurs villages bâtis sur pilotis ou juchés sur les rocs.

Tous sont connus sous le nom de moi, c'est-à-dire « sauvages », par les Annamites qui les méprisent. Ces hommes parlent des langues diverses, vivent de civilisations différentes dans les espaces où l'Annamite ne peut s'installer sous peine de mort.

Habilement, le gouvernement annamite n'a jamais imposé ni ses lois, ni ses coutumes, ni ses fonctionnaires, il a laissé à ces tribus leur indépendance, à condition toutefois que celles-ci reconnaissent la domination annamite par le payement d'un impôt. Les chefs de ces peuples étaient investis et reconnus par l'Empereur ou ses mandarins et le tribut payé par ces races diverses différait avec chacune d'elles. Certaines payaient une somme représentant un impôt frappant non l'individu, mais la famille, d'autres apportaient du miel, de la cire jaune, des boules de « cu nhau », qui servent pour teindre les étoffes, d'autres de l'argent et de la poudre d'or.

Il y aurait beaucoup à dire sur ces peuplades si curieuses par leurs coutumes, leurs usages et qui ont passionné tous ceux qui sont restés en contact avec elles et qui comprennent d'ailleurs une famille fort importante, celle des thay.

Mais j'ai voulu simplement indiquer le mode d'impôt qui les rattachait au peuple annamite.

Ainsi le législateur indigène a cherché a établir l'équité dans l'assiette de l'impôt, il a proportionné la charge à l'état économique du royaume, il a sagement exempté ceux qui, trop vieux ou infirmes, ne peuvent faire face à une imposition hors de proportion avec

leur force, il a réduit au minimum les frais de perception. Il a appliqué aux étrangers des taxes justes
et a laissé aux tribus montagnardes une large indépendance ; il a su protéger les industries locales et
malgré l'uniformité de son administration, il a trouvé
en lui la faculté précieuse de faire plier ses règles aux
circonstances et aux besoins de l'accroissement de la
population.

C'est dans la sagesse de ces dispositions que nous
devons chercher l'explication des faciles progrès des
Annamites en Indo-Chine.

CHAPITRE X

L'IMPOT FONCIER ET LES IMPOTS DIVERS

Au début du dernier chapitre, j'ai indiqué comment l'individu et le sol s'étaient présentés au gouvernement annamite comme les matières imposables les plus directes et les plus simples. On connaît le mécanisme des taxes personnelles. Nous allons passer en revue l'impôt foncier et les autres contributions accessoires instituées ou tolérées par l'Empereur, dont l'ensemble constituait le régime financier de l'Etat.

Par les chaudes nuits d'été, lorsque les paysans s'assemblent devant la maison d'un notable, ou dans l'espace qui forme parvis à la maison commune, on entend parfois les jeunes gens troubler le silence nocturne par un chant populaire. La voix monte monotone, sorte de mélopée berceuse s'harmonisant avec le calme des choses et l'immobilité de l'atmosphère. Ces chants sont très simples, ils disent le bonheur de la vie des champs, ils exaltent le métier du laboureur pacifique et le geste auguste du semeur. En voici un dans sa naïve traduction :

« La récolte est bonne, les cultivateurs sont heureux ;

« L'agriculture est une chose essentielle, elle prend place après la science. Mais si la température est propice, qui sait si cet état de choses ne peut être renversé et si l'agriculture ne sera pas supérieure à la science !

« Le paysan souhaite de bonnes récoltes afin d'avoir du riz et de l'argent pour nourrir les siens ;

« Du riz, de l'argent, c'est le bonheur de la famille ;

« Admirons donc le paysan qui s'occupe sans relâche aux travaux de la terre. »

Sans nous arrêter au sens symbolique et profond de ce chant populaire, nous y voyons simplement la preuve de l'estime qu'on rend à celui qui vit au ras du sol et la manifestation des sentiments d'amour que l'Annamite garde pour la terre où croît le riz bienfaisant et nourricier.

L'impôt foncier devait donc tout naturellement être institué par le gouvernement et être supporté avec aisance par le peuple. C'est celle, parmi toutes les contributions, qui pouvait recevoir la meilleure assiette et qui, par sa forme directe sans aléa pour le contribuable, devait être acceptée le plus facilement par lui.

Aussi dès 1248 nous trouvons dans les Annales la trace d'une taxe foncière unique, instituée par le roi « Trân-thai-thong », qui était calculée sur l'étendue des terres possédées. Le cultivateur payait deux ligatures pour un « mẫu » à trois « mẫu » de terrains ; trois ligatures pour trois « mẫu » à quatre « mẫu », et quatre ligatures pour quatre ou cinq « mẫu ». Sans aller plus loin il est nécessaire, avant d'aborder l'étude de l'impôt foncier, de présenter les poids et les mesures annamites. La même diversité qui existait autefois en France en ces matières, se retrouve en Annam. On y rencontre des mesures locales particulières à certaines régions. Toutefois le gouvernement a réglementé, à plusieurs reprises, un objet qui demande un caractère de fixité et d'exactitude, surtout au point de vue particulier de la détermination de l'impôt.

On connaît déjà les monnaies, on sait que la sapèque de zinc en est l'unité. C'est elle qui a servi de base à la construction du système annamite.

Le « thuôc », qui joue dans les mesures de longueurs indigènes le rôle de notre mètre, représente vingt-deux diamètres de la petite sapèque frappée sous l'Empereur Gia Long.

Avec cette unité de longueur les Annamites ont imaginé un système assez ingénieux de multiples et de sous-multiples, qui empruntent tour à tour la forme décimale et la forme quinquennale.

Dans le but de donner aux relations commerciales et au paiement de l'impôt le caractère d'honnêteté indispensable aux transactions et aux paiements, le gouvernement a établi trois unités de longueur, dont les originaux sont conservés au Ministère des travaux publics, à Hué ; ces originaux servent à fournir de « thuoc » types tous les mandarins de l'Empire qui, à leur tour, dotent les communes, les commerçants et les artisans de ces mesures étalons.

La loi intervient pour punir ceux qui fabriqueraient de fausses mesures et ceux qui en feraient usage.

Ces trois unités de longueur correspondent aux besoins les plus usuels, c'est ainsi que :

Le « thuoc môc », qui représente 0 m. 425 millimètres, est l'unité de longueur employée pour le mesurage des bois, des bigues de bambou, etc...

Le « thuoc do ruóng », qui a 0 m. 470 millimètres, est l'unité des longueurs agraires. C'est ce thuoc qui sert à édifier le système des mesures de superficie.

Enfin le « thúóc vải » est l'unité de mesure pour les étoffes. En pratique ce dernier thuoc n'est jamais employé et les étoffes, les soieries comme les cotonnades, se vendent au carré, la largeur de l'étoffe étant repliée sur la longueur. Ce procédé, tout primitif, sert de moyenne mesure entre les acheteurs et les vendeurs. La largeur des métiers étant la même partout, cette façon de procéder est relativement assez uniforme dans la détermination de la longueur du côté du carré. Ces trois unités de longueurs ont des multiples et des sous-multiples communs.

Comme multiples nous trouvons le « tân » qui vaut cinq thúóc et le « truong » qui vaut dix thúóc.

Les sous-multiples sont décimaux, ce sont :

Le « tât » ou dixième partie du thuoc ;

Le « phân » ou centième partie du thuoc ou dixième du tât.

Le « lý » ou millième partie du thuoc.

Ainsi donc nous touchons à des mesures infiniment petites, étant donné que le thúóc ne mesure que 42 centimètres. On reconnaît bien là la mentalité indigène, apte à saisir le moindre fractionnement de l'unité, toujours prête à se complaire dans la minutie, le détail infime. L'Annamite ramène tout à la mesure de sa taille, il aime les petits jardins, les arbustes, les travaux de patience, c'est un enthousiaste du fini dans les œuvres artistiques. Sa fantaisie n'a jamais l'envolée de nos imaginations occidentales, elle se donne tout entière carrière dans le champ étroit et limité d'un petit panneau de quelques tât de largeur ou d'une mince plaque d'ivoire.

Cela est si vrai que les grandes distances échappent à son appréciation. Le multiple de longueur le plus élevé n'atteint pas 5 mètres, au delà, la distance a été jugée trop élevée pour être mathématiquement évaluée. Il y a bien la « lý » ou « dam » que l'on rencontre dans le code à propos de la peine de l'exil, mais vous savez déjà que cette expression ne contient aucune définition exacte, et qu'il faut avoir recours à ce terme de comparaison assez naïf et bien peu précis : la « lý » ou « dam » est la distance à laquelle l'œil peut voir un buffle gros comme un homme accroupi.

Si imparfaite que soit cette évaluation de la distance, elle est encore trop précise pour le peuple annamite qui ne l'emploie jamais. Si vous demandez à un paysan combien de temps il faut pour atteindre un village, il répondra : le temps de mastiquer une chique de bétel, ou encore le temps de faire cuire une marmite de riz. Bienheureux peuple auquel le temps n'a pas besoin de limite précise et qui peut vivre au milieu de ces appréciations élastiques de la durée.

Pour les mesures agraires, l'unité de superficie est le « mẫu », carré parfait de 150 thúớc de côté, soit 49 ares 70 mètres carrés et 25 décimètres carrés. C'est là l'unité et en même temps la plus élevée des mesures de superficie. Si l'on divise un des côtés de ce carré en 10 parties égales et qu'on trace dix parallèles à l'un des

2 autres côtés, on obtient 10 rectangles. Chacun de ces rectangles représente un « sao ». Le « sao », à son tour, qui a 15 thuoc de haut et 150 de long, se subdivise en 15 thúóc superficiels qui sont obtenus en menant de nouvelles parallèles à la base de ce rectangle dont le petit côté a été divisé en 15 parties égales.

Enfin le « thúóc » de superficie se divise lui-même en 10 « tât » et par le même procédé.

C'est au moyen de ces mesures que sont délimitées toutes les propriétés, ce sont ces mesures qui servent de base à l'établissement du cadastre indigène et à l'impôt foncier.

L'impôt pouvant être payé en nature, il est utile encore de connaître les mesures de capacité et de poids.

La mesure de capacité officielle, déposée au ministère des travaux publics, à Hué, est le « hoc. » qui vaut 76 litres 226. C'est l'unité de mesure du paddy ou riz non décortiqué. Le hoc se subdivise en 26 « thang » de 2 litres 932, le « thang » se subdivisant à son tour en 10 « cap ».

On trouve encore le « bat » qui représente la ration de riz et qui équivaut à 2 litres 54 ;

Le « uyên » qui vaut 1 litre 27 et enfin

Le « thúóc », capacité qui représente la valeur d'une de nos cuillères.

Pour mesurer le riz blanc décortiqué, les indigènes devraient employer le « vuong » ou « phuong » qui vaut la moitié du « hoc » et qui contient 13 « thang », mais dans la pratique, les Annamites en Cochinchine vendent le riz par « ga » représentant à peu près

1 « vuong » et au Tonkin les transactions se comptent par paniers de riz.

Quant aux poids, l'unité en est le « ta » ou picule qui est égal au poids de quarante-deux ligatures de sapèques de zinc, ce qui donne 60 kilog. 400. Le « ta » se subdivise en dix « yen » et en cent « can. » Le « can » à son tour représente seize « tuóng ; » et le « tuóng ou tael » vaut 37 grammes dix « dong » ou cent « phan. »

La balance dite romaine est celle employée pour évaluer les poids.

Nous pouvons maintenant aborder l'étude de l'impôt foncier.

Les mêmes principes de souplesse, de diversité que j'ai indiqués en exposant le système de l'impôt personnel, se retrouvent en ce qui concerne l'impôt foncier. Celui-ci se divisait en deux grandes catégories : l'impôt des rizières et l'impôt portant sur les autres cultures du royaume.

En jetant un coup d'œil sur les rôles, nous allons en même temps faire l'inventaire des richesses économiques agricoles de l'empire et connaître l'impôt foncier.

Les rizières étaient en général divisées en trois classes suivant la fécondité du sol et la qualité du produit. Ces rizières ou « Diẽn » se groupaient en outre, ainsi qu'on l'a déjà vu, en rizières d'état ou « công Diẽn, » en rizières communales « bồn thon Diẽn » et en rizières privées.

Dans les communes possédant des « cong Dien » l'impôt était pour les rizières de 1ʳᵉ classe de vingt-huit « bàt » par « mẫu », de vingt-un bât par « mẫu » pour la 2e classe et de quatorze bât par « mău » pour la 3e classe.

Cette quantité était augmentée de deux « tien, » six sapèques représentant la perte provenant du transport de l'impôt du village au chef-lieu. Cette surtaxe ou « thâp vât » rappelle la surtaxe imposée à l'impôt personnel pour les liens.

Les particuliers devaient verser au total aux magasins royaux quarante « bât » de riz par « mău » de rizière de 1re classe, trente par « mău » de rizière de 2e classe et vingt par « mău » de 3e classe ; le « thap vât » étant de trois ligatures de sapèques. Mais cette quotité n'était pas invariable, certaines provinces plus pauvres de l'Annam voyaient leur impôt des rizières diminué de 3 10. D'autres, comme celles de la Cochinchine actuelle, ne comprenaient que deux classes : les rizières de plaine qui versaient vingt-six bât par mău, et les rizières de montagne qui n'en versaient que vingt-trois. Au Tonkin, le cultivateur payait sept ligatures trois « tien, » pour la 1re classe, cinq ligatures six « tien » pour la 2e et trois ligatures huit « tiên » pour la 3e classe.

Dans la 2e catégorie « cong thô » ou cultures diverses, on rencontrait douze classes variant de quatorze ligatures deux tiên par mău, à trois tiên seulement.

Dans cette catégorie se trouvaient les terrains sablonneux propres à la culture des semis de riz, du maïs, des cannes à sucre et des mûriers, du thé, des haricots et des patates, du cotonnier, des arequiers et des manguiers. On y voyait les jardins qui entourent les maisons d'habitation et aussi les terres d'alluvions ou celles qui sont recouvertes par les marées. Les terres incultes elles-mêmes figuraient dans les dernières catégories, avec les mares et les vastes marécages où poussent le jonc et les palétuviers. Ainsi aucune parcelle de terrain n'échappait à l'impôt et l'on comprend cette préoccupation du législateur lorsqu'on sait que l'inscription au rôle est la preuve de la propriété. D'autre part, étant la principale ressource du royaume, il est tout naturel que l'impôt foncier ait de tout temps fait l'objet de nombreuses réglementations.

Sous le titre poétique « des champs et des maisons » le code a édicté **une série** de règles destinées à empêcher la non déclaration des champs possédés, la dissimulation des terres ou de leur valeur ; **mais il** prescrit aussi de sages mesures relatives à la **réduction** et à l'exonération des impôts par suite des « intempéries et des mauvaises saisons. » L'état des récoltes devait faire l'objet de rapports adressés au roi. Dans ce pays où la nature prend parfois de si terribles revanches des avantages climatologiques qu'elle concède, il est naturel que le souverain fasse tous ses efforts pour protéger ses sujets.

Malgré l'industrie des hommes, en effet, malgré les digues, la tempête détruit en quelques heures le travail laborieux et constant de plusieurs années. La nature paraît parfois vouloir reconquérir les terres que l'homme lui arrache, et les raz de marée alliés aux typhons qui dévastent tout sur leur passage, lancent et déroulent leurs énormes vagues bien avant dans les terres que leur faible niveau ne peut arrêter. Les inondations si fréquentes revêtent le caractère de catastrophe publique. Devant cette nature tour à tour si prodigue et si ingrate, on croit trouver l'explication du caractère même de cette population tout à la fois patiente, constante dans l'effort mais aussi, légère et pleine de l'insouciance que lui permet un sol riche et peu avare de ses dons.

Malgré ses déformations continuelles, le sol de l'empire fut cadastré. Gia Long entreprit et mena à bonne fin cette œuvre colossale qui fut reprise et revisée par le grand légiste et le grand administrateur annamite, l'empereur Minh Manh.

Aujourd'hui encore c'est le « Dinh bô » ou rôle cadastral de « Minh Manh » qui sert de base à l'impôt foncier en Annam.

N'en déplaise à nos géographes et à nos topographes, le cadastre annamite, s'il avait été constamment revisé tous les cinq ans, constituerait un document merveilleux. Il est aisé de plaisanter ces cartes indigènes sans échelles, aux couleurs naïves, à la perspective fantaisiste, elles ne nous rendent pas moins dans les contestations de très appréciables services. Il faut reconnaître que si le dessinateur n'y a pas transcrit scrupuleusement les formes des parcelles, s'il s'est égaré à égayer son « Dia ly » de fleuves majestueux où court une enfantine jonque, de pagodes minuscules et même parfois de son propre portrait, il n'a jamais oublié d'indiquer d'une façon précise les quatre points cardinaux et les limites de chaque propriété. Avec l'aide du rôle descriptif très complet qui accompagne cette carte, on possède des éléments d'appréciation très suffisants en général quand on sait les lire et les interpréter.

Le « Dinh bo » contient l'énumération de toutes les parcelles de terre, leur superficie, leurs bornes, leurs cultures. Il indique le nom du propriétaire de chacune d'elles, et le montant de l'impôt dû. Après la récapitulation générale ce rôle foncier communal énumère les forêts, les terres vierges et en friches et celles réservées aux pagodes et aux sépultures. Les terres abandonnées depuis moins de cinq ans y sont portées avec les noms de leurs anciens propriétaires. Aux époques de revision on totalisait ces parcelles et on les inscrivait sous le nom de « hoang phế », terres retournant au domaine.

Cette législation traditionnelle a besoin d'être étudiée minutieusement. On s'explique les difficultés qu'on rencontre dans les procès pour déterminer aujourd'hui d'une façon précise la propriété de chacun. Depuis « Minh Manh » des possesseurs nombreux se sont succédés et pourtant c'est toujours sous le nom du propriétaire d'alors que la parcelle se trouve inscrite. Suivant les besoins de la cause le paysan actuel s'affuble du nom inscrit au rôle ou produit le sien véritable. On se trouve par suite en face d'individus qui se dissimulent eux-mêmes et ce n'est qu'à force de patience qu'on peut apporter quelque clarté dans cette supercherie continuelle.

Nous avons vu comment l'impôt était perçu, nous allons voir maintenant comment il était versé au magasin provincial, qu'il s'agisse de ligatures d'argent ou de riz. Le lý trưởng du village, accompagné de deux notables, se présentait au chef-lieu, il apportait avec lui, à l'aide de corvées supplémentaires, les ligatures représentant le montant de l'impôt du village. Dix ligatures devaient former un parallélipipède rectangle attaché par des liens solides. Si les ligatures n'étaient pas confectionnées dans ces conditions, elles étaient refusées au trésor.

S'il s'agissait d'un paiement en nature, en mesures de riz, par exemple, les magasiniers essayaient la qualité du paddy apporté en versant dans une jarre d'eau un « thang » de paddy. La proportion des grains vides surnageant à la suite de l'expérience ne devait pas dépasser 5 « thuoc », sous peine de refus. Le riz décortiqué était passé au crible et si les brisures dépassaient 5 0/0 le riz n'était pas admis dans le grenier de l'État.

Ces greniers étaient en général divisés en deux grands hangars recouverts en tuiles, clos hermétiquement et fermés par deux portes correspondant l'une au trésor en ligatures et argent, l'autre au magasin à riz et paddy.

Des séries de tréteaux étaient disposées pour recevoir les ligatures qui étaient rangées par 1000, 3000 ou 5000. Dans le magasin à riz les employés veillaient à la conservation du grain et étaient chargés en particulier de la tâche malaisée de la destruction de ces énormes rats de champs, qui sont si nombreux en Annam.

Les greniers à riz, outre qu'ils servaient au paiement de la solde des fonctionnaires, qui recevaient un certain nombre de rations de riz, étaient particulièrement destinés à parer aux éventualités des mauvaises récoltes.

En temps de disette le gouvernement prêtait du riz aux villages éprouvés, qui devaient, lorsque les récoltes redevenaient bonnes, rembourser les avances faites sans intérêt.

L'Empereur, « père et mère de ses sujets », devait jouer le rôle de prévoyance tutélaire vis-à-vis de son peuple, qui n'a jamais connu l'utilité et les bienfaits de l'épargne.

Il faut noter qu'en matière de prêt de riz entre particuliers, l'intérêt par an dépasse d'ordinaire 50 0/0.

Ces magasins avaient à leur tête un mandarin du 5ᵉ degré, sorte de trésorier. Il était assisté d'un fonctionnaire du 6ᵉ degré et d'employés subalternes. Ce trésorier ou « chu thu » était responsable de toutes les entrées et de toutes les sorties effectuées par le magasin.

Les monnaies d'argent et les lingots étaient vérifiés par le « thô bac », chef des argentiers, qui répondait sur ses biens propres, après avoir procédé à l'essayage, du titre et de la valeur des monnaies et métaux précieux reçus dans les magasins.

Le trésorier se trouvait placé sous l'autorité du « quan bo » provincial. Celui-ci ordonnait les recettes, les répartissait, mais il ne les recevait pas. Ce soin incombait au trésorier, qui seul en était responsable.

Comme chez nous un percepteur, il ne pouvait recevoir que ce qui était indiqué au rôle d'impôt. Lorsqu'il s'agissait de recette supplémentaire, il était nécessaire qu'un ordre de recette fût établi par le « quan bo » pour permettre au trésorier de recevoir les fonds ou les produits. Il en était de même pour les paiements et les sorties de marchandises. Le législateur annamite a créé un jeu de trésorerie dont le principe se rapproche du nôtre. Car si la séparation des pouvoirs administratif et judiciaire n'est pas admise par le code annamite, la séparation de l'ordonnateur et du comptable ou percepteur s'y trouve inscrite. Chaque jour, dans chaque magasin, les recettes étaient totalisées et visées par le « quan bo ».

Le trésorier tenait deux registres, l'un, sorte de journal, comprenait les talons des récépissés, délivrés au fur et à mesure des entrées ou des sorties, l'autre récapitulait, par catégorie de produits, les recettes effectuées. Ce registre des récépissés devait être émargé par les parties versantes ou prenantes. Chaque mois le trésorier devait fournir une situation de son magasin au ministère des Finances.

Les paiements se faisaient aussi sur demandes établies en double expédition et doublement contrôlées.

Les malversations dans ces conditions étaient fort malaisées.

« Les lois fiscales prévoient tous les cas possibles, les excès de recettes dans le prélèvement des impôts, le détournement des contributions, le prélèvement illégal, la délivrance de quittances non conformes au versement, l'inventaire des magasins au changement de magasinier ou de quan bo, la prise en charge et le reçu de décharge par le successeur à son prédécesseur.

« Elle prohibe les virements de chapitre, l'usage privé illégal des impôts ou objets appartenant à l'Etat (1). » Elle prescrit la manière dont doivent se faire les livraisons et les dépenses. Elle exige des pièces établies en

____

(1) Luro, *Cours d'administration annamite.*

double pour chacun de ces mouvements. En outre de cette comptabilité ingénieuse, le « tong toc » pouvait opérer des vérifications inopinées, et tous les 5 ans, souvent davantage, la Cour envoyait des inspecteurs — jouant le rôle de nos inspecteurs des finances — les « quan nghu chu » qui portaient leur contrôle sur toutes les opérations et vérifiaient les caisses et les magasins provinciaux.

Ainsi donc, le vol des deniers de l'Etat était fort difficile et c'est encore un préjugé de croire que la dilapidation ruinait le royaume.

L'organisation financière de l'Annam, avouons-le, était fort remarquable. N'est-il pas intéressant et bien fait pour nous ramener à une juste appréciation de notre système propre, de constater, chez ce peuple annamite, un mécanisme aussi ingénieux qui fonctionne depuis de longs siècles, alors qu'il n'a été définitivement établi chez nous sur un principe analogue que depuis le début du siècle dernier.

A côté de l'impôt personnel et de l'impôt foncier qui constituaient les deux sources les plus importantes alimentant le trésor, le gouvernement annamite avait institué diverses autres taxes qui avaient pour objet soit d'entraver l'exportation, soit de frapper certaines catégories d'individus ne vivant pas de l'agriculture.

Lors des traités passés avec l'Annam, on a souvent

parlé des douanes indigènes. En réalité ces droits de douanes constituaient un revenu peu important. Les taxes de cette nature étaient différentes avec chaque port et étaient calculées suivant les dimensions des jonques, suivant la richesse des pays de provenance et d'après la valeur de la cargaison. « Tout grand bâtiment de commerce qui vient de la haute mer, dit le Code, doit dès son arrivée adresser au mandarin du port sa déclaration, et celui-ci est tenu de faire visiter immédiatement les marchandises que renferme le navire afin de fixer les droits à payer. »

Il est interdit aux bâtiments étrangers de s'arrêter autre part qu'au mouillage ordinaire. L'Etat se réserve un contrôle sur le chargement et poursuit les bateaux de commerce chinois qui abordent « secrètement dans les îles ou dans les endroits très malsains dans le but d'acheter privément du riz à des marchands clandestins ». Le code, on le voit, ne parle jamais que des bâtiments chinois, c'est qu'en effet la Chine et un peu la Malaisie étaient les seules contrées entretenant des relations commerciales maritimes avec l'Annam.

Les lourdes jonques chinoises remontaient les fleuves du Tonkin, de Cochinchine, et pénétraient dans les ports de la côte. Sous prétexte de commerce, les Célestes parcouraient les rivages indo-chinois en pirates, dévastant les villages maritimes, raziant les femmes et les filles. Les Chinois ont toujours cherché à s'approvisionner en femmes en Annam.

Ils enlevaient les jours de marché les jeunes fillettes et les conduisaient dans les provinces méridionales où elles étaient vendues à de riches Chinois. Leur sort d'ailleurs n'était pas celui de l'esclavage, et certaines, parmi elles qui retournèrent, à la mort de leur maître, au pays annamite, déclarèrent avoir été fort bien traitées par les Célestes.

Mytho, Saïgon, Ha-tinh, Quang-tri, Quang-Binh, Thuan-An, le Traly, Nam-Dinh et le fleuve Rouge étaient les ports fréquentés par les fortes jonques chinoises venues de Quang-chau, de Phúc-yen, de Tien-Khanh, de Lei-tcheou, de Liem-chau, de Macao et aussi de Malacca. Suivant leur pays d'origine et suivant leur jauge, les jonques payaient des droits variant entre 12 et 140 ligatures. Les droits de mouillage en Cochinchine étaient les plus élevés.

Maintenant encore à l'époque de la récolte du riz, nos rivières tonkinoises sont sillonnées par les jónques de mer chinoises. Les mêmes cérémonies d'autrefois président aujourd'hui au départ de ces navires.

C'était après le dixième mois annamite, les bateaux ventrus venus de Hainam et du Quang Dong avaient débarqué leur chargement de bois sur les quais de Thai Binh, le long du Traly aux eaux jaunes et lourdes. Le chargement de riz et de nattes de Tien Hái était prêt depuis plusieurs jours. Les patrons de ces jonques attendaient le moment propice pour regagner la haute mer. Un matin, la petite ville s'éveilla avec un air de fête ; un mouvement inaccoutumé régnait partout, des flammes rouges claquaient au bout des mâts, des matelots replaçaient l'énorme gouvernail de bois à l'arrière des navires.

Les baguettes d'encens brûlaient devant un autel improvisé placé sur le pont des bateaux. Des guirlandes de feuillage et de fleurs ornaient la proue et la poupe de chaque jonque.

Au son du tam tam et des fifres, une procession arriva sur le quai. Chaque patron de jonque, revêtu de son plus beau costume, offrit au bonze un présent pour demander à la divinité des eaux d'être secourable et de calmer les mauvais génies de l'air. Puis, à un signal, les amarres en rotin furent levées, les lourdes voiles palmées, hissées dans le ciel, les jonques gémirent et lentement, après cette manœuvre du départ du navire qui force le silence, en file, elles prirent le courant du fleuve. Alors un chant s'éleva de chacune d'elles, des chapelets de pétards rouges éclatèrent en signe d'adieu.

A voir ces bateaux semblables à de gros oiseaux sombres glisser lentement sur le fleuve en laissant retomber au fil de l'eau leur parure de fleurs et leurs tresses de feuillage, sous le ciel bleu du début de l'hiver tonkinois, au milieu de la fumée des pièces d'artifices, on avait comme la vibrante vision d'un de ces prestigieux tableaux de Ziem où une galère de la renaissance salue d'un coup de canon les palais de Venise.

La batellerie de rivière n'était pas soustraite à l'impôt, chaque sampan, chaque jonque devait, suivant ses dimensions, payer une taxe mensuelle de navigation variant entre une ligature 5 « tien » et six ligatures. Cet impôt n'était dû que pour les sampans effectuant un voyage. Des postes de surveillance étaient établis le long des cours d'eau et le batelier devait présenter à chacun d'eux son reçu d'impôt. Ces barrières intérieures, sans entraver la navigation, étaient, il faut le reconnaître, une cause de petits abus commis par les chefs de ces postes ou « Phan Thu » au préjudice des patrons de sampans. Il est vrai de dire qu'ils exerçaient aussi une surveillance active et empêchaient la piraterie de rivière à l'intérieur du pays. Cette taxe, nous l'avons dit, était mensuelle, car elle ne frappait que le transport et non le sampan lui-même.

Toute une population fluviale vivait de cette batellerie. Près des centres, des grands marchés, on voit encore, au coude des grands fleuves, de véritables villages flottants. Sur des radeaux, des maisons sont construites qui abritent toute une famille. Des enfants sautent de sampan en sampan, des femmes manœuvrent de légères jonques pour sortir de ce fouillis de paniers, de pirogues, de cái nhà bè, qui se pressent, s'enchevêtrent si bien qu'on ne peut apercevoir l'eau du fleuve.

Cette population fluviale, comme la population agricole, vivait d'après les préceptes de simplicité de Confucius. Il lui était difficile d'ailleurs de s'enrichir, le commerce intérieur n'étant pas libre. La Cour, pour maintenir le riz à vil prix et empêcher les spéculations, interdisait l'exportation d'une façon générale. Il était nécessaire d'obtenir l'autorisation des mandarins locaux pour transporter le riz de province à province. En outre la navigation intérieure était souvent entravée par l'affermage des pêcheries.

Les droits sur la pêche étaient de trois sortes. Il y

avait d'abord un fermage établi sur les cours d'eau pris près de leur source et dont on barrait le cours pour la pêche.

On affermait aussi le droit de pêche sur les grands fleuves, de tel point à tel point, à des particuliers qui faisaient à leur tour payer une redevance par tous les petits pêcheurs établis sur le cours d'eau.

Les mares naturelles ou artificielles, dans lesquelles les propriétaires élevaient des poissons, étaient elles aussi sujettes à taxe.

A bien considérer les choses, le gouvernement annamite eût pu imposer toute la surface de l'Empire sous prétexte de droit de pêche. Le poisson y abonde partout. Il pullule dans les fleuves, on en trouve dans la plus petite mare ; les rizières en sont pleines et j'ai vu, et ceci tient du prodige, des terres hautes, inaccessibles aux eaux des fleuves, devenir de véritables viviers après quelques jours de pluie.

En outre de ces fermages le gouvernement annamite avait établi un impôt fixe sur les engins de pêche que les indigènes édifient à l'extrémité des barrages où à l'aide de filets et d'une sorte de grue en bambou ils recueillent le poisson imprudent qui cherche une issue avec le courant. Les appareils que certains bateaux de pêche portent à l'avant et destinés à supporter et à immerger le filet, les nasses, les engins en bambou et en rotin de toutes formes étaient passibles d'un droit.

La perception de ces droits était confiée à certains villages ; la ferme du droit de pêche sur les rivières était en général concédée à un village riverain, mais parfois aussi, ce droit était vendu à un particulier et aucune règle précise n'avait été établie en ces matières.

L'empereur imposait aussi les salines d'un droit de 7 vuong de sel par mâu de superficie. Cet impôt se payait en argent ou en nature, suivant les besoins de l'Etat. Le sel lui-même ne supportait aucune taxe et c'est ce qui explique le nombre relativement considérable de fours à sel que l'on rencontrait le long de la côte d'Annam. La production du sel de four était bien supérieure à celle des salines. Ces dernières étaient surtout établies en Cochinchine. L'Annam, grand producteur de sel, en exportait aussi d'importantes quantités en Chine et au Yunnam qui manque totalement de cette denrée de première nécessité. Le Yunnam payait son sel en saumons d'étain.

Les sauniers et les pêcheries avaient donné naissance en Annam à cette industrie, si prospère avant notre arrivée, du poisson salé qui s'exportait en Chine en très grande quantité, et faisait vivre une nombreuse population côtière. Si l'on ajoute à ces impôts quelques menus droits imposés sous forme de fermage sur les plumes à éventail, le miel des forêts, etc... on aura la liste à peu près complète des taxes créées par le Gouvernement annamite pour alimenter le trésor.

Ainsi donc, ni l'opium, ni l'alcool de riz, n'étaient matières imposables et l'on comprend à quelles préventions notre administration devait se heurter le jour où elle institua ces deux régies, en faisant du même coup pénétrer dans le peuple annamite l'impôt sous sa forme indirecte et le régime inquisitorial qui l'accompagne.

Le jeu non plus n'a pas fourni à l'ancienne administration un produit quasi illicite et peu moral.

D'origine chinoise la ferme des jeux, que notre administration, dans ses débuts, a tolérée, n'avait jamais été instituée par le gouvernement annamite. Ni le jeu des trente-six bêtes, ni le baquan, ni le sóc dia ne furent exploités par lui pour en tirer bénéfice.

L'indigène est joueur par nature, le législateur ne l'ignore pas, et loin de favoriser ce penchant trop naturel, les lois essayèrent de le refréner.

« Toute personne qui jouera de l'argent sera punie de quatre-vingts coups, dit le code, les enjeux seront confisqués au profit du trésor public.

« Le propriétaire de l'établissement où l'on joue de l'argent sera puni de la même peine, sa maison sera confisquée et déclarée bien de l'Etat. »

Les pères, frères aînés sont rendus responsables si leurs fils ou leurs frères cadets s'adonnent au jeu.

Il en est de même des mandarins vis-à-vis des habitants et des professeurs envers leurs élèves.

Il eût été fort étonnant qu'une administration empreinte des règles morales de Confucius ait spéculé sur un vice pour augmenter les ressources de l'Etat.

Il faut enfin mentionner les bénéfices que retiraient les communes, soit en affermant à leur profit, soit en exploitant en régie les bacs, les cours d'eau et les marchés.

Les sommes ainsi perçues tombaient dans la masse communale et servaient à l'entretien et la construction des pagodes et des maisons communes.

Partout où une route était coupée par un cours d'eau,

le village riverain établissait un bac. Suivant l'importance du lieu de passage, de forts sampans en bois servaient au transport des voyageurs ou bien de simples paniers en bambou et rotin suffisaient aux exigences de la circulation.

Les mandarins, les chefs de canton avaient droit au passage gratuit. Les vulgaires voyageurs payaient quelques sapèques ou un bol de riz s'ils transportaient la précieuse denrée.

Si de nos jours l'administration française a réglementé l'affermage des bacs, le passage d'un grand fleuve, d'un canal ou d'une rivière n'en n'a pas moins gardé toute sa couleur pittoresque. Ce sont les mêmes scènes, qui, comme jadis, se répètent à l'embarcadère, et la passeuse, à l'arrière du sampan, conduit à travers le fleuve son embarcation avec les mêmes mouvements harmonieux et rythmiques que les passeuses d'autrefois. Le tableau avec sa grâce légère est resté immuable. Rien n'y a été changé. Voici venir, de leur pas menu, trottinant, des paysans portant au bout de leur balancier les paniers en équilibre dans cette allure qui ne donne pas l'impression pénible de l'homme qui plie sous le poids. Un coureur à cheval hèle le passeur ; des groupes attendent à l'ombre d'un banian ou s'arrêtent auprès d'une marchande de thé, des femmes s'éventent avec leur grand chapeau en latanier. On rit, on parle fort, des quolibets se croisent, une jeune fille, au cache-sein blanc, à la silhouette souple, lave ses jambes brunes dans l'eau de la rivière.

Le sampan s'approche, on se bouscule, le cheval sans hésitation saute dans la barque mouvante et armé de sa longue perche de bambou, le passeur court le long du sampan en forçant sur la tige flexible.

Le sampan est entraîné par le courant, un retardataire crie et se démène sur la berge, il est trop tard, les voix arrivent lointaines et claires du milieu du fleuve et déjà sur la rive opposée des groupes font tache, qui attendent leur tour pour franchir le grand ruban liquide qui miroite au soleil.

Le passé touche au présent et l'on peut encore vivre en Annam la vie des ancêtres des siècles lointains.

Les taxes perçues sur les marchés comme droits de stationnement n'étaient pas non plus très importantes et n'étaient établies que sur les très grands marchés.

Nous voilà au terme de l'étude des divers impôts, nous avons vu en même temps quelle était l'organisation financière du pays d'Annam. Ce pays, malgré sa civilisation différente, a des analogies de centralisation administrative assez singulières avec notre propre organisation. Nous savons maintenant combien il était difficile de voler les deniers de l'Etat, et nous savons aussi que l'impôt supporté par le peuple était somme toute assez faible et qu'il ne pesait que sur des matières essentiellement imposables. Le gouvernement annamite entretenait la population dans cet état de médiocrité économique, qui ignore le besoin en dressant des barrières permettant au riz de conserver un prix fort bas. Ce peuple pouvait ainsi vivre dans cette simplicité que recommande Confucius. L'intervention de la France en Annam, si elle a eu pour effet de révéler aux indigènes les bienfaits de la science occidentale, a aussi, il faut bien le dire, détruit cet état d'âge d'or trop proche peut-être de celui de la nature où se trouvaient placés les indigènes. Ils ont des besoins nouveaux, des désirs naissent en eux, la lampe à pétrole a pénétré dans leur demeure et chassé à jamais le « calin » à huile. Ils produisent plus, il est vrai, les salaires ont augmenté, mais avec eux a augmenté le prix de la vie journalière. Les impôts qu'ils supportent, outre que certains d'entre eux froissent leurs coutumes, leurs usages, sont plus élevés que ceux qu'ils acquittaient autrefois.

Le peuple annamite s'ouvre à la vie moderne et inéluctablement supporte le poids des progrès qu'elle apporte.

Le rôle du fonctionnaire n'est pas toujours aisé au milieu d'un peuple qui raisonne toute chose avec une logique qui déconcerte. Il lui faut, pour faire comprendre à ce peuple l'utilité de l'effort, du travail, des lois économiques, une foi solide, une ardeur d'apôtre. Il a besoin de toute la force que lui donne une dignité de vie exemplaire, une patience de tous les instants, un jugement droit, une connaissance sérieuse des coutumes, des lois et de la langue pour gagner peu à peu la confiance des masses habituées il est vrai à prendre exemple sur ses mandarins.

Il faut prendre à ceux-ci ce qui les fait forts et honorés par le peuple c'est-à-dire, la sagesse et le savoir. Alors peu à peu, sans à coup, le peuple devenu plus riche ira répétant partout les bienfaits de notre domination et nous réaliserons la belle maxime du philosophe chinois : « le sage ne cherche pas l'empire et l'empire vient à lui ».

CHAPITRE XI

LES GRANDS TRAVAUX D'AUTREFOIS

Les Annamites furent de grands remueurs de terre. La constitution particulière du sol des deltas où ils s'établirent et de leurs systèmes hydrographiques devait avoir une influence considérable sur le caractère et les coutumes des habitants.

Elle éveilla en eux l'esprit de lutte patiente et continue nécessaire pour utiliser les avantages de la nature et rendre définitive cette œuvre d'appropriation.

Par des travaux hardis et gigantesques la population put étendre sans trêve le champ de son activité agricole en consacrant des espaces de plus en plus étendus à la culture du riz, en forçant pour ainsi dire le sol de surgir et la mer de reculer.

C'est dans ce domaine que la race annamite a posé le plus fortement son empreinte. Ses canaux, ses digues attesteront toujours son génie industrieux. Les Annamites ont été les Hollandais de l'Extrême-Orient ; et si dans l'avenir lointain, par suite d'évolutions qu'il n'est pas permis de prévoir, il arrivait pourtant que le peuple annamite soit rayé de la carte du monde, on trouverait encore la marque de sa civilisation dans ses œuvres, dans le long ruban des canaux et des digues qu'il déroula sur tout le pays, comme on retrouve encore de nos jours, à travers le monde ancien, les vieilles chaussées romaines qui proclament encore la grandeur de l'Empire.

Cet état orographique et hydrographique du sol, joint au caractère agricole du peuple, traça à toutes les dynasties un programme de travaux publics, qui, s'il ne fut pas conçu tout d'abord dans son ensemble, n'en constitue pas moins une unité merveilleuse dans ses résultats.

Tenir compte à la fois des nécessités de la défense des terres contre les inondations et de l'écoulement des eaux ; favoriser celui-ci pour permettre à toutes les parcelles de donner deux récoltes ; établir un équilibre ingénieux entre le double mouvement du courant et de la marée, au moyen d'un jeu d'écluses ; arriver au lent dessalement des terres et à leur colmatage par des apports toujours plus considérables d'eau douce et d'alluvions ; faire en quelque sorte reculer la marée, et relier entre elles, pour en balancer et unifier les régimes, les diverses artères, tout en créant des communications fluviales judicieuses : tel est le programme que suivirent avec une scrupuleuse conscience et une constante ténacité tous ceux qui présidèrent aux destinées de la nation annamite.

Il y aurait là matière à exercer l'intelligence et l'activité d'un grand peuple d'occident et l'accomplissement d'un aussi vaste plan suffirait à prouver l'excellence de la race qui l'aurait conçu et exécuté.

Mais il faut avouer qu'il a fallu aux Annamites, en plus de ces qualités d'initiative et d'intelligence, un extraordinaire courage et une patience sans cesse mise à l'épreuve et pourtant jamais lassée pour entreprendre une tâche aussi grandiose et bien faite pour montrer la noblesse de l'homme.

Dans notre Europe où tout est harmonie, où la nature est particulièrement clémente, où les désastres naturels ne prennent que rarement d'importantes proportions, où tout est mesuré, où la lutte en un mot entre les éléments et l'intelligence humaine peut se faire à armes presque égales, des travaux comme ceux qu'exécutèrent les Annamites forceraient pourtant l'admiration. Quel hommage faut-il donc décerner à ces êtres jaunes, petits, vivant sous un ciel meurtrier, entourés de périls constants et que nul effort ne peut vaincre, d'avoir pourtant persévéré dans leur conquête des fleuves immenses, indomptés et dans leur défense contre les raz de marées dévastateurs ?

Ne s'être pas laissé aller à un fatalisme inévitable, semble-t-il ; avoir, avec des moyens imparfaits, relevé le défi que de toutes parts leur lancent les forces de la nature, chétifs avoir voulu engager le combat sur un sol mouvant et fuyant, au milieu d'une nature formidable et aveugle où, nous, Européens, avons la sensation de notre impuissance et de notre faiblesse ; n'y a-t-il pas là un des plus beaux gestes qui aient été faits par un peuple et la preuve du triomphe de l'effort mis au service de la volonté.

Cet effort a été égal pour tous, et c'est en cela que l'œuvre est admirable. Il ne s'agit pas en effet d'un travail conçu par un ingénieur de génie, mais bien d'un ensemble de travaux à l'établissement desquels le mandarin comme le paysan a mis tout son savoir et toute sa force.

Les grands travaux exécutés par ces remueurs de terre qui couvrent tout le pays annamite sont le fait du peuple annamite lui-même.

L'Empereur, les mandarins provinciaux traçaient chaque année le plan des principaux travaux à exécuter dans l'empire. Souvent le peuple en prenait l'initiative et par requête demandait à élever une digue ou à creuser un canal.

Tant qu'il ne s'agissait que de petits travaux d'une médiocre importance l'Empereur n'intervenait pas, mais lorsqu'il était question d'œuvre intéressant plusieurs provinces, la Cour en était informée et décidait en dernier ressort de leur utilité.

L'Etat ne supportait pas en général les frais de ces ouvrages, il en surveillait l'accomplissement à l'aide de ses mandarins. Le travail était exécuté par le peuple au moyen de la corvée.

Il n'en était pourtant pas toujours ainsi et certains travaux, mais de médiocre importance, étaient payés. Le code estime le salaire d'une journée d'ouvrier à 0 taël 0855 par jour.

La corvée en principe était due par tous les inscrits. Le nombre de journées de corvées était très variable et atteignait parfois, dans certaines provinces, 120 par an. Il y avait là évidemment un abus, mais il ne faut point exagérer, car souvent la population elle-même demandait à poursuivre l'achèvement d'un travail au delà du maximum de journées réglementaires. D'ailleurs, la loi interdisait d'employer le peuple aux travaux publics pendant le temps des semailles et de la moisson et aussi à l'époque des grandes chaleurs et des grandes pluies.

En réalité, le nombre des journées de corvée ne devait pas dépasser 60 qui est le chiffre fixé par le code pour l'accomplissement des grands travaux.

A tout prendre, ce n'était pas là une bien lourde charge. Il faut considérer en effet qu'avant notre arrivée, le salaire d'un ouvrier consistait souvent en sa nourriture et en un cadeau en nature fait après la récolte : une écharpe en soie, un turban, ou quelques ligatures.

Ce mot corvée réveille en nous l'idée d'imposition exorbitante, de réquisitions forcées et odieuses ; il n'en était point ainsi en Annam. Les abus étaient réprimés et les lois protégeaient l'individu. La corvée était accomplie par les inscrits comme dans nos campagnes, les paysans exécutent leurs journées de prestation.

Malheureusement, lorsqu'on examine ces questions, on les voit sous le jour que leur donne notre mentalité occidentale et aussi avec les souvenirs des excès commis dans les débuts de la conquête ; excès inévitables, il faut bien le dire, alors qu'il était indispensable de recourir aux réquisitions de porteurs pour assurer le ravitaillement de nos colonnes. Mais la corvée, sagement réglementée, faite sur le territoire même du domicile du corvéable, dans un but qu'il comprend, loin de l'effrayer, est acceptée par lui de meilleure volonté qu'une augmentation d'impôt obligatoire dès que l'E tat prend à sa charge l'accomplissement des travaux indispensables.

Le législateur indigène avait eu le soin, on l'a vu, de définir les époques où la corvée était interdite et toute contravention à cette défense entraînait pour le mandarin une peine disciplinaire pouvant aller jusqu'à trois ans de fer.

L'exonération de la corvée, la substitution d'individus étaient aussi passibles de peines qui étaient supportées par les intéressés et les lý truồng de leur village.

La corvée était le levier, l'instrument permettant l'accomplissement de ces grands travaux que nous n'oserions entreprendre de nos jours sans le secours des machines et de tous les engins que la science moderne a mis à notre disposition.

Les Annamites, qui élèvent leurs maisons en bambou, — sauf dans quelques centres où ils ont construit en briques et tuiles — furent pourtant des bâtisseurs audacieux.

Leurs citadelles dressent des murailles formidables et présentent une masse imposante et solide. L'enceinte de la citadelle de Hué a neuf kilomètres de longueur. Le chemin de ronde qui suit les murailles est un vrai boulevard planté de grands arbres ou bordé de haies de bambous.

Sans atteindre un développement aussi grand, toutes les citadelles indigènes, et elles sont fort nombreuses, depuis celles où s'enferme un modeste « huyen » avec ses services, jusqu'à celles immenses comme à Thanh Hao, à Hanoi autrefois ou à Nam Dinh qui contiennent une ville de fonctionnaires et des corps de troupes importants, constituent toutes des œuvres d'architecture fort bien conduites. Ces travaux, que nous ne pouvons mieux comparer qu'aux fortifications toujours imposantes d'aspect, édifiées chez nous par Vauban et son école, ont été exécutés grâce à la corvée.

Les villages briquetiers fournissaient l'impôt en nature et livraient aux sampaniers leur contingent de briques. Les sampaniers à leur tour exécutaient comme prestation le transport de ces matériaux jusqu'à pied d'œuvre, où là les corvées de la population rurale servaient à venir en aide aux maçons de profession qui exécutaient les plans dressés par un mandarin et approuvés par la cour.

Les briques que fournissaient les briquetiers indigènes pour ce genre de travaux étaient d'une qualité remarquable pour leur solidité. La brique annamite, comme la brique chinoise, ne peut être comparée, en ce qui concerne sa résistance, qu'au fameux ciment romain.

Les briquetiers indigènes possèdent non pas un secret de fabrication, mais un tour de main, que malgré tous nos efforts nous n'avons pu parvenir à acquérir. Ils font arriver dans leurs fours à briques, par une ouverture située à leurs sommets, à un certain moment de la cuisson, un courant d'eau qui assure à la fabrication des moellons une solidité remarquable.

Sauf le cas d'urgence qui n'était prévu que pour la réparation des murs d'une citadelle ou d'une enceinte fortifiée, d'un magasin ou d'un grenier du domaine public, le mandarin chef de la circonscription ne pouvait entreprendre aucun ouvrage sans l'autorisation de ses chefs.

D'autre part, le code prévoit les malfaçons et la mauvaise qualité des matériaux employés. « Quand des mandarins auront donné l'ordre d'exécuter des travaux tels qu'équarrissage de pièces de bois, extraction de pierres ou préparation de briques ou de tuiles, et s'il arrive que les travaux soient menés de telle façon que l'emploi de ces matériaux devienne impossible, ils seront coupables de malversation et de dilapidation. » La loi veut que le chef surveille étroitement l'exécution de tout ce qui doit concourir à la construction d'un bâtiment de l'Etat. Elle n'admet pas le gaspillage, et l'insouciance ou l'imprévoyance sont punies comme de véritables délits. L'inactif est mis sur le même rang que l'homme malhonnête et la conscience dans l'exécution de son rôle de contrôle est demandée au mandarin comme la première des qualités.

La loi punit aussi tout mandarin qui aura fait construire quelque édifice non conforme au modèle accepté ni au but proposé, ni à la coutume.

Cela est assez curieux à noter. Le ministère des rites intervenait en matière de grands travaux. Il fallait consulter les astronomes, les géomanciens pour s'assurer que l'endroit choisi pour y élever une citadelle, le siège d'un fonctionnaire, était favorable et si aucun génie ne serait mécontent de ce choix.

Il me souvient qu'étant à Thai Nguyên, nous avions eu besoin de reconstruire la maison et les bureaux d'un « trï chau » qui menaçaient ruine.

Ce « tri chau » était le mandarin d'une région montagneuse très malsaine. Situé dans un cirque de montagnes au milieu duquel s'élevaient deux mamelons, nous crûmes qu'il serait plus sain d'édifier la nouvelle résidence du « tri chau » sur une de ces deux éminences, l'autre possédait déjà un poste de miliciens qui avaient supporté vaillamment leur séjour dans cette région malsaine, grâce à l'élévation de leur blockhaus au-dessus de la plaine et de ses lourds brouillards. Le « tri chau » fut informé de notre décision, il consulta les oracles qui se présentèrent sous la forme d'un sorcier « tho » et nous fit connaître qu'il aimait mieux rester dans le fond de la plaine au milieu de ces buées meur-trières qui s'élèvent du sol inculte où s'élabore, dans le sourd travail de la nature, la terrible fièvre des bois. Il préférait sa maison en ruine adossée à la forêt, à notre bâtiment neuf s'élevant sur un mamelon bien exposé aux courants d'airs et balayé par le vent. Les génies étaient hostiles, disait-il, à cet emplacement, surtout le génie de la montagne qui, caché dans une grotte embarrassée de lianes et d'orchidées, où les singes hurleurs avaient établi leur lieu de rendez-vous préféré, se trouverait à un niveau inférieur à celui du sommet de notre mamelon. Nous nous efforçâmes de convaincre notre mandarin qui finit par obéir de mauvaise grâce, et deux mois après, sur la colline où seule une herbe courte poussait, s'élevèrent les bâtiments du « tri chau ».

Notre victoire fut de courte durée ; il n'y avait pas deux mois que le « tri chau » logeait dans sa nouvelle bâtisse qu'il mourait subitement. Nous crûmes à un fâcheux accident. Mais quand ensuite deux successeurs eurent succombé de même façon, il fallut bien s'in-cliner devant la toute puissance du génie et installer de nouveau les « tri chau » au pied de la forêt, dans la plaine. Les génies étaient apaisés, la région put avoir un mandarin de quelque durée.

Depuis ce jour, j'ai toujours écouté les avis qui m'étaient donnés par les mandarins, relativement à l'emplacement des bâtiments. L'influence mauvaise du génie ne s'attaque d'ailleurs pas seulement aux indigènes et lorsque nous-mêmes avons élevé des résidences en des points qui nous étaient déconseillés par les mandarins, malgré l'avis favorable de nos ingénieurs et de nos médecins, une fatale coïncidence a toujours donné raison aux prédictions des Annamites.

En fait de construction, je ne parlerai plus des tombeaux des Empereurs de Hué qui attestent un effort colossal et un sens artistique très sûr.

Quant aux citadelles que le gouvernement éleva dans le pays, elles étaient avant tout destinées aux représentants de l'Empereur. Elles montraient la forte volonté du Fils du ciel à tout le peuple. Elles indiquaient dans les pays nouvellement conquis le désir de s'implanter définitivement. Elles sont le symbole partout répété de la durée et du pouvoir. Elles sont les gardiennes mystérieuses des mandarins investis par l'Etre pourvu du mandat du ciel.

Elles étaient faites en quelque sorte contre le peuple et ce n'est pas chez elles qu'il faut chercher ce caractère de communauté dans l'effort que j'ai signalé au début de ce chapitre.

Certes, la population dans certains cas fit preuve d'une activité qui tient à la magie et il faut citer ce fait à l'actif des troupes impériales sous la dynastie des Li, élevant, disent les Annales, en une nuit un mur d'enceinte au lieu dit « An truong », dans la province de Thanh Hoa et décourageant ainsi les troupes rebelles conduites par le prince Trinh.

Mais ces cas isolés d'énergie, que nous ne pouvons d'ailleurs point contrôler, quoique en ces matières les Annamites soient aptes à réaliser des prodiges, ne constituent pas le véritable grand œuvre de la race.

C'est dans l'élévation des digues, dans le creusement des canaux que se révèle l'intelligence supérieure du peuple annamite.

Tandis qu'en Cochinchine le Mékong et les fleuves venus de la chaîne annamitique coulent librement et sans contrainte, le fleuve Rouge impétueux et capricieux comme notre Rhône, a été emprisonné dès son entrée dans le Delta par des digues énormes. Pour donner une idée exacte du travail formidable accompli par les Tonkinois, il faut considérer que le Delta du Tonkin est égal à peu près à la superficie de notre Provence et qu'il est parcouru par plus de 2400 kilomètres de grandes digues. Si on ajoute à cette longueur les dimensions moyennes de ces énormes levées de terre, on se trouve en présence d'un cube de terre véritablement colossal.

Les digues, dites grandes digues, ont en moyenne 21 mètres de base, 5 mètres de hauteur et 5 mètres au plan supérieur. Pour cette seule catégorie, les Annamites ont donc remué 156.000.000 de mètres cubes de terre.

Il ne s'agit là que du cube de la digue elle-même. Mais pour l'élever les indigènes ont dû aller chercher un cube égal de terre. Ils l'ont prise cette terre, soit dans le lit du fleuve, soit du côté de la plaine. Ils ont alors creusé parallèlement à la digue elle-même une sorte de

canal qu'ils ont emprisonné entre la digue et la contre-
digue ou digue de secours. Un double ruban court le
long du fleuve et l'on conçoit que dans un pays plat
d'un niveau parfois inférieur à celui de la mer, les indigènes aient dû creuser le sol et faire des fossés immenses pour avoir la terre nécessaire à la construction
de ce long rempart qui commande le fleuve et à l'abri
duquel s'étendent les rizières, les champs fertiles, les
villages populeux.

Le delta est un damier immense où chaque case a sa
muraille protectrice.

Pour tracer le plan de cette œuvre de défense, les
mandarins ne possédaient aucun instrument.

Avec des fiches de bambou, le tracé était indiqué sur
le sol puis, par des moyens tout primitifs, la corvée ac-
complissait son travail de fourmi.

Chaque unité n'apporte que 2 ou 3 kilogs de terre
dans des paniers suspendus en balancier sur l'épaule et
pourtant le niveau s'exhausse, la digue apparaît, s'é-
lève. Les éléphants sont alors conduits sur le chantier
et servent à tasser les talus.

Ainsi s'ajoutant l'un à l'autre, ces efforts individuels
infimes en eux-mêmes produisent, par un labeur constant et simultané, un résultat grandiose.

A vrai dire, la tâche accomplie par chaque indigène
est presque inappréciable, seule la réunion de ces petites
forces mises au service d'un but particulier et conver-
geant toutes vers lui, a permis la construction de cette
double ceinture qui conduit la masse énorme des eaux
jusqu'à la mer.

Il y a dans la vue de l'accomplissement de ces travaux une leçon de haute philosophie qui indique à l'homme que son rôle, si peu important qu'il soit, doit pourtant concourir à l'édification ou à l'équilibre du monde des phénomènes au milieu duquel il vit.

Ces digues sont recouvertes d'un épais gazon que les indigènes donnent à brouter à leurs bestiaux. Elles constituent les points culminants du delta et de leur plateau supérieur, on domine toute la plaine avec ses cultures variées, ses villages et ses rideaux de bambous.

Elles servent aussi de routes excellentes qui, par suite de leur largeur, permettent aux voitures d'y circuler.

Les contre-digues, qui n'ont pas besoin d'être aussi solides que la digue-maîtresse, reçoivent parfois des plantations d'arbres particuliers. Je me souviens de certaines routes empruntant des digues secondaires et qui formaient de ravissantes allées de letchi à l'ombrage sombre et touffu.

Car en dehors des 2.400 kilomètres de maîtresses digues, les Annamites ont élevé un nombre de digues secondaires et de diguettes considérable.

S'il y a un charme exquis à longer au trot d'un bon petit cheval indigène ces digues surélevées, il faut avouer aussi qu'elles rendent fastidieux les voyages faits en chaloupe. La vue est éternellement bornée par ce mur vert au sommet, couleur du limon à sa base, dont la ligne de faîte n'est égayée que par la silhouette d'un indigène qui dans le ciel paraît démesurément grandie.

Si la digue est une protection, elle est aussi parfois la cause de terribles désastres, dès l'époque de la crue, le niveau du fleuve est situé à plus de 6 et 7 mètres au-dessus du niveau du delta. Cette masse d'eau monte et vient heurter comme un bélier formidable le rempart de terre chargé de la contenir. Imaginez quelle force de résistance il faut à ces levées de terre pour supporter l'effort d'une nappe d'eau de plus de 2 kilomètres de large, ce qui représente la largeur du fleuve Rouge en face de Hanoï par exemple, et d'une hauteur qui atteint 11 et 12 mètres à l'époque des grandes crues.

La moindre faiblesse, la plus petite déchirure sert de passage à l'eau du fleuve qui agrandit en quelques instants la brèche et tombe en cascade dans la plaine qu'elle inonde, recouvrant tout, emportant tout sur son passage jusqu'au moment où elle se heurte à une nouvelle digue qui arrête son élan.

Le pays est ainsi divisé en casiers étanches ayant des points particuliers choisis par les Annamites pour servir à l'écoulement et à l'évacuation de l'inondation.

A ces époques de crises — et elles se renouvellent tous les ans et tous les cinq ans en moyenne, avec une particulière gravité — la population tout entière est haletante.

Des postes de surveillance sont établis en permanence sur toutes les digues, les mandarins provinciaux les parcourent en inspectant les points faibles. La lutte est grandiose et superbe. Le tam tam est battu sans relâche aux endroits menacés. La population s'y rend en masse. Les notables, qui ont une expérience merveilleuse, faite d'une longue observation, écoutent le sol, indiquent les trous de rats qui sont une cause de rupture fréquente ; des hommes plongent du côté du courant pour consolider la digue avec des clés en bambous, avec de la paille, ils bouchent les fissures.

Rien n'est émouvant comme ce spectacle quand on vient de la plaine et qu'on gravit la digue, tout à coup à votre niveau un fleuve immense, une mer se découvre. A vos pieds, dans le delta, apparaisent les toits de chaume des villages, les palmes des bananiers. On se rend compte alors de l'imminence du danger.

Doucement le niveau du fleuve gagne celui de la digue qui lentement, comme une tache d'huile à la marche invisible, se moire de plaques humides. Quelques centimètres encore et le fleuve se déversera sur la plaine. Alors, dans un élan admirable, la population élève sur la digue elle-même une petite diguette, un léger talus qui grandit avec le niveau du fleuve et qui sauve ainsi le pays de l'inondation.

Il y a, dans l'esprit des Annamites des provinces du bas Tonkin, le souvenir d'inondations particulièrement dévastatrices. En 1905 notre colonie a subi des crues d'une violence extrême. Les indigènes, dans certaines contrées, ont été admirables de courage. Nuit et jour, pied à pied, ils ont disputé à l'eau leurs champs, leurs maisons, leurs pagodes. Ils ont déployé une initiative, une ténacité admirable en tous points, élevant de nouvelles digues en quelques jours, barrant la route à la nappe liquide, sacrifiant leurs habitations, les démolissant pour en retirer les poutres de bois et de bambou nécessaires pour construire des barrages et aveugler les échancrures.

On n'attend d'ailleurs pas l'heure du danger pour s'occuper de la solidité des digues. Le code leur consacre une section où il est parlé « des dégâts causés aux digues » et aux levées de rivières, et de leur non réparation. Chaque mandarin devait tous les ans inspecter toutes les digues de sa circonscription, le 1er jour du 10e mois. Tout « Tong doc » de province était tenu de savoir exactement la longueur des digues, leur point de départ et leur point d'arrivée. Il devait connaître aussi les saignées qui y étaient pratiquées. Le « quan bo » était en général chargé plus particulièrement de la surveillance des digues et de l'exécution des réfections et des réparations à y apporter.

La cour envoyait fréquemment des « Kham sai » contre-visiter tous les travaux des provinces. Le roi attachait une importance très grande aux travaux publics et se faisait rendre compte de tous ceux exécutés sur le territoire de l'Empire.

Les mandarins chargés du plan et de la conduite des travaux étaient rendus personnellement responsables dans le cas où des éboulements venaient à se produire.

Le législateur ne demande pourtant pas l'impossible et « personne, dit la loi, ne sera puni si les ruptures sont dues à des masses d'eau inaccoutumées, en dehors de toute prévision, et dont les hommes ont été impuissants à dominer la violence ».

Pour épuiser la force de la crue des fleuves, pour créer entre les divers bras et les différents systèmes des communications aisées, enfin pour irriguer toute la plaine, les Annamites ont jeté sur tout le pays un merveilleux réseau de canaux.

On s'étonne souvent, étant en chaloupe et l'on reste incrédule, à la vue de véritables rivières qui ont été pourtant creusées de mains d'hommes. Les canaux de navigation sont pour nous un véritable problème quand on songe que certains d'entre eux ont plus de 40 kilomètres de long et une ouverture supérieure à 45 mètres. Le canal des Bambous, celui des Rapides, au Tonkin, qui font communiquer le fleuve Rouge au Song cau sont d'une telle importance par leur largeur et leur longueur, qu'on hésite à croire qu'ils ne soient pas l'œuvre de la nature.

Le creusement de « ces chemins qui marchent » remonte à plusieurs siècles et les Annales les consignent avec une sobriété qui montre combien ces œuvres colossales parurent pourtant toutes naturelles aux yeux des historiens.

« En 1450, disent les Annales, un canal de 15 kilomètres fut creusé entre « Lanh Canh » et « Phu Lo » pour faire communiquer la rivière « Banh Lo » avec celle de « Binh Nan », afin de faciliter les communications ». Et c'est tout. Ce canal, connu de nos jours sous le nom de « Song Ca Lo », est une œuvre de toute première importance au point de vue de la construction et qui dut nécessiter un nombre assez considérable de journées de coolies. Il n'y a pourtant là rien d'extraordinaire. Avec les seules journées de prestations dues par les inscrits de la province de Thai Binh, on pourrait, par exemple, construire en un mois et demi un canal de 12 kilomètres de long, ayant 16 mètres à la base, 22 mètres d'ouverture et une hauteur de 6 mètres. Au bout de cette période le canal serait creusé et la digue et sa contre-digue élevées.

Ce sont là des chiffres exacts que j'ai moi-même

contrôlés alors que je remplissais les fonctions d'adjoint au résident de cette province.

Plus on monte vers la haute région, plus les canaux deviennent rares. La crue des fleuves est en effet d'autant plus redoutable qu'on se rapproche de la région montagneuse où le cours des rivières est encaissé dans des vallées étroites. La hauteur des digues va en diminuant de la montagne à la mer, et le centre du delta et la côte ont été les régions les mieux dotées par les indigènes d'un jeu ingénieux de canaux multiples. Mais alors 'que la vie agricole intense se manifeste au cœur du pays par un mouvement de batellerie considérable, les canaux qui ne servent plus qu'à l'irrigation des terres et à leur dessalement, deviennent vers la mer déserts et coulent solitaires sous le ciel immense. Aucun plissement de terrain ne permet à nos sens de ressentir la notion de profondeur, la ligne d'horizon se rapproche et la voile brune d'une jonque qui glisse sur le miroir des eaux prend des proportions inquiétantes, comme le vol triangulaire d'une bande de canards sauvages semble emplir tout le ciel. Les canaux s'immobilisent, indécis entre la mer où les conduit la faible pente de leur lit et l'intérieur des terres où la marée ramène obstinément le cours de leurs eaux.

Calmes, larges, encombrés de sable, ils partagent en une foule d'îles la surface salée de la plaine stérile qui se recouvre d'une herbe rare et s'étend infinie dévorée par les ajoncs jaunâtres vers le rivage incertain. Qu'il s'agisse de canaux de navigation ou de simples canaux d'irrigation, les moyens de construction étaient les mêmes.

Après une enquête faite parmi la population intéressée et appelée à exécuter par corvée le travail en question, les mandarins dressaient le plan du canal à creuser et piquetaient le terrain. Ici encore, la tradition intervenait.

On rencontre en effet dans les canaux indigènes des coudes brusques, des sinuosités que rien ne justifie, c'est que les géomanciens ont déclaré que le sol en ces points ne pouvait être creusé, qu'on atteindrait le dragon ou une de ses veines et qu'en le faisant ainsi souffrir on risquerait de le mécontenter.

Dans l'esprit des Annamites, le dragon, être symbolique et emblème de la droiture, de l'honneur et de la vertu, soutient de son corps immense toute la terre d'Annam.

Son cœur est à Hué et ses membres souples et onduleux s'étendent dans tous les sens, du delta tonkinois au delta de la Cochinchine.

On respecte donc les avis des notables. Aller à l'encontre serait sûrement une cause de mécontentement populaire et d'inexécution dans les ordres donnés. Je n'assurerai pas toutefois que certains notables riches et sceptiques n'aient jamais invoqué habilement la présence d'une veine sacrée pour éviter de voir leurs rizières traversées par un canal ou comblées par une digue.

Il faut considérer en outre que l'expropriation n'existant pas, les propriétaires particuliers et les communes devaient chercher à se soustraire à une servitude qui détruisait une partie de leur avoir et tout en reconnaissant l'utilité du travail projeté, devaient essayer à en faire retomber le poids sur les voisins.

En fait, si l'expropriation n'existait pas, une indemnité était toujours accordée et cette coutume fut sanctionnée par une ordonnance royale de Minh Mang qui stipule que « lorsque des terrains communaux seront pris par l'Etat, pour cause d'utilité publique, on dégrèvera les communes dépossédées de la quotité des impôts dus pour la surface des terrains pris par l'Etat. Si ce sont des terrains particuliers on paiera aux propriétaires, sur les fonds publics, une indemnité égale à la valeur des terrains employés. »

Ainsi donc le tracé est établi. Mais dans une matière aussi délicate que celle qui touche au régime des eaux, il faut reconnaître au peuple annamite des aptitudes toutes spéciales pour la conduite de travaux qui nécessitent chez nous des instruments fort précis et la connaissance parfaite du nivellement général. Or, et c'est là ce qui est merveilleux, les Annamites n'ont jamais connu la topographie.

Ils n'ont jamais fait le nivellement de leur territoire. C'est donc simplement par la science acquise au moyen d'observations répétées et journalières, en regardant courir en quelque sorte chaque goutte de pluie qu'ils ont appris le secret de la direction de chaque plan de terrain. Les nouvelles générations ont recueilli par la tradition orale l'expérience des générations disparues. Tout jeune, un Annamite connaît l'amplitude des marées, il sait jusqu'à quelle hauteur peut atteindre la crue d'un fleuve, il saisit avec sûreté le moindre dénivellement de terrain. Son œil habitué aux horizons plats, à la plaine alluvionnaire unie et sans accident est plus à même que le nôtre, auquel il faut les grandes différences que présente notre nature de France, de se rendre compte des modifications presque insensibles de la structure du sol.

Il faut qu'il en soit ainsi car les Annamites ont établi des canaux, des jeux savants d'écluses, sans autres ressources que la tradition et une sorte d'*instinct supérieur de l'hydraulique*.

A Thai Binh, je me souviens d'avoir visité le chantier d'un canal en construction qui était exécuté par la corvée. Au milieu de la terre gluante et grise douze mille indigènes travaillaient. Le chantier était admirablement établi. Des fiches de bambous indiquaient les espaces réservés à chaque canton. Cet espace était divisé entre tous les villages du canton. Les chefs de canton stimulaient l'ardeur des ly trúóng qui à leur tour activaient le travail de leurs administrés. Le « huyen », avec ses employés, restait en permanence sur les lieux, conduisant la marche des travaux. Ainsi selon la loi de la spécialisation du travail chaque collectivité avait sa tâche déterminée. Les uns avec des pelles et des pioches de bois ou de fer creusaient le sol, d'autres emplissaient de petits paniers qu'ils allaient vider en se suivant à la file à l'emplacement indiqué pour construire la digue et revenaient par un autre sentier, de façon à ne point gêner ce double mouvement de va et vient.

A moitié nu, le torse de bronze, semblable à ces statues antiques dont on admire l'élégance des membres un peu grêles mais souples, ces douze mille coolies remplissaient sans relâche, sous un ciel de feu, au milieu de cette terre remuée et boueuse, ce travail digne des temps anciens.

Ils étaient souriants, se parlant sans se retourner et sans s'interrompre. Le long de cette saignée béante que faisait au milieu des vertes rizières le fossé fraîchement ouvert du futur canal, cette armée grouillante de loin, donnait en se rapprochant d'elle l'impression d'une troupe supérieurement organisée, effectuant une manœuvre d'ensemble. On ne peut pas, en face de tels spectacles, ne pas évoquer les grand travaux de l'Egypte ou de l'Inde, qui durent être conduits eux aussi par des procédés analogues. Du haut d'un petit mirador installé comme poste de surveillance, je fis arrêter un instant les travaux et par le moyen d'un lourd porte-voix annamite, j'exprimais au peuple de travailleurs ma satisfaction de son labeur et l'assurance que son effort serait récompensé, car le nouveau canal apporterait la fécondité dans la région et permettrait de faire évacuer l'eau des cuvettes en les rendant ainsi à la culture. Une explosion formidable ponctuait la fin de chacune de mes phrases. De ces 12.000 poitrines à chaque temps de repos partait une exclamation indiquant à la fois l'approbation et le respect. En vérité cette population était dans l'allégresse. Elle avait, elle-même, sollicité l'autorisation de creuser ce canal et elle mettait tout son soin et toute son ardeur à la réalisation de son désir.

Sans avoir l'importance de ces ouvrages les indigènes exécutent, tous les trois ou cinq ans, une opération fort pénible : ils procèdent au curage de tous les canaux d'irrigation, dans le lit desquels se dépose, chaque année, une couche fort épaisse de limon, à tel point qu'un canal non nettoyé pendant dix ans est un canal inutilisable.

Mais creuser simplement un long fossé pour relier deux cours d'eau, tout en constituant matériellement parlant un effort considérable, ne serait pas toutefois le témoignage d'un grand esprit de conception. Les Annamites ne s'en tinrent pas seulement à des travaux aussi simples. Ils échafaudèrent des systèmes très compliqués, destinés à drainer les plaines marécageuses, à dessécher les zones incertaines, qui entourent les deltas où l'on ne peut définir exactement où finit la terre et où la mer commence. C'est ici que l'absence de carte cotée, d'instrument de géodésie et de planimétrie rend plus appréciable encore leur œuvre.

Il n'y a pas de province qui ne présente un jeu de canaux d'irrigation ingénieux.

Sans remonter très haut dans l'histoire, on sait que des villes, aujourd'hui à plus de 50 kilomètres de la mer, étaient alors ports maritimes. L'aménagement de cette conquête du fleuve sur les eaux est l'œuvre des indigènes. Nous assistons chaque jour à cet accroissement du territoire et le système curieux des canaux parallèles créé dans les « huyên » côtiers de la province de Ninh Binh, par un prêtre annamite, le père Sixte, est un modèle du genre.

Dès qu'il s'agit de mettre en état de rizière des terres nouvelles, l'indigène s'ingénie et trouve le moyen le plus rapide et le plus pratique pour y parvenir.

Cette habileté et cette sûreté dans le résultat final se résume dans cette réponse qu'un Cochinchinois fit à un administrateur, qui déplorait que le grand triangle de boue et de palétuviers, que forme la presqu'île de Ca Mau restât improductif : « donnez-moi la presqu'île et en trois ans elle sera asséchée. » Il y a dans cette réponse non pas la fierté d'une supériorité de procédé quelconque, mais la conviction, la certitude d'une réalisation aisée.

Ces canaux sont complétés par des écluses à une ou deux ouvertures. Les portes sont faites au moyen de madriers de bois de fer qui forment rideau en s'emboîtant dans une rainure ménagée dans la pierre ou faite à l'aide de moellons solidement reliés par un ciment à base de chaux, de sable et de sucre. Dans les régions maritimes, les écluses s'ouvrent pour laisser pénétrer l'eau douce des fleuves au moment du reflux et se ferment à l'heure de la marée pour empêcher l'eau salée de pénétrer à l'intérieur des terres.

Comme voie de communication, nous l'avons dit, les Annamites avaient relié leurs cours d'eau par des canaux multiples, là où ils n'avaient pas le concours de rivières comme en Annam, ils arrivèrent pourtant à créer des voies fluviales en empruntant les lagunes qui s'étendent le long de la côte à l'abri des bancs de sables et des barres qui se dressent à l'entrée de chaque estuaire des rivières descendues de la chaîne annamitique. Par des canaux intérieurs reliant ces lagunes, ils parvinrent à faire communiquer la capitale Hué avec le Tonkin.

En dehors de ces voies liquides et des digues qui servaient aussi de route, ils établirent de véritables chaussées parfois dallées de gros pavés plats à la mode chinoise. Certains parcours de la route mandarine sont ainsi construits.

La route annamite est peu large, trois mètres au

maximum. Elle suffisait ainsi à une époque où, sauf dans le Sud où se trouvaient des charrettes à bœufs, toutes les communications se faisaient à pied, à cheval, en palanquin ou à dos d'éléphant.

Les Annamites ne marchent jamais plusieurs de front, ils vont en file en respectant un ordre hiérarchique qui va en décroissant de celui qui conduit la file à celui qui la ferme. Il n'est pas nécessaire dans ces conditions d'une chaussée très large.

Le tracé de leur route était des plus primitifs, il suivait le lit des cours d'eau et s'il rencontrait un obstacle, il l'abordait en ligne droite, quitte à établir des marches dans la montagne.

Les routes ne s'élèvent pas graduellement par une pente insensible ou par des lacets au sommet des obstacles qui se dressent sur leur parcours, elles restent au fond de la vallée le plus longtemps possible et ce n'est qu'au point où le mur naturel se présente, qu'elles s'élèvent avec lui sans souci du nombre de degrés de leur pente. En dehors de la route mandarine qui relie Saïgon à Hué, Hué au Tonkin et qui va ensuite se raccorder en Chine avec la grande route de Pékin que parcouraient les ambassades annamites pour aller porter le tribut du vassal au suzerain, le gouvernement impérial fit élever, lors de la conquête du Cambodge, une chaussée colossale partant des bords du Grand Lac pour aboutir à Pursat et qui permettait, à l'époque de l'inondation annuelle qui s'étend sur plus de 40 kilomètres, d'entretenir toujours des relations avec ce poste lointain où se trouvaient en garnison des troupes nombreuses.

Ces routes nécessitaient l'établissement de ponceaux et de ponts. Les premiers étaient souvent constitués par deux ou trois grandes dalles reposant sur des supports de pierre. Le pont de brique est lourd, d'une ouverture relativement petite, il n'est employé que sur les canaux sans courants, il ne sert à franchir que des eaux mortes.

Le véritable pont annamite est le pont en bois. Les ponts en bois atteignaient parfois d'assez grandes portées. Faits avec des piles en bois de fer, en « go-lim », ces ponts sont en général couverts et surmontés d'une toiture. Ils sont particulièrement intéressants par les assemblages curieux des pièces de bois.

Ils sont élégants et relativement très résistants. Ils ne peuvent pourtant être jetés sur les grands fleuves comme le Mékong ou le fleuve Rouge. A plusieurs reprises cependant le gouvernement annamite essaya de faire établir un pont en bois en face de Hanoï sur le fleuve Rouge ; la crue enleva toujours comme un fétu ce signe de servitude.

C'était le génie du fleuve qui triomphait toujours de ces téméraires audaces ; aussi quand la population vit s'élever les premières piles du pont Doumer, elle resta sceptique, quant au résultat : le fleuve ne permettrait pas cette violation et lorsqu'ils virent la fine dentelure métallique barrer le cours du « song cái », enfin dompté, ils manifestèrent un étonnement très grand. Le pont Doumer a été la première surprise que nous ayons infligée à l'esprit indigène qui ne s'était ému ni du télégraphe, ni du chemin de fer et qui restait confondu devant notre audace et notre succès en asservissant le fleuve à notre volonté. Les eaux jaunes de la grande artère tonkinoise passent sous le joug de fer de notre pont. Cette victoire, ne croyez pas qu'elle soit remportée sur l'esprit de tradition et sur l'imagination populaire en faveur de la science occidentale. Non, cela s'explique bien plus simplement : nous possédons un génie plus puissant que celui du fleuve. En fait n'est-ce pas là la vérité et au moins est-elle revêtue d'un symbole agréable.

Des ponts légers, des passerelles, les indigènes, surtout dans la haute région, en établissent un grand nombre. Ce ne sont plus alors les bois de « gŭ ou de lĭm » qu'ils emploient, mais le bambou, le souple et résistant bambou qui joue un rôle multiple et qui rend tant de services en Annam.

Ce n'est pas sans raison que ce roseau, parfois fort gros, qui croît aussi bien près de la case du pauvre, qu'en bordure des jardins du riche mandarin, qui a en toutes saisons l'élégance de son feuillage, qui est toujours présent et toujours utile, a été surnommé par les Annamites « le sage ».

Une des utilisations les plus gracieuses du bambou est certainement la construction de grandes norias démontables que les paysans placent sur les fleuves dans le moyen Tonkin pour permettre aux terres situées à un niveau supérieur à celui de l'eau d'être irriguées. Lorsque les rivières grossissent et que la crue menace, les paysans démontent leurs machines hydrauliques qui atteignent jusqu'à 7 mètres de diamètre et attendent le moment favorable pour les remonter sans danger.

***

Il y aurait encore beaucoup à dire sur les modes de travaux, sur les matériaux, sur l'organisation du travail. Il serait intéressant aussi de considérer l'ouvrier indigène dans ses rapports avec nos modes de constructions actuels, avec nos contremaîtres et nos ingénieurs. Le concours qu'il nous a apporté pour l'établissement de nos voies ferrées a été des plus fructueux et c'est un hommage qu'il faut lui rendre.

Que deviendront ces indigènes lorsqu'ils auront acquis dans les écoles professionnelles les secrets de nos outils ? D'excellents ouvriers d'industrie sûrement. Ne semble-t-il pas alors qu'à considérer l'avenir on amoindrisse les choses. Avec le secours de dragues puissantes, de machines perfectionnées, nous réduirons de plus en plus le rôle de la corvée. C'est un but vers lequel nous devons tendre dans l'intérêt même de la population. Mais cela, loin de diminuer la grandeur des travaux accomplis dans le passé, leur donne au contraire une valeur plus grande, et permet à notre esprit de décerner au peuple annamite le tribut d'admiration qui lui est dû pour avoir réalisé avec la seule force humaine une œuvre colossale dans sa structure et merveilleuse dans ses résultats.

CHAPITRE XII

LA LITTÉRATURE POÉTIQUE ANNAMITE

———

Je ne sais si à voyager on devient plus homme de bien, mais je crois avec le bon fabuliste qu'en sachant voir on peut retenir quelque chose.

Je parlerai donc tout simplement de ce que j'ai vu ou mieux de ce que j'ai pu apprendre durant mon séjour au Tonkin, grâce à la pratique de la langue indigène.

On a souvent dénié au peuple annamite le sens littéraire. Les Annamites se sont contentés des classiques chinois, a-t-on dit, et n'ont rien su produire. Cette littérature chinoise elle-même n'a qu'une valeur de forme, l'habileté y exclut le génie ; le métier, la facture, l'emportent sur l'inspiration.

Ce sont là, je crois, des jugements peut-être trop hâtivement portés et qui émanent d'esprits qui, pour être fort cultivés, n'ont pas su s'affranchir de l'empreinte occidentale.

Pour juger une manifestation quelconque d'un de ces peuples de vieille civilisation, il faut, pour être équitable, nous dépouiller de nos idées, nous efforcer d'acquérir les leurs et nous mettre autant que cela est possible en communion de pensée avec eux.

Certes les Annamites ont emprunté beaucoup à la Chine, comme nous, latins, devons beaucoup à Rome. Qui oserait pourtant soutenir que notre clair génie n'est pas notre bien propre !

Est-ce à dire que la pensée chinoise ne fut jamais modifiée, qu'en passant par le cerveau annamite elle ne s'est pas transformée !

Le climat et le sol, à côté de l'éducation classique chinoise, ont produit leur lent mais sûr travail et ont permis l'éclosion d'un nombre d'ouvrages considérable bien caractéristiques et que le peuple, la race annamite a le droit de revendiquer et de s'enorgueillir.

A l'instruction classique, à l'étude philosophique des maîtres chinois, les Annamites doivent cette tenue morale qui se retrouve dans toutes leurs productions. Comment concilier les critiques que j'ai rapportées plus haut et notre coutume de considérer le peuple annamite comme un peuple de lettrés mettant l'enseignement au-dessus de tout, c'est qu'en effet on ne peut concilier ces deux opinions, la seconde seule reposant sur un fondement certain.

« Les peuples d'Asie ont à présenter à l'Europe un épanouissement splendide et déjà fort ancien des doctrines philosophiques et morales où notre curiosité a sans doute beaucoup plus à apprendre qu'à reprendre. »

Une remarquable évolution de la pensée asiatique s'est poursuivie parallèlement à celle de la pensée d'Occident. L'étude, pour un Annamite, c'est le chemin qu'il doit suivre pour arriver à la raison éternelle. Chacun parcourt sa route ou cherche celle suivie par les sages des temps anciens en imitant leur dignité de vie, en mettant en pratique les préceptes de leur morale.

Celle-ci a été transmise au moyen des caractères et c'est par cela que le caractère, truchement de la pensée, est sacré.

Le maître, celui qui sait est honoré et respecté à l'égal d'un père. C'est sur ce fond de philosophie, de haute culture et de respectables traditions qui forment la base de l'instruction chinoise, que s'élève la littérature annamite. Les traités, les préceptes de morale comme « les instructions familiales de Nguyen Traï », homme d'état annamite sous la dynastie de Lê, comme cet autre ouvrage « les loisirs d'un mandarin », comme les œuvres de Minh Mang, cet empereur lettré et légiste, dérivent de cette source et sont fort remarquables par la beauté des maximes, par la hauteur de la pensée. On pourrait comparer certains de ces auteurs à un Marc-Aurèle ou à quelque disciple de Zénon.

Mais vous me permettez de ne parler ni de morale pure, ni de philosophie. Il y a dans les œuvres annamites autre chose. Il y a aussi une observation minutieuse de la nature ; il y a de l'ironie, de la poésie, du symbolisme et du réalisme. Il y a en un mot tous les contrastes que devait faire naître, dans l'âme de ce peuple, une nature tour à tour bienveillante et terrible, prodigue de ses dons et jalouse de sa liberté.

Cette nature que nous trouvons constamment associée à l'œuvre d'art comme à l'œuvre littéraire, que les Annamites ont su comprendre, ont su aimer bien avant qu'apparaisse chez nous un Jean-Jacques ; c'est elle qui a fait naître sous le pinceau ces images charmantes, comme elle a fait courir sur les frises des temples, sur les bois odorants, ces ciselures délicates, ces fleurs de nacre et de soie qui synthétisent la flore du pays d'Annam.

Les plus délicats sculpteurs de jolis vers sont les lettrés. Il faudrait, pour savourer toutes les délicatesses de leurs poèmes, lire dans le texte « Les Arbres fleuris », « Phan et chán », Hoang Tu », « Luc vân-Tien ». Mais le plus parfait de ces ouvrages est le « Kim-vân Kiêu » qui fut composé vers 1802 par un employé du Ministère de l'Instruction publique, à Hué.

En Annam comme en France c'est le sort des rédacteurs des ministères de faire de la littérature, et là-bas comme ici l'administration devrait être mise au rang des muses. Né en Annam « Nguyen Du », l'auteur du Thúy Kieu », a chanté les malheurs d'une jeune fille qui se sacrifie pour sauver l'honneur de son père. « Qu'importe, dit-elle, qu'une branche soit coupée, quand le tronc reste intact. » Les lettrés, les mandarins, se délassent volontiers à la lecture de ce gracieux poème. Retirés dans un petit kiosque qu'ils appellent la maison de la fraîcheur placé au milieu d'un étang où s'épanouissent les lotus roses; ils rêvent, font des vers, écoutent les chanteuses qui bercent leurs pensées, en admirant le ciel calme et la lune lointaine. Ce sont des dilettanti qui recherchent le lien qui peut unir l'image concrète à l'idée abstraite, des sages aussi qui rédigent quelques-unes de ces belles pensées comme celle qui dit « qu'il faut toujours supposer, quand on sort de chez soi, qu'on va au-devant d'un honnête homme. » Ce sont aussi des désabusés ; écoutons le père de Thuy Kieu :

« L'homme, dit-il, en cette vie ressemble à l'ombre des éphémères : le matin il existe encore, le soir il a disparu et sa pensée, son labeur aboutissent à la déception. »

Cette amertume n'empêche pourtant pas le lettré de concevoir la supériorité de l'homme, car s'il reconnaît la fugacité de sa vie il rend hommage à l'intelligence qui l'a remplie lorsqu'il s'écrie : « l'homme passe rapidement comme l'éclat d'une belle lumière ».

La poésie descriptive atteint son maximum d'intérêt dans les pièces annamites, car elle ne constitue pas un simple hors-d'œuvre prêtant à de jolis développements littéraires. La description puise son intérêt dans la part que tient la nature dans le récit où elle joue le rôle d'un véritable personnage. Avant la tristesse d'Olympio ou le lac de Lamartine les poètes annamites se sont écriés :

« Les hommes s'en vont et le paysage reste dans une mélancolique tristesse ; »

« Le chant des oiseaux semble raviver le souvenir des jours passés. »

Et encore : « Ils sont tristes et le pays qu'ils parcourent l'est aussi. »

Voici maintenant Thuỷ Kieu, l'héroïne du poème, célèbre en Annam, qui va visiter le tombeau d'une grande courtisane nommée « Dam Tiên ».

« On était à la saison de la pure clarté, aux jours du troisième mois.

« Les herbes nouvelles étalaient leur verdure jusqu'au pied du ciel ; on célébrait la fête des tombes.

« Lorsque le soleil descendit vers l'horizon,

« Les deux sœurs en se tenant par la main s'en retournèrent.

« Les carrés de papier d'or s'éparpillaient et la cendre
du papier de sapèque s'envolait.

« Mais voyant se dessiner près du chemin un tertre
où végétaient tristement des tiges d'herbe moitié jaunes,
moitié vertes, la jeune Thuý Kieu s'écria : Pourquoi
en cette fête de la pure lumière, à cette place seule, le
parfum de l'encens fait-il ainsi défaut ?

« Vuong quan » lui raconta alors ces détails :

« C'est le tombeau d'une jeune femme nommée
« Dam Tien » qui jadis fut chanteuse.

« Son talent et ses charmes lui valurent la célébrité
en son temps. A sa porte se pressaient, bruyants, les
galants et les adorateurs. Mais le sort de la beauté n'est-
il pas précaire ! Au milieu de son printemps, brusque-
ment tomba cette divine fleur.

« Un homme qui habitait un pays lointain,

« Ayant, même à cette distance, entendu la renommée
parler d'elle, voulut faire sa connaissance. Mais la
barque qui portait l'amoureux touchait à peine au
terme du voyage que déjà l'épingle à cheveux était bri-
sée, et que l'aiguière gisait sur le sol. Dans la chambre
vide régnait le silence glacial de la mort.

« Et déjà les traces des chevaux, les ornières des chars
disparaissaient sous un tapis de mousse verte.

« Qui pourrait dire les plaintes qu'il exhala ?

« Si jamais il y eut deux êtres à l'union desquels le
ciel fut contraire, c'est bien vous et moi.

« Puisque le destin ne nous a pas réunis en cette vie, que ce faible et triste témoignage d'amitié soit du moins un gage de notre réunion dans une vie future. »

« Puis il prépara la corbeille de papier funèbre, le catafalque de vermillon. Depuis maintes fois, le soleil s'est couché, maintes fois la lune a décliné. Et c'est toujours une tombe abandonnée que personne ne daigne visiter. »

Ce récit n'est-il pas empreint de la simplicité, de la douce émotion qui caractérise nos meilleurs morceaux d'anthologie ?

J'emprunte encore à Thuy Kieu ce petit tableau peint de main de maître qui ne manque ni de couleur ni de vigueur et qu'on pourrait intituler « l'enlèvement de Thúy Kieu ».

« C'était une nuit d'automne, la bise pénétrait à travers la fenêtre ajourée de la jeune femme.

« La lune montrait une seule moitié de son disque et les trois étoiles du Baudrier d'Orion brillaient au milieu du ciel.

« Les baguettes d'encens exhalaient leur parfum jusqu'aux célestes parvis.

« Et la jeune femme n'avait pas encore achevé de confier à la divinité les secrets de son cœur.

« Soudain, dans ce tranquille asile, surgit une bande de malfaiteurs.

« Des hurlements à faire pleurer les diables, à épouvanter les génies s'élèvent, remplissant la cour des glaives dégaînés scintillent, éblouissants.

« Stupéfaite et sans pensée, la jeune femme restait immobile... »

Mais c'est surtout lorsque le poète fait parler les amants qu'il trouve dans son cœur les images les plus exquises. Thúy Kieu avoue son amour au pauvre étudiant « Kim Chong », elle le fait avec une gravité et une solennité qui émeuvent.

« Pendant les cent années que peut durer la vie d'un homme, dit-elle, il ne lui est donné de goûter la joie que durant quelques rares instants ; je sais que je ne suis qu'une faible femme et que chez les femmes le talent ne se rencontre jamais avec le bonheur.

« Mais quand on fera que les flots quitteront la falaise et que les îles quitteront la mer, alors je vous abandonnerai. »

Dans un autre poème, je trouve cette lettre adressée par une femme à son amant et je crois, sans être taxé d'exagération, qu'on peut la donner comme un modèle de sobre élégance.

« Loin de vous, un seul jour me semble long comme trois automnes ; des montagnes et des mers mettent d'immenses espaces entre nous et une route de mille stades nous sépare.

« Dans le message que je vous adresse, je ne puis, tant ils sont nombreux, vous marquer mes regrets et mes pensées.

« Ce frêle lambeau de papier ne peut contenir toute l'expression de ma tendresse pour vous. »

Plus moderne encore ce recueil de vers composés par S. E. « Nguyên trong Hiep », van minh et colonne de l'Empire d'Annam, consacré à « Paris, capitale de la France ».

Ce haut fonctionnaire, éminent lettré, homme d'Etat

de premier ordre, était venu en France en 1889, comme chef d'une mission annamite. Il rapporta de son voyage ces vers curieux, qu'il prit plaisir à composer à ses heures de loisir. Au milieu de ses travaux, il sut réserver une part à la rêverie et pendant ces courts instants de recueillement ajouter, comme il le dit, « une dose d'encens de plus dans le brûle-parfum ».

Je vois encore cette belle figure qui a disparu il y a trois ans à peine. Nguyèn trong Hiep, par la noblesse de son caractère, par sa haute culture, par l'éminence de son esprit, avait conquis la vénération de tous. On s'inclinait devant la dignité de son attitude, on savait respecter la fierté mélancolique de son sourire.

Je le vois dans sa modeste maison située dans un petit village de la province de Hanoï, me recevant au milieu de la cour intérieure de son habitation, tout simplement mais non pas sans grandeur. Et comme je louais la beauté du site, fait pour la méditation et la retraite et que je flattais son amour des fleurs il me répondit :

« Un mot de vous est bienvenu, alors que mille barres d'or n'ont aucun prix. Ici ma destinée est de brûler constamment des parfums — il voulait dire de méditer — ici je peux examiner la beauté et la louer en silence ; le son de la cloche de la pagode voisine m'arrive lentement, si lentement qu'avant qu'il meure je puis étendre neuf fois les bras vers l'horizon. La nature m'entraîne comme le courant entraîne la fleur ; les fleurs et leur douceur le soir, excitent l'odeur des souvenirs ; et je pense parfois à votre occident lointain. Tenez, me dit-il, permettez-moi de vous offrir le recueil de vers que j'ai fait, en me délassant, sur votre pays. »

Sur la page qui tomba sous mes yeux, je lus ces vers charmants, inspirés pourtant par nos grands boulevards.

« Que de jolies maisons, que de beaux hôtels se suivent et se lient en longues chaînes.

« Au coucher du soleil le bruit des voitures gronde encore ; soudain, on est surpris de voir les étoiles tombées de l'espace. Car des milliers de lumières viennent empêcher l'effet des ténèbres de la nuit. »

Plus loin il exprime son étonnement de rencontrer, au Jardin d'acclimatation, huit ou neuf touffes de bambous ; de ce bambou symbolique que les Annamites considèrent presque comme un génie bienfaisant.

« A partir de l'Inde, vers l'Europe dit ce quatrain, le climat est bien changé. On ne voit que des fleurs curieuses et des plantes neuves. On est surpris, dans ce pays de vent glacial et de froids intenses, de rencontrer notre « sage » qui reste droit et vert. »

C'est le même étonnement, mais en sens inverse que le nôtre, à la vue des terres équatoriales. Cette naïveté apparente cache pourtant un joli sentiment de joie, quand le mandarin lointain dans ce pays étrange où tout lui est étranger, aperçoit ce simple arbuste qui évoque tout son pays.

Ces trente-six quatrains d'impressions se terminent par cette réflexion plus haute que « Nguyen trong Hiep » recueillit après avoir visité notre Chambre des députés.

« Pour gouverner un pays, il y a de tout temps certains principes immuables. En parcourant l'histoire on voit beaucoup de différence entre la manière de gouverner de l'Europe et celle de l'Asie.

« Cependant, au fond, il n'y a qu'une seule raison dans ce monde

« Et cette raison est la même pour tous les pays. »

Mais les lettrés n'ont pas seuls contribué à fournir la littérature annamite d'ouvrages intéressants. Du peuple sont nés des chansons et des contes, des proverbes nombreux.

Je ne parlerai pas du théâtre.

C'est lui pourtant qui devrait me fournir le lien naturel entre la littérature noble et la littérature populaire. On y trouve en effet, suivant qu'il s'agisse des drames ou de la comédie, les deux genres en présence, comme l'on rencontre dans la salle aussi avide du spectacle l'un que l'autre, les lettrés et le peuple. Avant de parler des chansons, je me permets de citer quelques proverbes ; quelques-uns de ces dictons populaires qui émaillent les conversations ; qu'on entend sur les routes, dans les marchés. Tous les peuples aiment à fixer dans une phrase brève le bon sens populaire, l'opinion de la pluralité.

Les uns sont fils de cette morale de Confucius qui sert de religion à la classe lettrée et énoncent des vérités humaines que toutes les races ont formulées et qui sont innées en quelque sorte à l'homme de tous les pays.

En voici quelques-uns :

« L'homme bien vêtu et celui en guenilles doivent s'aider. »

« L'obéissance vaut mieux que le respect extérieur. »

« En mangeant les fruits d'un arbre, pensez à qui l'a planté. »

« Le bienfait de la génération, don du père, ne saurait égaler le labeur de la mère qui nourrit. »

« Faire le bien est pénible comme de monter, faire le mal est aisé comme de descendre. »

« A une longue course, on connaît le bon cheval ; dans une guerre civile, on juge de la fidélité des sujets. »

« Il vaut mieux faire maigre chère avec d'autres, que de vivre seul au milieu de l'opulence.

« La prudence d'un seul est annihilée par l'aveuglement de la foule. »

D'autres dictons révèlent plus d'originalité et portent mieux l'empreinte du caractère annamite. Je citerai parmi eux ceux-ci :

« A force d'user le fer, on obtient une aiguille.

***

« La voile ne s'inquiète pas du vent qui la pousse.

***

« Après l'adversité, reste le bonheur à espérer.

***

« Le glaive a deux tranchants, la langue en a cent. »

***

« A éviter les éléphants, il n'y a point de honte. »

***

« Aiguiser une épée dans le vent et la poussière. »

***

« Une fois l'oiseau pris, on brise l'arbalète. »

***

« Près de l'encre on se noircit, près de la lampe on s'éclaire. »

***

Le peuple annamite a cela de commun avec nous, c'est qu'il adore l'ironie, et l'ironie qui s'exerce surtout aux dépens de ceux qui « détiennent le pouvoir ». Il « blague » avec un plaisir très vif ses mandarins, et s'il est plein de déférence et de respect devant eux, il a vite fait de saisir leurs travers et leurs ridicules et de leur décocher un de ces mots qui reste et qui caractérise définitivement un homme.

N'est-il pas fort mordant ce proverbe qui dit des mandarins, de ces représentants du fils du ciel « qu'ils sont semblables aux tablettes qui figurent sur l'autel du génie, ma i sne sont rien ».

Malgré tout, l'Annamite est bon enfant, il est sceptique, il se réjouit du spectacle des hommes et tous peuvent s'appliquer ces deux vers d'un des leurs :

« Quand je considère les choses de ce monde, je ne puis m'empêcher de rire. Pour un seul poisson qui nage, combien de personnes lancent la ligne. »

Son scepticisme n'exclut pas certaines ambitions. Ce peuple de cultivateurs, qui possède une organisation sociale empreinte du plus large libéralisme, qui constitue en somme une démocratie dans une monarchie pure, ce peuple sait que par le savoir il peut obtenir les plus hautes charges, qu'aucune classe ne le sépare de l'Empereur, que la classe des lettrés, des mandarins, se recrute dans son sein et y retourne lorsque cessent le talent et les mérites. Il sait que la vieillesse doit être respectée. Il est imbu d'une haute morale et dans ses chants les plus vulgaires, on trouve toujours une noble pensée.

La chanson ! Ah comme je voudrais pouvoir, pour en faire sentir tout le charme pénétrant, évoquer le cadre et l'heure. La chanson ! mais il y en a presque autant qu'il y a d'hommes de ce royaume des « Cent familles ». Chanson de manœuvre, entraînante, coupée, faite pour scander l'effort et aussi par sa drôlerie pour le faire oublier. Il sont là dix, vingt, sous le grand soleil, au bord d'un fleuve, il faut retirer un lourd radeau de bois, et tous se poussent, rient, heureux « hô Khoan » (gio ta) et la fourmilière avance, ondule « hô Khoan » (gio ta), c'est leur « ô hisse ! «

Pendant le temps de repos, voilà qu'une voix s'élève :

« Et toi, le monsieur de la lune, tu m'as marié à une vieille femme », et le chœur reprend « Hô Khoan ».

« J'irai jusqu'à toi pour tirer ta barbe » « gio ta ».

Et en mesure le radeau est poussé sur la berge au milieu des rires et des exclamations !

Chansons plus douces qu'on entend le soir à travers les frêles cloisons de bambous, où la mère endort son enfant, où la fille aînée murmure :

> Con meo, con meo, con meo
> Ai day may treo chang day em tao.

> Oh ! chat, oh ! chat, oh ! chat,

Qui t'a appris à grimper sans l'apprendre à mon petit frère.

> Dors mon enfant, dors,
> bô'ng bô'ng bang
> bô'ng bô'ng bang.

Chansons calmes et monotones qui glissent lentement sur l'eau des fleuves avec les sampans légers, chansons lointaines, chansons de rêve qui, par les belles nuits d'été, montent vers la lune, des groupes de jeunes filles et de jeunes gens.

Sous l'ombre de l'auvent de la maison, la jeune fille chante, dans l'espace clair que la lune baigne, les garçons écoutent. Voilà ce qu'elle chante :

« De tous côtés au premier mois la nature est en fleur. Seules les fleurs du cotonnier n'éclosent qu'au dixième mois pour sourire aux fleurs déjà écloses ! et dans l'air des oiseaux voltigent en tous sens, tandis que l'abeille laborieuse butine les fleurs. Les oiseaux sifflent et chantent de tous côtés tandis que la poule d'eau lance de temps en temps son cri si triste ! Lorsque la brise du soir se lève, les papillons blancs volent vers la montagne. Il fait nuit ! dans la forêt le gibbon berce son petit, sous les eaux les poissons vont se cacher dans un trou, sur terre les oiseaux cherchent un bosquet touffus.

« Et voilà que la cigale déchire le silence de son cri strident qui se meurt peu à peu, cri aussi aigu, aussi perçant et aussi dur que peut l'être le cœur d'un philosophe pour une femme qui l'aurait détourné de ses réflexions !

« Et moi, fleur parfumée je suis seule, seule et rêveuse !

« Le fruit du poirier sauvage est parfumé et un peu acide, mais personne ne le connaît. »

Un des garçons répond alors :

« On ne peut concevoir le ciel sans la terre, ni la terre sans le ciel.

« Peut-on concevoir un homme sans épouse, une femme sans mari ?

« A quoi bon jeune fille t'attarder à cette fenêtre toute ornée de dragons, à quoi bon te regarder dans un miroir ?

« A quoi bon si tu n'as pas de mari ? sans lui, adieu la gaieté !

« La jeune fille que je chante ressemble à une pierre précieuse.

« O mon amie, vous êtes belle avec votre éclatante tunique rose, votre cache-sein de crépon rouge orné de fleurs !

« Que vous êtes donc belle avec votre large chapeau qui ombre le visage et dont les pendants de fil de soie rouge flottent capricieusement sur votre poitrine !

« O mon amie que vous êtes belle comme la fleur du

lotus qui, toute fraîche entr'ouvre ses pétales au milieu du jour.

« O mon amie, que votre démarche nonchalante est pleine de grâce. Oui vous êtes belle, mais vous ne me croyez pas. »

Les chansons accompagnent toutes les manifestations de la vie sociale, les travaux des champs, le repiquage du riz, la fête des enfants, celle du dixième mois, toutes se célèbrent au milieu de chansons. Elles naissent du peuple même et les générations se les transmettent. Les gestes du passé, les légendes fabuleuses, les guerres héroïques, font l'objet de longs poèmes que les aveugles mendiants, poètes errants, vont chanter dans les pagodes accompagnés du monocorde.

L'aveugle chanteur ambulant, c'est le trouvère ; c'est mieux encore, l'aède antique, et lorsqu'il s'avance au milieu du cercle, la main posée sur l'épaule de quelque jeune enfant, on ne peut s'empêcher de penser à Homère. Les sentiments qu'il exprime, les souhaits qu'il formule, les vers qu'il compose en l'honneur du génie du village sont grands car ils sont simples. Ils disent les lieux communs d'où sont sortis pourtant tous les chefs-d'œuvre, parce qu'en eux palpite la grande humanité.

Et voici ce que chante notre barde annamite.

« Je tiens en main une canne de bambou à fleurs et cette canne a la forme d'un dragon !

« Je prends place au milieu des vieillards devant les hommes encore jeunes et en moi je considère l'arbre et l'homme et je dis :

« L'arbre solide pousse de nombreuses branches,

la femme vertueuse et timide donne naissance à une brillante famille.

« L'enfant d'un père charitable et honnête sera riche et influent : Nous devons le jour à nos parents ! grâce à eux nous pourrons un jour être dans l'aisance, ils nous protègent et veillent sur nous.

« N'est-ce pas à nos ancêtres que nous devons notre intelligence et notre sagesse ?

« Souvenons-nous de nos ancêtres. Enfant, respecte-les et veille sur tes parents.

« Et vous, génie du village, je vous demande de demeurer parmi nous des milliers et des milliers d'années, je vous demande une vieillesse avancée pour les vieillards de mon village.

« Que nos vieux mandarins civils deviennent de plus en plus respectés, que leur retraite s'écoule dans une paix sereine.

« O génie, venez sans cesse en aide à tous les habitants du village. Donnez la vigueur et la santé aux vieillards, le calme et la tranquillité aux jeunes. Protégez notre souverain ; que chaque famille ait de quoi se nourrir, chaque homme de quoi subvenir à ses besoins. »

Dans les circonstances moins solennelles, les jours de marchés par exemple, le poète ambulant fait de longs récits où les héros de l'Empire jouent le principal rôle en compagnie des génies et des dieux.

D'autres fois le vieillard narre un simple conte comme celui-ci :

« Au temps du roi Gia tinh il y avait à la capitale un tailleur habile et renommé. Un habit qui avait passé par ses mains était toujours coupé juste.

« L'historiographe royal le fit un jour appeler pour obtenir de lui un habit bordé de satin. Le tailleur, avant de se mettre à l'œuvre, demanda respectueusement à son client depuis combien de temps il était en fonctions.

« Quelle influence cela peut-il bien avoir sur la coupe d'un habit, dit celui-ci ?

« Une grande, répondit le tailleur et voici pourquoi.

« Au fonctionnaire nouvellement promu le contentement de soi fait porter haut la tête, bomber la poitrine. Il faut alors tenir le pan de devant de l'habit plus long que le pan de derrière. Vers le milieu de sa carrière, son orgueil étant un peu calmé, l'habit doit être à pans égaux. Plus tard, fatigué par de longs services, il marche courbé sous le poids des ans n'aspirant plus qu'à gagner le ciel. Le pan de devant doit être alors plus court que celui de derrière.

« Faute de connaître l'ancienneté d'un fonctionnaire il est impossible de travailler convenablement. »

J'arrête là mes citations. Je m'excuse de n'avoir montré de la littérature annamite que le côté poétique. C'est qu'il m'a paru le plus digne d'attirer l'attention.

Je n'essayerai pas de dégager les caractères généraux qui régissent ce genre littéraire, mais je demanderai la permission de faire remarquer toute la richesse de l'image poétique. Intimement liés à la nature, les sentiments savent s'y réfléchir en quelque sorte et le poète sait leur appliquer des sensations concrètes qui les complètent et les enrichissent.

La poésie annamite, comme l'art annamite, est avant tout ornementale et décorative.

Quelle image plus jolie pourrait-on trouver que celle qui fait le fond des lamentations des pleureuses qui suivent le convoi d'un enfant.

« O mon enfant, où es-tu allé, quittant ton père et ta mère, enfant ! La feuille jaunie est encore sur l'arbre et la feuille verte en est tombée ! »

Aucun de nos poètes ne renierait la paternité de cette comparaison charmante :

« L'ondoiement de ses cheveux l'emporte sur celui des nuages ! »

Peut-on mieux dépeindre la grâce d'une femme, la mélancolie de son regard, qu'en disant, comme le poète annamite :

« Ses yeux sont semblables au miroir des eaux calmes de l'automne, ses sourcils sont gracieux comme les collines au printemps. »

L'Annamite sait parler de la vieillesse avec grâce et il dit d'un sage « qu'il est d'un âge aussi avancé que l'ombre du soleil à son déclin derrière les branches des mûriers. »

Sa pensée est souvent plus concise et sait s'imposer en une phrase brève et forte.

« Sans pudeur, dit-il, comme une sapèque sans inscriptions. »

**

Permettez-moi de demander, en terminant, s'il n'y a pas vraiment dans toutes ces œuvres, qu'elles soient le produit des sentiments populaires ou de la haute culture des lettrés, un ensemble original et remarquable qu'il serait criminel de laisser tomber dans l'oubli.

Permettez à un ami de ce peuple, de ces vieilles coutumes, de ces respectables traditions, de croire qu'en étudiant le passé on peut apprendre à conduire vers l'avenir une race quele hasard des évolutions a placée sous notre égide.

Apprendre à se connaître serait le meilleur moyen de s'aimer.

Ne détruisons rien du vieil édifice asiatique. Respectons le « *caractère* » où palpite une pensée. Faisons œuvre d'adaptateurs et non de démolisseurs! Que dans un siècle la France n'ait pas à encourir le reproche d'avoir détruit, sous une centralisation impitoyable, les originalités de ce pays lointain.

Qu'il ne soit pas besoin, au pays d'Annam, de ressusciter, comme nous le faisons en Provence, une littérature morte.

Conservons le jardin intact comme nous l'avons trouvé.

Pour arriver à notre habit noir, a dit Musset, il a fallu que les armures tombassent pièce à pièce et les broderies fleur à fleur.

Conservons encore en Annam les douces poésies, les étangs où meurent les lotus, les images subtiles, les

22

chansons entre les filles et les garçons les soirs d'été, les lettrés à la longue barbiche et les mandarins dans leurs costumes archaïques et éblouissants.

L'évolution d'un peuple se fait d'elle-même, et s'il doit être donné un jour à l'Annam de vivre notre vie de fièvre, qu'il puisse retrouver dans sa littérature l'accalmie et le repos bienfaisant.

La France toujours généreuse saura se faire aimer davantage en respectant en Indo-Chine le génie même de la race annamite, en favorisant les productions de l'esprit indigène, en se penchant souriante sur le lettré et en acceptant sans dédain, dans un libéralisme et un éclectisme toujours plus grand, toutes les manifestations de son intelligence.

Il siérait mal à nous, amoureux de beau langage, de répudier un apport aussi original. D'ailleurs, n'y a-t-il pas pour nous occidentaux un devoir de gratitude analogue à celui qui lie le fils au père, envers cette antique terre d'Asie, qui fut le berceau de la pensée humaine, le creuset où s'élaborèrent les grandes idées directrices qui devaient conduire l'humanité.

TABLE DES CHAPITRES

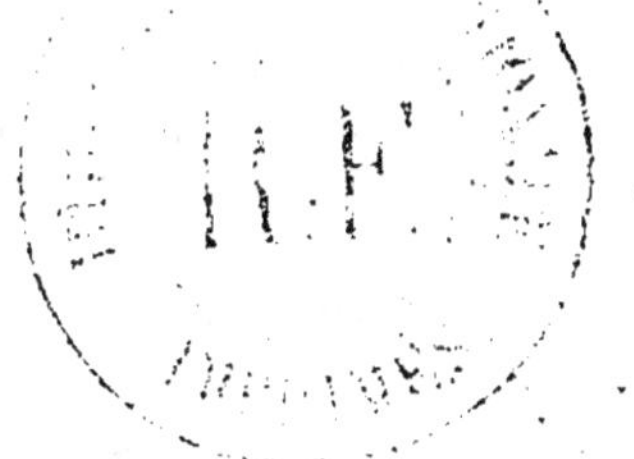

DIJON, IMP. DARANTIERE.

www.ingramcontent.com/pod-product-compliance
Lightning Source LLC
LaVergne TN
LVHW011925180726
843502LV00003B/708